律师、公证与仲裁法学

主编 ◎ 袁怀军

西南交通大学出版社
·成都·

图书在版编目（ＣＩＰ）数据

律师、公证与仲裁法学 / 袁怀军主编. —成都：
西南交通大学出版社，2023.1
ISBN 978-7-5643-9098-3

Ⅰ. ①律… Ⅱ. ①袁… Ⅲ. ①律师业务－中国②公证
制度－中国③仲裁法－中国 Ⅳ. ①D92

中国版本图书馆 CIP 数据核字（2022）第 250865 号

Lüshi, Gongzheng yu Zhongcai Faxue
律师、公证与仲裁法学

主编　　袁怀军

责任编辑　　赵玉婷
封面设计　　墨创文化

出版发行　　西南交通大学出版社
　　　　　　（四川省成都市金牛区二环路北一段 111 号
　　　　　　西南交通大学创新大厦 21 楼）
邮政编码　　610031
发行部电话　028-87600564　028-87600533
网址　　　　http://www.xnjdcbs.com
印刷　　　　成都勤德印务有限公司

成品尺寸　　185 mm×260 mm
印张　　　　15
字数　　　　372 千
版次　　　　2023 年 1 月第 1 版
印次　　　　2023 年 1 月第 1 次
定价　　　　42.00 元
书号　　　　ISBN 978-7-5643-9098-3

课件咨询电话：028-81435775

编委会

主　编：袁怀军

副主编：夏永全　张邦铺

编　委：（以编写章节先后为序）

袁怀军　罗　娟　夏永全

林　洋　唐　丹　张邦铺

王黎黎

Preface / 前言

为适应"律师、公证与仲裁"课程教学需要，编者于 2012 年编写了原《中国律师公证与仲裁法学》教材，并由西南交通大学出版社出版。近十年来，随着高等法学教育和国家法律体系的不断发展完善，有必要对该教材进行修订和改版。结合十年来该教材的使用情况，西华大学法学与社会学学院组织具有丰富教学经验的骨干教师和具有丰富司法实践经验的资深律师、仲裁员，在原教材的基础上重新修订编写了本书。编者谦虚学习并借鉴前人优秀作品、查阅最新科研成果、研究最新立法动态，结合多年教学和司法实践经验，力争在体例、内容和写作风格上较过去同类作品有所创新。

本书编写过程中，全体撰稿人员始终坚持以下编写要求：

一是立足国情、坚持制度自信。结合我国最新立法动态，全面介绍我国律师法学、公证法学和仲裁法学中的基本内容、基本制度、基本程序和基本规则，力争做到系统性和科学性；在介绍和论述基本制度、立法现状时，立足我国国情，坚持制度自信，不盲目推崇国外。

二是忠于立法本意、内容全面、重点突出。根据实体法、三大诉讼法、现行《中华人民共和国律师法》《中华人民共和国公证法》《中华人民共和国仲裁法》最新修正案及司法解释，结合司法实践对全书的相关内容进行全面修订，力争做到内容全面、重点突出。为便于阅读，编者在本书每章正文前列明"本章概要""关键术语""重难点提示"，在每章正文后设"问题与思考"，提示每章关键内容，以指导编写工作、方便读者阅读。

三是求真务实、理论联系实际。编者深韵，法律的价值在于运用，"律师、公证与仲裁"是一门实践性极强的法学学科。编者力求理论与实践相联系，结合多年的司法实践经验，注重对律师、公证与仲裁实务中重要流程、操作规程、基本职业技能进行介绍，力争使本书适合多层次、多方面的读者使用。

当然，鉴于编者能力、水平和经验有限，本书存在遗漏、不当之处在所难免，敬请各位专家学者和实务界人士批评指正。编者将不胜感激，将在以后的编撰中改进完善。

撰稿分工（按撰写章节先后为序）：袁怀军，前言、第一章、第二章、课件；罗娟，第三、四、六、七章；夏永全，第五、八、十二章，后记；林洋，第九、十、十一章；唐丹，第十三、十六章；张邦铺：第十四、十五章；王黎黎，第十七、十八章。全书由袁怀军和夏永全负责审校、统稿。

编　者

2023 年 1 月

Contents / 目录

第一编　律师法学

第一编

律师法学

第一章 律师制度概述

【本章概要】

律师在保护公民的合法权益、维护国家法律的正确实施、完善法治方面，具有重要意义。本章介绍了律师的起源和发展，概念、性质、任务，基本原则和律师素养。通过对本章的学习，掌握律师的定位、律师制度的基本理论。

【关键术语】

律师 性质 任务 基本原则 律师素养

【重难点提示】

本章重点在于掌握律师的特点、价值和作用，了解我国律师的起源与发展、律师素养；难点在于准确把握律师的定位和价值。

第一节 律师制度的起源和发展

一、律师制度概述

随着社会主义法治和民主的建设的发展，我国对律师的认识也在不断发展和变化。1980年8月颁布的《中华人民共和国律师暂行条例》第一条明确规定："律师是国家的法律工作者"，该规定将律师同法官、检察官一同认定为国家的法律工作者。1996年《中华人民共和国律师法》第二条规定："本法所称的律师，是指依法取得律师执业证书，为社会提供法律服务的执业人员。"该定义不仅指出了成为律师的前提条件（依法取得执业证书），而且指出了律师的工作内容（为社会提供法律服务）。2017年《中华人民共和国律师法》（以下简称《律师法》）第二条规定："本法所称的律师，是指依法取得律师执业证书，接受委托或指定，为当事人提供法律服务的执业人员。"该界定更加明确了律师工作的前提——接受委托或指定，没有委托或指定，律师不能单方面履行职务，这就将律师与法官、检察官区分开来；同时律师工作的内容由"为社会提供法律服务"改为"为当事人提供法律服务"。这一改动，一方面考虑到军队律师、公职律师、公司律师只为军队、政府或公司提供法律服务，并不是所有律师都为社会提供法律服务。新的律师定义，强调律师提供法律服务的意义，强调律师与当事人的关系，回归了律师职业定位，表述更加准确。因此，我国律师的定义可以表述为：律师是指取得律师执业证书，接受委托或指定，为当事人提供法律服务的执业人员。[1]

---

[1] 参见丁小魏主编：《律师公证与仲裁制度》，中国人民公安大学出版社2021年版，第3页。

有学者认为，随着我国社会主义法治的进一步发展，律师的定位和概念还可进一步提升。如，关今华教授在其主编的《律师与公证》（第二版）中认为：将律师仅仅定位于"为当事人服务的法律服务者"容易让人产生歧义和误解，用"法治职业人员"更能将律师的使命提高到实现公平正义和彰显尊重和保护人权的高度，更加符合律师作为法治建设者和推动者的需要；应将律师的"服务者"角色并列推进为"其他相关工作的法治者和人权保护者"。基于此，关今华教授认为律师应当界定为：受过一定时间的法律专业学习或培训，依法经过国家统一司法考试，取得律师执业证书，根据委托或指定或法律法规授权为当事人、社会和国家（政府）等提供法律服务及其他相关工作的法治职业人员。

律师制度是指国家法律规定的有关律师的性质、任务、业务范围、律师资格与执业、律师工作机构与管理等一系列规范的总称。律师法有广义和狭义之分，广义的律师法不仅包括律师法典，还包括宪法、刑事诉讼法、民事诉讼法、行政诉讼法以及其他法律法规中有关律师的规范，以及最高人民法院、最高人民检察院、司法部、公安部等公布的有关律师的规范性文件。狭义的律师法，仅指现行《律师法》。

二、西方国家律师制度

（一）起源和发展

西方律师制度的起源可以追溯到古罗马。大约在公元前 5 世纪奴隶制的古罗马共和国时期，就出现了"保护人"制度。该制度被认为是世界各国律师制度的起源。所谓"保护人"制度是指由被告人的亲属朋友陪同被告人出席法庭，在法庭审理时提供意见和帮助，以保护被告人的利益。其作用相当于后来的代理人，所不同的是，当时能够作为保护人的只是少数地位显赫的公民。公元前 3 世纪，僧侣贵族对法律事项的垄断被取消后，诉讼代理行为渐渐扩大了适用范围，一些善于辞令的人经常代人出庭辩护，代办案件，被称为"辩护士"。后来，罗马皇帝以诏令形式承认了诉讼代理制度，允许他人代理诉讼的行为。而且国家还通过考试来遴选具有完全能力、丰富法律知识的善辩之士担任诉讼代理人，规定他们代理诉讼可以获得报酬，人类历史上第一批"执业律师"正式诞生，标志着律师制度得以确立。[①]当然它不是现代意义上的律师制度，只是律师制度的萌芽。

从公元前 476 年西罗马帝国灭亡至公元 1640 年英国发生资产阶级革命的这一段时期，为欧洲封建社会时代，史称"中世纪"。这一时期，封建等级制度森严，君权和神权之上，封建专制特权和宗教特权统治一切；罪刑擅断主义盛行，口供被称为"证据之王"，广泛使用刑讯逼供；国王与教会的权力斗争导致世俗法院与宗教裁判所长期并存，诉讼活动带有浓厚的宗教色彩；以刑讯逼供为主要特征的纠问式诉讼代替了古典的辩论式诉讼。在民事诉讼中，当事人的诉讼权利受到很大限制，不能聘请诉讼代理人提供法律帮助或参加诉讼。在刑事诉讼中，刑讯逼供盛行，不准当事人进行抗辩。传统的律师业务无法开展，这一时期的律师制度不可避免地走向衰落。在法国，12 世纪以前只有僧侣才有资格担任律师，担任辩护人和代理人，但辩护人的主要任务只是协助审判官说服被告人认罪。在 13 世纪以前的英国，僧侣是最通晓法律的人，诉讼代理人基本由僧侣担任，后来教会法逐渐渗入世俗法院，诉讼代理就完

---

① 参见陈卫东主编：《中国律师学》（第四版），中国人民大学出版社 2014 年版，第 10 页。

全转到僧侣手中，当时英国规定不是僧侣不得被委托为诉讼代理人。13世纪末，法国国王腓力四世因向教会领地征收土地税与教皇卜尼法八世发生冲突，结果教会势力大大削弱，禁止僧侣在世俗法院执行律师职务，受过封建法律教育、经严格挑选和监督的律师执行职务。13世纪初，英国成立了格雷、林肯、内殿、中殿四大学院和一些小的法学院，专门负责培训律师；此后，律师行业开始兴旺起来。16世纪，英国开始划分大律师和小律师，逐渐形成延续至今的英国律师等级制度。[①]

近代律师制度是17、18世纪西方资产阶级民主革命的产物。17、18世纪初，资产阶级启蒙思想家李尔本、洛克、孟德斯鸠、伏尔泰等人提出了"天赋人权""主权在民""平等、自由、博爱"等新思想，并猛力抨击封建社会的专制统治和野蛮的司法审判方式，主张用辩论式诉讼代替纠问式诉讼，被告有权自行或聘请律师为自己辩护等等，为辩论式诉讼的建立奠定了思想基础。资产阶级革命胜利后，资本主义国家以法律形式将一系列辩护制度确立下来。1679年5月26日英国国王查理二世公布了《人身保护法》，第一次以成文法的形式确立了诉讼中的辩论原则和被告人的辩护权，这是资产阶级第一个带有律师法色彩的法律文件。1863年英王威廉四世颁布法令规定：不论任何案件被告人都享有受法庭律师辩护协助的权利。1791年《法国宪法》规定从预审开始就"不得禁止被告人接受辩护人的帮助"，1808年拿破仑《刑事诉讼法典》系统地规定了辩论原则和律师制度。德国在16世纪末17世纪初引进了罗马的律师制度，1878年颁布《国家律师法》奠定了近现代律师制度的基础。现在，律师制度已成为资本主义法律制度的重要组成部分。

（二）西方国家律师制度简介

英国是发生资产阶级革命最早的国家，律师制度建立也早。英国现代律师制度是在经历了19世纪司法改革后最终定型的。在英国，没有统称"律师"的词，实行二元律师制度，只有大律师和小律师之分，两者没有隶属关系。大律师（barrister）又称为出庭律师、辩护律师，是专在具有制定判例职权的高等法院、上诉法院进行言词辩论活动的人。英国法官都是从大律师中任命的。对于资历深、学识经验丰富、职业经历10年以上、年龄40岁以上的，可以经大法官推荐由英国女王任命为皇家大律师，这是律师的最高荣誉。[②]小律师（solicitor）又称为诉状律师、初级律师、事务律师等，是指直接接受当事人的委托，在下级法院或诉讼外执行律师职务，为当事人提供法律服务的人。英国的"二元"律师制度有利有弊。大小律师的分工有利于大律师专职于诉讼，能深入研究有关法律问题，但一个案件须聘两个律师，需要更多费用，大小律师的划分有人为割裂之嫌，近年来受到英国各界的尖锐批评。

美国的律师制度渊源于英国，但它并没完全继承英国律师制度中的分级制度、业务垄断等传统做法。由于美国的法律制度是"双轨制"，即联邦法律和州法律共存，又是判例法国家，在美国没有统一的律师法，有关律师制度的法律规范散见于宪法、判例法以及律师协会指定的《律师守则》中。在美国，"lawyer"是律师的统称。根据律师的任职情况，美国律师可分政府律师、企业律师和执业律师（又称挂牌律师）；实行律师资格和律师职务分离制度，执业执照的核准与颁发，由各州掌握。

---

① 参见陈卫东主编：《中国律师学》（第四版），中国人民大学出版社2014年版，第12页。
② 参见王俊民主编：《律师与公证制度教程》，北京大学出版社2009年版，第18页。

德国于 1878 年颁布《律师条例》，1959 年颁布的《联邦律师条例》使律师制度趋于统一。在德国，要成为律师得通过两次国家司法资格考试。应试者经过 5 年的大学法律学习，参加第一次国家考试，通过后取得实习文官资格（又称为候补文官资格），可选择律师职业，也可申请成为法官、检察官。然后参加为期 2 年半的实习，除必修律师、法官和检察官业务外，还须在公司、银行和政府中任选两项实习。实习中要先后参加 8 次笔试和 8 次口试，考试全部通过和成绩合格者，方可参加司法部组织的第二次国家考试。这次考试为口试，由法学教授、资深法官和政府官员轮流向考生发问，内容涉及实践中处理具体案例的法律规定和解决办法。第二次考试通过则可向州司法部申请取得律师资格。

在日本律师资格的取得，原则上需经以下步骤：大学法律专业毕业后，参加国家统一组织的司法官资格考试；考试合格后，到最高法院主办的司法研修所学习 1 年，期满考试合格者即可获得律师资格；不过想要从事律师业务，还需要申请进入日本律师联合会律师名录。根据《日本律师法》的规定，律师的工作机构是法律事务所，律师可以在所属律师会的地区申请设立一个法律事务所，也可以数人合伙设立法律事务所。

三、我国律师制度沿革

（一）我国古代的讼师

我国古代文献中的"律师"，是指佛教中称的善能解说戒律者，道教中称的道士修行者。这显然和现在所说的律师是两回事。我国古代讼师，最早见于公元前 7 世纪的春秋时期。根据《左传纪事本末（三）》记载，公元前 632 年卫侯与卫国大夫元恒发生诉讼，卫侯因不便与其臣下同堂辩论，便委派大士（司法官）士荣出庭辩护。士荣精通法律，在公堂上与元恒进行了十分激烈的辩论，后士荣败诉，被杀。可见，中国古代已有诉讼代理现象存在。当时私下帮人写状、打官司的人，即民间所称的"讼师"，又称"刀笔先生"。明清两代诉讼普遍存在，而且还出现了专门教授如何代写词状的专著，如明代的《做状十段锦》。但自唐代以后，律例有不少禁抑讼师、严惩讼棍滋讼行为的规定。明清设有严禁"教唆辞讼"的条文，《大清律令》更是严格禁止为他人代写诉状时夸张不实，否则将重处。讼师之所以受到官府的严厉查禁，主要原因有：（1）我国传统文化始终认为"讼则凶"，主张息讼、终讼甚至无讼，而讼师的行为容易兴讼；（2）讼师的出现与我国纠问式诉讼、刑讯逼供的审判方式等司法制度格格不入。因此直至清朝灭亡，千百年来讼师始终没有取得合法地位，古老的中华法系始终没能孕育出律师和律师制度。

（二）我国近代律师制度的建立[①]

1. 清朝末年的变法修律

1840 年鸦片战争后，为缓和各种社会矛盾，清政府不得不变法修律。1902 年清政府设立法律馆，指派沈家本为修律大臣负责拟定各项法律及法典，至此在我国法律史上首次出现有关律师的内容。1906 年在沈家本主持下，参详日本法律，完成修订了《大清刑事民事诉讼法草案》。其中律师的内容专列一节共九条，分别规定了律师的资格、注册登记、职责、违纪处分、

---

① 参见朱立恒、彭海青主编：《律师法教程》（新编），中国人民公安大学出版社 2008 年版，第 29-31 页。

外国律师在通商口岸公堂办案等内容。然而，该部法典因遭各省督抚反对而未能颁布实施。1907年法律馆重新编纂诉讼法典，1911年编成《刑事诉讼律草案》和《民事诉讼律草案》，再次规定了律师制度。但由于不久后爆发了辛亥革命，清王朝被推翻，该法典均未颁布和实施。

2. 民国时期的律师立法

1912年9月16日北洋政府颁布了《律师暂行章程》。这是我国近代第一部关于律师的单性法规，共38条，规定了律师资格、律师证书、律师公会、律师惩戒等内容。北洋政府先后于1914年4月25日、1917年1月12日、1917年10月8日颁布了《律师惩戒会决议书式令》《复审查律师惩戒会审查细则》《律师考试令》，加强律师考试和惩戒，从而建立起我国初期的律师制度。发展至北洋政府末期，全国已有律师约3 000人，1922年上海成立律师公会，这是我国最早的律师社团组织。

1927年以后，国民政府沿袭北洋政府的律师制度，修订并重新颁布了《律师章程》。后于1935年起草、1941年正式公布了《律师法》和《律师法实施细则》《律师登录规则》等，逐渐取代了北洋政府时期的律师法规，并赋以新的内容。如：允许女子充任律师、担任律师须修习法律之学3年以上并有毕业证书、律师年龄提高到21岁等。国民政府仿效英国将律师分为大律师和小律师。大律师能承办全部律师业务和出庭参加辩护，小律师代写诉状和办理一些法律事务。这一时期，律师人数增长较快。1930年上海有律师659人，到1934年有律师1 120人，南京有律师1 200余人。

（三）新中国律师制度

新中国的律师制度是在完全砸碎旧法统和旧律师制度，总结新民主主义革命时期颁布的条例、确立的辩护原则以及苏联社会主义国家的律师制度基础上逐步建立起来的。1950年12月中央人民政府司法部颁布《关于取缔黑律师及讼棍事件的通知》，明令取消旧的律师制度，解散律师组织，停止黑律师的活动。1950年7月中央人民政府公布《人民法院通则》，规定被告人有自行辩护和请人辩护的权利。1954年上海市人民法院成立"公设律师室"。同年7月司法部在北京、天津、上海、沈阳等地试办法律顾问处，同年颁布的《中华人民共和国宪法》和《中华人民共和国人民法院组织法》规定被告人有委托律师进行辩护的权利。1956年1月司法部向国务院提交了《关于建立律师工作的请示报告》，新中国的律师制度开始初步建立。至1957年6月，全国已有19个省市成立了律师协会筹备会，全国共成立了800多个法律顾问处，专职律师2 500余名，兼职律师300余名。1957年反右派斗争的扩大化使刚刚建立的律师制度受到极大破坏，大多数律师被错划成右派，法律顾问处名存实亡。"文化大革命"期间律师制度遭到极大破坏。

党的十一届三中全会后，社会主义民主和法治得以恢复和重建，律师制度迅速恢复。1980年8月26日全国人大常委会通过了《中华人民共和国律师暂行条例》，明确规定了律师工作的基本内容，在法律上肯定和推动了律师工作。此后，律师事业迅猛发展，律师逐渐成为热门职业。1986年第一届全国律师大会召开并成立了全国律师协会。自1984年以来，司法部开始着力对律师资格与管理、律师事务所等制度进行改革，改革的主要内容有：改变律师的公职身份、改变律师事务所的性质、改变律师资格授予制度、逐步改变律师管理模式①。

---

① 参见宋朝武、张力主编：《律师与公证》，高等教育出版社2007年版，第14页。

1996 年 5 月 15 日第八届全国人民代表大会常务委员会第十九次会议通过并颁布了《中华人民共和国律师法》，该法分别于 2001 年 12 月 29 日、2012 年 10 月 26 日、2017 年 9 月 1 日进行了三次修正，于 2007 年 10 月 28 日进行了一次修订。自 1979 年恢复律师制度以来，律师业的发展取得了巨大成就，律师队伍迅速壮大，人员素质不断提高。据统计，截至 2020 年 6 月，全国共有律师 60.5 万余人。

（四）我国港澳台地区律师制度

港澳台和内地（大陆）同属于中国，由于历史原因，港澳台地区实行的法律制度和规定与内地（大陆）稍有不同，在律师制度上体现各自的特色。

1. 我国香港律师制度

1）香港律师资格

香港将律师分为大律师和小律师（事务律师）。不同律师资格的取得条件不同：成为大律师，须在大律师办公室实习一年，期满后才能申请成为大律师；事务律师申请大律师资格的，至少应在申请前三年已在香港获得事务律师资格。所有具备律师资格的人，都要经过有关专业团体的考核批准，向香港终审法院申请，由该法院法官通过一定仪式承认申请人为律师或大律师，再由有关专业团体颁发执业证书。执业 10 年以上的香港律师，可以申请晋升资深大律师。香港律师经中华人民共和国司法部委托，还可成为委托公证人（公证事务律师）。

2）香港大律师与小律师

在香港，大律师和小律师的分工较为明确。小律师主要处理有关法律文件和准备开庭前工作，并且只被允许办理区域法院和高等法院以下的法院管辖的诉讼案件和非诉讼业务。大律师多处理在法庭上公开审讯的工作，擅长盘诘证人和陈词辩论，并着力研究法律的使用和推理。大律师可在香港任何一级法院担任当事人的辩护人，在法庭上享有较大的主动权。大律师的局限在于，不能直接向当事人接案，只能由事务律师将案件转给大律师，大律师不得拒绝，对当事人没有选择权。

2. 我国澳门律师制度

1）澳门律师资格

澳门律师资格的取得条件较为严格，具体条件有：（1）取得澳门大学法学院或澳门地区认可的其他法学院法学学士学位。后者还必须到澳门大学法学院修读"澳门法律导论"课程。（2）参加"律师业实习"课程录取考试。（3）完成律师业实习。实习期为 18 个月，内容分为"理论"和"实务"二部分；实习中学员必须旁听 15 宗刑事案件、30 宗民事案件，并为每一宗旁听过的案件写一篇报告；须亲自为法院指派的 20 宗案件中的当事人进行辩护。上述旁听及辩护，均须法官在一张实习律师出席证明表上签名。完成实习后向律师公会提交一份由导师做出的评核报告和本人就某一法律专题做的论文，律师公会审查上述评核报告、科目成绩、论文合格后，安排实习律师接受律师公会典试委员会的评核，评核合格后方可注册成为澳门注册律师。

2）澳门律师管理体制

澳门律师业实行双重管理体制，其管理机构有两个：

（1）澳门律师公会。其主要职责是规范律师执行职务的准则，审批和授予律师和实习律师的执业资格。只有在澳门律师公会注册的律师才允许在澳门从事律师业务。

（2）澳门律师业高等委员会。其主要职责是监管律师职业纪律和操守，对律师和实习律师执行职务时违反《律师职业道德守则》的行为进行纪律处分。处分的种类有：警告、谴责、最高10万元澳门币罚款、中止执业10日至5年。中止执业6个月以上的处罚，须在澳门政府公报、澳门葡文和中文报刊上公布。

3. 我国台湾律师制度

1）台湾律师资格

台湾律师资格的取得有两种方式：

（1）考试。台湾律师资格考试属于专业职业技术人员高等考试之一，报考者须具备以下条件之一：公立或经立案的私立专科以上学校，或承认的境内外专科以上学校法律系毕业，且获得证书者；经高等考试类科目及格者；法院书记官考试及格者；在法院担任书记官，连续担任审判纪录或检察处书记官，连续担任侦查记录4年以上，有相关证明者。考试科目由台湾地区考试机构征询各有关法律院校和司法机关的意见确定。

（2）复检。复检是指通过对符合一定人员的学历、资历、证件进行审查，检查其是否已达到律师资格的水平。有资格通过复检取得律师资格的人包括：曾任法官或检察官者；曾任公设辩护人6年以上者；曾在公立或经立案的私立大学、独立学院法律学系或法律研究所专任教授2年、副教授3年，教授主要法律科目3年以上者；曾在公立或经立案的私立大学、独立学院法律学系毕业，或经军法官考试及格任职军法官6年以上者。律师资格复检工作，由台湾地区考试机构设立的律师资格复检委员会负责。

2）台湾律师执业

取得律师资格后，须先完成职前培训（曾任法官、检察官、公设辩护人、军法官不在此限），然后向律师工作所在地的法院检察处申请登录，并加入律师公会，方可执业。如律师与将要登录的法院院长、首席检察官有配偶关系、五亲等以内的直系或旁系血亲、三亲等的姻亲关系时，应当回避。每个律师须向4个地方法院及其直接上级高等法院或其分院申请登录。申请商务仲裁员的律师须向商务仲裁协会申请登录，担任专利代理人的律师须向专利主管机构申请登录。

3）台湾律师的惩戒制度

台湾的律师惩戒机构包括：律师惩戒委员会，负责对惩戒案进行初审；律师惩戒复审委员会，负责对律师惩戒案进行复审。台湾律师惩戒的种类包括：警告、申诫、停止执行职务2个月以上2年以下、除名。在台湾，律师公会仅象征性地被授予"惩戒移送权"，律师惩戒的实质性权力掌握在律师惩戒委员会。[①]

第二节　律师的价值、性质与任务

一、律师价值

律师制度的产生和发展是以人类社会发展的需要为基础的，也是现代民主与法治发展的

---

① 参见关今华主编：《律师与公证》（第二版），厦门大学出版社2008年版，第17-21页。

必然要求。律师在社会生活中具有重要的地位，发挥着巨大的作用。除刑事辩护、民事代理以外，社会生活的各个方面都需要律师提供法律服务。人们的上述各种需要决定着律师的价值，主要体现在以下几个方面：

（一）民主价值

现代律师制度是近代民主和法治建设的产物，律师制度的存在是以民主的发展、法治的完善为基础的，是国家民主制度和法律制度的重要内容。我国宪法规定公民享有广泛的民主权利、人身权利、社会经济文化权利和其他方面的自由。要把这些法律上的权利转变为公民实际享有的权利和自由并非易事。律师是其中一支重要的力量，他们运用自己精深的法律专业知识和娴熟的职业技能，通过作为辩护人、代理人、法律顾问等途径，积极参加诉讼或非诉讼事务，向社会提供多方面的法律服务，帮助当事人实现自己的权利。律师的价值就在于：通过其工作使合法权利受到保护、违法行为受到应有的惩处、民主得到发扬、法治得以维护。可以说，没有律师，就不可能有真正意义上的现代民主和法治。

（二）效益价值

效益是指以较小的投入获得较大的产出。律师制度的效益价值是指律师制度能够使社会或当事人以较少的投入获得较大的产出，以满足人们对效益的需求。它不仅包含经济效益也包括社会效益。表现在：（1）在社会主义市场经济体制下，追求经济效益是经济行为的内在要求。律师通过为当事人提供法律服务，鼓励人们提高效率，创造最有效的经济运行模式。（2）我国社会主义市场经济运行速度加快，经济交往日益频繁，经济关系愈来愈复杂，纠纷随之愈来愈多，解决纠纷的各种法律规定随之增多。精通法律的律师参与到纠纷解决的过程中，通过诉讼、仲裁、和解等法律手段和途径，有利于高效、快捷地解决纠纷。（3）在日常经济交往中，律师介入经济活动，帮助当事人审定法律文书、提供法律咨询、完善企业内部规章制度，有利于防患于未然。律师参与经济生活是将市场经济真正纳入法治轨道、提高经济效益和社会效益，实现法治经济的重要前提。

（三）正义价值

正义是人类社会普遍认为的崇高的价值，是指具有公正性、合理性的观点、行为、活动、思想和制度等。法律与正义是相互联系、相互促进的，正义对法律发展起了一定的推动作用。我国宪法赋予人民广泛的权利和自由。但要使公民的权利和自由得以充分保障、实现司法公正和社会正义，没有律师的参与基本是不可能的。律师法将维护公民基本权利作为律师的重要职责，律师既是国家法律的捍卫者，也是公民合法权益的捍卫者，对法律的顺利实施和法治水平的提高负有特殊责任。律师运用其系统的法律知识、娴熟的诉讼技巧、冷静客观的处事态度、严密的执业组织、特殊的诉讼权利、严密的组织纪律和高尚的职业道德，能尽职尽责最大限度保障当事人合法权利和自由，实现社会公平和正义。律师的辩护和代理是防止司法腐败的重要力量。司法权是国家权力行使环节中的最后一道防线，司法能否公正、正义直接关系到社会正义能否实现。律师在行使辩护和代理职能时，能有效地对公检法机关的权力运行形成监督和制约。[①]

---

① 参见贾海洋主编：《律师法学》，高等教育出版社 2007 年版，第 22-25 页。

二、律师的特征

（一）任职资格的特定性

公民必须通过本国立法规定的考试或考核，并由国家有关机关颁发律师执业证书才能成为律师，从事律师工作。职业资格的特定性是律师的一个重要法律特征，它是确保律师执业素质的关键。

（二）专业性与社会性

要成为律师必须具备一定的专业条件，通常是受过法律专业训练，具有法律专业知识。《律师法》第五条第二项、第八条、第十二条规定的律师专业条件是："通过国家统一法律职业资格考试取得法律职业资格""具有高等院校本科以上学历，在法律服务人员紧缺领域从事专业工作满十五年，具有高级职称或者同等专业水平并具有相应的专业法律知识""高等院校、科研机构中从事法学教育、研究工作的人员"。以上规定表明，在我国无论是专职律师还是兼职律师，都必须具有相应的法律或法学专业知识。

律师职业的社会性是指律师职业是一种社会性职业，须面向社会提供开放的、全方位的法律服务，律师业务具有社会性和广泛性。律师通过为当事人提供法律服务，在帮助当事人正确行使权利、维护合法权利的同时，有助于在全社会树立权利观念、法治观念。

（三）服务性与有偿性

律师作为法律专业人员，其业务来自当事人的委托。律师的执业宗旨在于为当事人、为社会提供法律服务，维护当事人的合法权益。同时，律师开展业务和发展所需经费并非由国家财政负担，而只能依靠自己的法律专业知识和法律技能，为当事人提供法律服务，由此获得报酬，因此律师职业具有有偿性。

（四）独立性与自律性

律师在执业时具有独立的地位，不受任何机关和个人的非法干涉，有权独立发表法律意见。主要表现在：律师独立于司法行政机关，对个案的法律处理意见不受其管理；律师独立于司法机关，处理案件不受法院、检察院的左右；律师独立于当事人，有权自主运用法律知识和经验为当事人提供准确合法的法律意见或法律服务，最大限度地维护当事人的合法权益。根据我国《律师法》的规定，律师协会系律师自律性组织。

三、律师的性质

律师的性质，是指法律所规定的、律师职业区别于其他职业的本质属性。西方国家多将律师定性为"自由职业者"。如，德国律师法规定律师为自由职业者，律师的活动不具有经营的性质；法国《关于改革若干司法职业和法律职业的第 71-1130 号法律》第 7 条规定，律师职业属于自由职业。西方国家之所以强调律师的自由职业者身份，是与西方国家的政治制度、法律制度分不开的。我国是社会主义国家，律师制度是我国社会主义法律制度的重要组成部分，律师的执业活动必须以社会主义法律为依据，通过维护社会主义法律秩序为社会主义制度服务，这是我国律师的阶级属性决定的。笔者认为，将律师界定为"自由职业者"，虽体现了律师独立、自治的职业特征，但与中国当前的经济基础、历史传统、政治体制、文化背景不相容，脱离了中国实际，也与中国目前的制度设计不符。我国律师性质经历了一个由"国家法律工作者"到"社会法律工作者""为当事人提供法律服务的执业人员"的漫长的演变过程。《律师法》第二条规定："本法所称律师，是指依法取得律师执业证书，接受委托或者指定，为当事人提供法律服务的执业人员。"该界定突出强调了委托人对于律师法律服务的意义，突出了律师的"为当事人服务"的特性。准确理解律师"为当事人提供法律服务的执业人员"这一性质，应当从以下两个层面入手：

（一）从执业类别上讲，律师属于法律职业共同体的一员

律师职业作为法律职业之一，必然而且必须具备法律职业的共同属性。

1. 对法律价值目标的尊重与追求

律师的定位不应停留在"以服务赚钱求生存"层面，通过提供法律服务收取报酬并非律师的最终目标。律师应当致力于法律的公正实施，致力于国家人权保障制度的提高，致力于国家法治的完善。

2. 律师的定位必须反映法律职业共同体所应当具备的属性

法律职业共同体是由议员（立法）、警察（侦查）、检察官（起诉）、法官（审判）、律师（代理、辩护）、狱政（改造）等各种角色构成并相互作用的一个有机的体系，各成员之间的行为不可避免地对其他成员产生重大影响，甚至影响整个法律职业最终目标的实现。律师作为现代法治社会法律职业共同体的一员，其职业行为必然对法官、检察官、警察的司法和执法行为产生影响，律师的行为和作用与司法公正、法律目标的实现有着密切的关系。同时，律师为当事人提供法律服务，其职业本身就是在实施法律、宣传法律，在一定程度上决定着社会大众对法律的尊重程度、信仰程度。

（二）从律师与其他公职法律职业人员的区别来看，律师是相对自由的法律职业人员

律师执业的相对自由性与律师的独立性分不开，这种独立性表现在以下三个方面：一是律师与司法行政机关的关系。律师承办具体案件，有权依据具体案件的事实和法律独立进行代理、辩护和发表意见，司法行政机关不得干涉律师对具体案件的处理。二是律师与法官的关系。同为法律职业者，在案件的承办中律师在一定程度上可以制约和监督法官公正司法，而法官不得干涉律师办案。三是律师与当事人的关系。律师虽受托于当事人，但并非当事人的雇员或员工，律师办案独立于当事人，不受当事人意志的约束。忠于法律、忠于当事人的合法权益是律师的天职，但律师对当事人合法权益的维护，不是听命于当事人，而是在忠于法律和尊重事实的基础上独立、自由执业。保持这种自由，对律师来说至关重要，它不仅是律师生存、律师制度存在的必要前提，也是发挥律师在法治建设和提高人权保护程度方面积极作用的必要前提。

综合以上几方面的考虑，笔者认为：结合我国目前经济、政治、制度设计的具体情况，将律师的性质界定为自由的法律职业者较为合理。这一界定的合理性在于：（1）这一界定有利于律师在执业活动中提升职业道德水平和素养，追求法律价值目标，促使国家为具有法律职业者身份的律师顺利执业创造良好的环境，推进法治建设的进程；（2）将律师界定为自由的法律职业者，有利于促进自治性管理成为律师管理的主要方式；（3）这一界定对解决目前律师执业面临"国家法律工作者"或"法律服务人员"的两大困境，具有极强的针对性，既

符合律师职业的内在属性，也反映了律师发展的现实需要。[①]

四、律师的任务

《律师法》第二条第二款规定了律师的任务，即"律师应当维护当事人合法权益，维护法律正确实施，维护社会公平和正义"。该款概括了律师的核心任务，强调了律师执业中所肩负的"三个维护"的责任和历史使命，指明了律师工作的正确方向，增强了律师执业的责任感和荣誉感。这在律师法的修改中无疑是一大进步。根据该条的规定，我国律师的任务包含以下几个方面：

（一）维护当事人的合法权益

维护当事人的合法权益是我国律师的基本任务。当事人委托是律师执业的前提，是法律赋予律师的各项固有的执业权利的先决条件，也是基于对法律的信任和对律师执业的期待。当事人希望通过律师提供的法律帮助实现维护其自身合法权益的目的，律师只有维护了当事人的合法权益，才能谈得上真正履行了自己的职责和任务。律师的这一任务决定了律师的执业宗旨和司法人员的活动宗旨存在着具体目标价值上的差异：司法人员必须居中公正裁决，维护双方的合法权益，而律师首先要维护其所代理或辩护的一方当事人的合法权益。《中华人民共和国刑事诉讼法》（下文简称《刑事诉讼法》）中也有体现，其第三十七条规定："辩护人的责任是根据事实和法律，提出证明犯罪嫌疑人、被告人无罪、罪轻或者减轻、免除其刑事责任的材料和意见，维护犯罪嫌疑人、被告人的诉讼权利和其他合法权益。"可见，作为辩护人的律师在刑事诉讼中的责任取向的倾向性和提供辩护材料及法律意见的可选择性，决定了辩护律师与公安司法人员公正、全面的职责取向的差异性。

必须强调的是，律师维护当事人权益的前提是合法。律师是法律职业者，必须依据事实和法律为当事人提供法律服务。否则，不仅无助于当事人，而且有损律师的职业形象，甚至走上违法犯罪的道路。对当事人不合法、不合理的请求，律师不能迁就。律师相对独立的法律地位使律师具备了拒绝当事人不合法请求的法定条件。《律师法》第三十二条第二款中规定，"委托事项违法、委托人利用律师提供的服务从事违法活动或者委托人故意隐瞒与案件有关的重要事实的，律师有权拒绝辩护或者代理"。该条为律师在执业活动中具体把握受案标准提供了重要的判断依据，体现了律师维护当事人合法权益的精神实质。

（二）维护国家法律的正确实施

维护国家法律的正确实施是我国律师的根本任务。律师的全部职业活动必须忠于法律。法律是律师的生命之源，亵渎法律等于自毁律师的生命之源。律师通过为社会提供法律服务，接受当事人的委托而担任当事人的法律顾问、代理人或辩护人，在执业活动中，必须以自觉遵守和合理运用法律为前提，既不可以创制法律，也不可以超越法律，只能在法律的框架内，最大限度地运用法律的相关规则，严格依法办事，独立发表意见、参与诉讼活动，维护当事人的合法权益。同时，通过律师的执业行为促使公检法机关查清案件事实，正确适用法律，打击违法犯罪，维护正当合法行为，从而维护国家法律的正确实施。

---

① 参见陈卫东主编：《中国律师学》（第四版），中国人民大学出版社 2014 年版，第 23 页。

（三）维护社会公平和正义

维护社会公平和正义是律师职业的价值目标。律师本身不是公平和正义的代表，但律师肩负着维护公平和正义的使命。《联合国关于律师作用的基本原则》指出，律师的重要作用就是"向一切需要他们的人提供法律服务以及与政府和其他机构合作进一步推进正义和公共利益的目标"。律师不是商人，经济利益绝不应当是律师从事法律服务的唯一目标，律师执业必须遵守一定的道德准则和崇高的执业规则，在最大限度维护当事人合法权益、维护法律正确实施方面发挥法律职业者应有的作用，推进国家法治建设、推进人权保护，从而实现维护社会公平和正义的使命。

第三节　律师执业原则

一、律师执业原则概述

律师执业的基本原则是法律所规定的贯穿整个律师执业活动过程，指导律师实现律师任务的基本准则。理解律师执业原则应当把握以下几点：

首先，律师执业原则是由国家法律明确规定的，体现在以律师法为主的法律规范中。

其次，律师执业原则贯穿律师执业活动的方方面面，贯穿律师执业活动的全过程，具有普遍的指导意义。

再次，律师执业原则应当具有特有性和发展性。一方面，律师法律服务业务具有自身特点和发展规律，它不同于检察、审判、行政执法等国家机关行使国家权力的活动，也不能将指导国家机关和公民活动的原则原封不动套用在作为自由法律职业者的律师身上。在认识到律师与其他法律职业者应当遵守的共同原则的基础上，应当承认律师职业的特殊性，承认律师执业存在一些特殊原则；另一方面，中国特色社会主义律师制度正在不断完善中，尚待对律师的价值、目标等基础原理进行深入分析和研究，律师的社会角色、社会形象、社会地位还处于调整中。随着对律师价值目标等认识的深入，随着社会主义法治建设的不断推进，律师执业原则将更加完善和科学。基于以上认识，根据律师职业的特点和发展规律，律师执业原则可分为法律职业共同原则和律师执业特有原则。

二、法律职业者应遵守的共同原则

《律师法》第三条规定："律师执业必须遵守宪法和法律，恪守律师职业道德和执业纪律。律师执业必须以事实为根据，以法律为准绳。　　律师执业应当接受国家、社会和当事人的监督。　　律师依法执业受法律保护，任何组织和个人不得侵害律师的合法权益。"[1]

（一）遵守宪法和法律原则

宪法是国家的根本大法，每个公民、企事业单位、国家机关以及律师、法官、检察官等法律职业人员都必须遵守。律师作为我国公民和法律职业者无疑应当遵守宪法和法律。律师

---

[1] 本书中，所引法律条文包含多个款项的，各款之间用两个字的空格隔开。各项之间不分行，也不空格。

遵守宪法和法律具有两层基本含义：一是律师在执业时必须遵守宪法和法律，不得拥有超越宪法和法律的特权，必须如实履行宪法和法律规定的义务，否则不但有违律师的职责，而且有损律师的声誉；二是律师在非执业时间也应遵守宪法和法律，并应起到模范带头作用。

（二）以事实为依据，以法律为准绳原则

以事实为依据，以法律为准绳原则是所有法律职业人员均应遵守的基本原则。针对律师的职业特点，该原则在律师执业中的有其具体要求。以事实为依据，是指律师进行任何一项业务活动都应尊重客观事实、以事实真相为基础，将全部业务活动建立在充分可靠的客观事实和证据的基础上。切不可单凭主观臆想推断，也不能偏听偏信。以法律为准绳，要求律师从事任何一项业务活动，均应以国家的法律、法规为标准判断是非曲直。在任何情况下均不得违反、背离法律，也不得作出违反法律的行为。

（三）接受监督原则

律师虽是自由的法律职业人员，但其是否依法执业，是否恪守律师职业道德和执业纪律，关系到当事人的切身利益和律师业的健康发展，律师执业必须接受国家、社会和当事人的监督。

（四）恪守职业道德和执业纪律原则

各行各业都有其职业道德和执业纪律，各行各业的从业者都应恪守其职业道德和执业纪律。律师作为自由的法律职业者，其职业规范的遵守主要依赖于律师自律。因此强调律师恪守职业道德和执业纪律，具有十分重要的现实意义。律师在执业活动中，只有恪守职业道德和执业纪律，才能严格遵守宪法和法律，从而为当事人提供优质法律服务，最大限度地维护当事人的合法权益。

三、律师执业应遵守的特有原则

（一）追求社会正义原则

正义，是分辨是非善恶的标准，是社会追求的理想目标。将追求社会正义作为律师执业的基本原则，符合设立律师制度的价值目标。作为自由法律执业者的律师，在执业活动中应当高举正义大旗，公正评判社会活动的是是非非，充分体现律师的社会价值，摆脱"法律术士"的不良形象，践行维护公平和正义的历史使命，树立"正义之师"良好社会形象，在点点滴滴的法律服务活动中追求社会正义。律师执业中坚持追求社会正义原则具有重大的现实意义。

1. 律师的社会角色是为公民的权利诉求而设置

根据现代法治观念，国家权力需要分权制衡，除权力制约权力外，权利制约权力也是权力制衡的一种必不可少的重要方式，体现在法律必然赋予公民享有广泛的权利。但公民与国家相比永远处于弱势，加上公民在运用权利的知识、能力、物质条件等方面存在的不足，单靠静态设置公民的权利难以达到制约权力的良好效果。而律师执业无疑是弥补这一缺陷的有效手段，其社会角色就是为自身行使权利能力不足而又希望得到法律帮助的人们而设置的，以期达到权利与权力的行使条件尽量趋于平等，从而最大限度实现社会正义。

2. 律师的执业属性决定了其能最先、最深入洞悉社会正义观念的变化

正义是不断发展变化的，正义具有鲜明的时代特征，这种变化既有随着时代变迁出现社

会整体性和阶段性正义观的变化，也有同一时代人们对正义的内涵的突破。当正义"停滞"时可能就会成为"不正义"，人们就会通过否定原有的正义以实现新的社会正义。律师深入社会各阶层，接受当事人的委托为其提供法律服务，其执业活动必然涉及社会生活的方方面面，可以及时了解正当行使国家权力对社会的影响，最真切地了解到社会各阶层权利持有者为实现权利而提出的各种诉求，以及为实现社会正义和社会进步而希望设立的新的权利或权力。律师的职业特点决定了其可以避免其他职业因为狭小和固定的活动范围而对正义观念的僵化、片面理解，且有利于宣扬新的正义观，并以正义观帮助服务对象实现其合理主张。

3. 律师独立、超然的社会地位使其能够表达真正的正义主张

在纷繁复杂的社会关系中，不同的社会群体和个体都有自己的利益主张，但并非所有主张均符合正义原则。利益纷争主体往往由于深陷争执旋涡而难以进行理智的思考、难以表达正义的主张。律师是自由职业者，在执业时不是利益纠纷主体，具有相对独立的社会地位，实际上处于相对超然的地位，能够认真思考当事人利益主张的正义性，并说服当事人根据正义的要求主张利益分配问题。即使当事人拒绝接受律师的观点，律师也可以根据自己的判断表达正义的主张，使利益纠纷有机会得到纯粹的正义的权衡。①

（二）独立执业原则

独立执业，是指律师在执业过程中根据事实和法律独立对法律问题进行评判，不受任何机关、单位和个人的非法干预，国家对律师独立行使评判权提供各种相应的制度保障。律师独立执业的基本内容包括以下三个方面：

1. 律师独立于国家机关

律师不是国家公职人员，不能纳入国家公职人员的管理范围，国家机关不能对律师的执业活动进行指挥和控制，律师也没有服从国家机关具体指示、命令的义务。律师在维护当事人合法权利时，可以依照事实和法律自由发表法律意见，在发表法律意见和相关执业活动过程中，任何国家机关及组织不得对律师的执业活动进行非法干预；律师在执业活动中也可以发表针对国家机关及其工作人员的批评或反对意见，国家机关及其工作人员对律师的意见不能利用国家权力予以压制、阻止、打击、报复。律师协会可以根据律师执业的需要制定相应职业规范，并据此自我约束、自我管理，国家机关不得对律师的具体执业行为进行干预。律师独立于国家机关还意味着国家机关对律师的生存和发展，不直接提供物质或财政方面的支持，而仅仅是负有营造良好的律师执业法律环境的义务。我国《律师法》对律师独立执业表述还有待进一步明确，相应配套制度和措施还有待进一步完善。

2. 律师独立于当事人

律师虽是接受当事人的委托展开执业活动，但这种执业活动又独立于当事人。律师接受当事人委托是有条件的，如果当事人所追求的利益违背了正义的原则和合法的前提，律师可以不受当事人意志的影响，拒绝为其提供法律服务或自行按正义和法律的要求为当事人争取合理合法的利益。律师是法律执业人员，具有系统的法律知识和精湛的应用能力和技巧，在处理法律事务上更加权威，能在全面分析与法律事务有关的法律和事实基础上提出解决问题

---

① 参见贾海洋主编：《律师法学》，高等教育出版社 2007 年版，第 27—28 页。

的最优方案，在当事人处理法律问题的思路不尽合理时，律师为实现保护当事人合法权益的目的，可以自行确定工作思路，阐述法律意见。律师与当事人的服务与被服务关系建立在委托合同的基础上，依据合同履行义务。律师不是当事人的雇员，不存在上下级之间的管理与被管理关系，双方地位平等，根据合同履行权利义务，不得违反合同约定干预对方的行为[1]。

3. 律师依法独立执业受法律保护

《律师法》第三条第四款规定："律师依法执业受法律保护，任何组织和个人不得侵害律师的合法权益。"这是我国律师法规定的具有中国特色的律师执业原则，为律师依法执业提供了法律保障依据。这一原则包括以下三层意思：对律师依法执业的行为，国家法律予以保护；司法机关和有关执法部门要为律师依法执业提供方便，对律师合理合法的意见和建议应予以采纳；律师在执业中的人身权利不受侵犯，任何组织和个人都不得侵犯律师的合法权益。

（三）律师执业专属性原则

律师执业专属性原则又称律师执业垄断性原则，是指律师以高度的法律专业优势，在为社会提供法律服务时享有优先权，并在法定范围内排除非律师人员的介入。该原则的基本要求在于：一方面，律师处理当事人的法律事务享有优先权，非律师在帮助当事人处理同样法律事务时不拥有该权利；另一方面，对于某些法律专业知识要求高、关系到当事人重大权益或重大社会公共利益的法律事务，只能允许律师介入，其他单位和个人不得介入并进行法律评判。律师职业专属性的表现形式有：

1. 律师强行介入

律师强行介入是指根据国家有关法律法规的规定，某些特定的社会活动必须有律师参与，由律师作出法律上的评判，否则将禁止该活动的进行或已经实施的行为无效。这主要适用于专业性强、对律师法律服务有特殊要求、涉及当事人重大利益或社会公益，特别是涉及广泛社会群体的利益，对社会秩序的稳定有直接影响的事项。如，股份公司上市募集资金，就必须由律师提供专门的法律服务，出具法律意见书，否则，不能得到证券主管部门的批准。

2. 排除非律师人员的介入

根据法律法规的规定，某些特定法律事务处理中如需要法律服务，只能聘请律师，非律师人员不得对该特定事项提供法律服务。如国有资产产权界定事务中需要律师提供法律意见的事项。

3. 律师权利优先

在律师和非律师人员均可介入的法律事务中，基于律师的公信力和国家法治建设的导向，法律赋予律师更多的执业权利。如律师在担任诉讼案件的代理人或辩护人时，享有调查取证、会见犯罪嫌疑人、查阅卷宗等执业权利，司法机关应当为律师阅卷提供必要的条件，保证律师充分行使执业权利。而非律师人员要查阅卷宗，须经司法机关审查批准。应说明的是，非律师人员不得以律师名义提供法律服务，也不得收取报酬，否则将受到相应法律制裁。

（四）有偿服务与公益服务相结合的原则

律师在接受有偿法律服务的同时，还应当体现服务的公益性。律师服务的公益性主要体

---

[1] 参见贾海洋主编：《律师法学》，高等教育出版社2007年版，第28-29页。

现在以下几个方面：（1）积极开展法律援助活动。律师要弘扬社会正义，对经济困难或有特殊情况的当事人，依法减免律师服务费用，使当事人不因经济上的困难而无法得到有效的法律服务，保障法律服务的平等性。（2）经常开展公益性的法律咨询、法制宣传工作，是律师工作融入全民普法活动的一个重要方面。（3）积极参与各种类型的社会公益活动，发挥律师作为精英群体对社会先进道德、先进文化的引领作用，彰显律师作为遵纪守法、道德楷模的社会责任感和使命感。[①]

第四节　律师素养

律师素养是指从事律师职业的人所应具备的理论水平、道德修养、业务能力和专门技巧，即作为一名合格律师应当具备的多方面综合条件。[②]律师职业活动（不论是诉讼业务还是非诉讼业务）都与法律有关，其接触到的事项不仅有光明的、正面的，还有阴暗的、反面的，涉及的法律事务错综复杂，这就要求律师具备较高的专业素养。

一、律师政治素质

律师职业无疑具有专业性、复杂性、严肃性和高难度性。这就要求律师必须具备高度的政治责任感、崇高的职业素养、娴熟的职业技能和较强的是非判断能力。这是律师赖以生存和发展，赢得当事人尊重和信赖的关键。律师的政治素质是指律师的政治立场和观点。我国是社会主义国家，律师制度是我国上层建筑的重要组成部分。律师肩负着维护当事人的合法权益，维护法律的正确实施，维护社会公平和正义的历史重任。律师的政治素质就是要求律师的执业应当符合社会主义制度和社会主义法治的要求。

（一）律师应具有强烈的爱国主义精神

爱国主义是指人们对自己诞生的国度，在长期的学习、生活、工作中，受其文化礼俗的熏陶，形成的强烈的民族意识，对养育自己的祖国具有的一种稳定、持久、真挚而又深厚的热爱之情。这不仅表现在对祖国的山河、历史、语言、文字以及民主传统的热爱，还表现在对祖国和民族的前途和命运的关心。爱国主义精神，集中表现为强烈的民族自尊心和民族自信心，表现为为争取民族独立和祖国富强而英勇献身的奋斗精神。是否具有爱国主义精神是衡量一个人政治觉悟和思想素质高低的重要标准。

1. 律师必须具有强烈的爱国主义精神

律师应将强烈的爱国主义感情体现在具体执业活动中，在执业活动中不仅为个案服务，而且为社会主义民主法治建设摇旗呐喊。我国律师是在改革开放以后哺育起来的新型社会主义律师，应将自己的荣辱得失与社会主义法治建设、祖国的前途命运紧密联系在一起。律师在日常执业活动中，应树立牢固的法治意识，通过一件件个案的处理，监督法律的正确实施，推动社会主义法治的创新和改革，努力推进法治进程。

---

① 参见贾海洋主编：《律师法学》，高等教育出版社2007年版，第32-33页。
② 参见谭世贵主编：《律师法学》（第三版），法律出版社2008年版，第40页。

2. 律师在处理涉外业务时，应坚定不移地维护国家主权和利益

作为中国律师，在处理涉外业务时，不得损害国家的主权与尊严，不得违反我国法律规定，不损害国家利益、社会公共利益和我国的道德准则。特别是在涉外业务中，对外国人提出的有损我国主权与尊严、有违我国现行法律和政策、危害我国国家利益、社会公共利益和我国的道德准则的要求，律师应讲明道理，严词拒绝；在与外商签订争议解决条款时，律师要坚持我国法律规定的司法专属管辖权，不得以任何形式侵犯；在与外商的业务往来中，律师应当坚持一个中国和"一国两制"的原则①。

（二）律师要讲政治

尽管作为社会主义法律执业者，律师不享有国家公务员身份，但我国的律师制度是建立在社会主义经济基础之上的上层建筑，是社会主义司法制度的重要组成部分。这就要求律师的一切活动都必须站在国家、民族和人民的立场上，为保障社会主义法律的正确实施、民主法治建设的不断推进而努力工作。这就要求律师要讲政治②。

1. 律师应坚持学习并宣传马克思列宁主义、毛泽东思想、邓小平理论、"三个代表"重要思想、科学发展观、习近平新时代中国特色社会主义思想

律师执业涉及社会面广，具有宣传和贯彻党和国家的方针政策的便利条件。律师应站在全局的高度正确而全面理解我国的法律制度和法律精神，用正确的世界观和方法论，恰当处理和解决各种涉及法律的事务和矛盾。

2. 律师必须坚持实事求是、调查研究的工作方法

实事求是是毛泽东思想的精髓，调查研究是做到实事求是的正确工作方法。律师的执业过程，就是将国家的法律应用到具体事务的处理过程，其本身就体现出事物的客观性。只有深入调查研究，实事求是地了解案件的客观真相，律师才能正确运用法律解决纷争，为当事人提供优质法律服务。在执业活动中，如发现自己认定的事实有偏差甚至错误，律师应勇于纠正、敢于纠正，切不可为谋求不正当的胜诉目的而弄虚作假、强词夺理，甚至捏造事实、伪造证据，让自己跌入万劫不复之渊。律师应当牢固树立以事实为根据、忠于事实真相的信念。

3. 律师应坚持科学发展观，树立社会主义法治理念

科学发展观，第一要义是发展，核心是以人为本，基本要求是全面、协调、可持续发展，根本方法是统筹兼顾。律师应以科学发展观看待和认识我国法治发展的现状，正确对待社会主义初级阶段发展中存在的各种问题和矛盾，切不可妄自菲薄，应立足于自身、立足于现实，以自己执业中的点点滴滴推动社会主义民主法治的发展。构建和谐社会的思想，要求律师在执业中应当具有社会正义感，帮贫扶弱，对弱势群体热情伸出法律援助之手。

（三）律师要坚持真理、主持正义，树立全心全意为人民服务的思想

律师应当是公平与正义的化身，坚持真理、主持正义是律师职业的突出特征。律师受托于忧烦危急之际，效命于是非曲直之间，是法治社会的催化剂、公民权利的保护神，是正义之剑、民主之犁。要做到这一点，律师应当满腔正气，在执业过程中坚持真理、主持公道、

---

① 参见谭世贵主编:《律师法学》（第三版），法律出版社 2008 年版，第 41 页。
② 参见陈卫东主编:《中国律师学》（第四版），中国人民大学出版社 2014 年版，第 49-50 页。

仗义执言，具有为实现公平与正义而献身的精神。特别是当前，我国社会主义法治仍需进一步完善，一些国家机关及工作人员依法行政意识还有待提高，一些当事人的合法权益受到侵害的情况还时有发生。在此情况下，律师为了维护当事人的合法权益和法治的尊严，应具有敢于坚持真理、勇于主持正义的精神，不畏权势、扶助弱小、保护无辜，用法律武器不懈地捍卫正义和尊严。

树立全心全意为人民服务的思想，是实现坚持真理、主持正义的更高、更宽层面的要求。这要求律师心系百姓苍生，怀揣匡扶正义之志，不论当事人身份、地位、钱财、权势都满腔热忱、平等对待；对当事人委托的事务，应热情、主动、认真负责，不敷衍搪塞、马虎从事。律师应时时牢记，忠诚履行职责、依法维护当事人的合法权益是律师的天职，对当事人提出的合法要求不轻言拒绝，不因金钱和物质利益驱使而丧失立场，不以收费多少决定受案范围，不以酬金多寡决定服务质量。

二、律师业务素质

（一）律师形象

律师的一言一行不仅关系到律师个人形象，也会影响人们对律师整体的评价。人们期望中的律师，应该是优秀人物的集合体，是社会精英。律师的行为举止要给人以有思想、有深度、有教养的法律专业人士的印象。这样，当人们知道你是一名律师时，往往会说："对，像一名律师"。这里所说的"像"，主要体现在三个方面：

（1）"形"像。国外有人说："一年四季穿正装的人一定是律师""一支笔和一块表是律师必不可少的饰物"。这是要求律师的着装庄重、正式、严谨，仪容整洁、举止文明高雅，并符合律师职业特点。

（2）"神"像。律师的"神"像，主要讲气质，具有人格魅力。

（3）"表达"像。"铁肩担道义，妙手著文章"，律师发表言论要依据法律，让普通人有一种"不愧是律师"的感觉。

作为专业的法律职业人员，律师的最大魅力在于娴熟的法律职业技能和源于法律职业道德的人格力量。律师创业阶段更多靠的是职业技能，技能使律师立住脚；长远的发展、客户渠道的不断巩固和拓展则需要律师的人格力量。在此基础上，适当的外在形象不可或缺，恰当的形象可提升律师的气质和魅力，使其更加成功。①当然，切不可本末倒置、"金玉其外败絮其中"。

（二）扎实、系统的法学理论基础与合理的知识结构

据人大网消息，截至 2022 年 9 月 2 日，我国现行有效法律 293 件/部。其中：宪法及宪法性法律 50 部，如《中华人民共和国宪法》《中华人民共和国立法法》《中华人民共和国选举法》《中华人民共和国全国人民代表大会组织法》《中华人民共和国国籍法》《中华人民共和国国旗法》《中华人民共和国国徽法》《中华人民共和国民族区域自治法》《中华人民共和国香港特别行政区基本法》《反分裂国家法》《中华人民共和国国防法》《中华人民共和国香港特别行政区驻军法》《中华人民共和国澳门特别行政区驻军法》《中华人民共和国法官法》《中华人民共和国监察法》等等；民法商法 24 部，如《中华人民共和国民法典》《中华人民共和国公司法》《中

---

① 参见关今华主编：《律师与公证》（第二版），厦门大学出版社 2008 年版，第 131 页。

华人民共和国商业银行法》《中华人民共和国票据法》《中华人民共和国证券法》《中华人民共和国招标投标法》《中华人民共和国信托法》《中华人民共和国农民专业合作社法》《中华人民共和国涉外民事关系法律适用法》《中华人民共和国商标法》等等；行政法96部，如《中华人民共和国土地管理法》《中华人民共和国环境保护法》《中华人民共和国水污染防治法》《中华人民共和国海关法》《中华人民共和国保守国家秘密法》《中华人民共和国野生动物保护法》《中华人民共和国传染病防治法》《中华人民共和国教师法》《中华人民共和国教育法》《中华人民共和国律师法》《中华人民共和国消防法》《中华人民共和国执业医师法》《中华人民共和国行政复议法》《中华人民共和国气象法》《中华人民共和国居民身份证法》《中华人民共和国行政处罚法》《中华人民共和国治安管理处罚法》《中华人民共和国行政许可法》《中华人民共和国行政强制法》《中华人民共和国精神卫生法》《中华人民共和国反间谍法》等等；经济法82部，如《中华人民共和国建筑法》《中华人民共和国反不正当竞争法》《中华人民共和国反垄断法》《中华人民共和国产品质量法》《中华人民共和国标准化法》《中华人民共和国矿产资源法》《中华人民共和国税收征收管理法》《中华人民共和国企业所得税法》《中华人民共和国个人所得税法》《中华人民共和国农业法》《中华人民共和国预算法》《中华人民共和国审计法》《中华人民共和国价格法》《中华人民共和国可再生能源法》《中华人民共和国企业国有资产法》等等；社会法27部，如《中华人民共和国残疾人保障法》《中华人民共和国未成年人保护法》《中华人民共和国工会法》《中华人民共和国妇女权益保障法》《中华人民共和国老年人权益保障法》《中华人民共和国红十字会法》《中华人民共和国公益事业捐赠法》《中华人民共和国安全生产法》《中华人民共和国劳动法》《中华人民共和国劳动合同法》《中华人民共和国社会保险法》《中华人民共和国反家庭暴力法》《中华人民共和国退役军人保障法》《中华人民共和国境外非政府组织境内活动管理法》等等；刑法3部，《中华人民共和国刑法》《中华人民共和国反有组织犯罪法》《中华人民共和国反电信网络诈骗法》；诉讼与非诉讼程序法11部，如《中华人民共和国人民调解法》《中华人民共和国仲裁法》《中华人民共和国引渡法》《中华人民共和国劳动争议调解仲裁法》《中华人民共和国农村土地承包经营纠纷调解仲裁法》《中华人民共和国国际刑事司法协助法》等等。上述法律中基础、常用部门法，律师必须加以熟练掌握并加以应用，通过专业的、系统的法学理论学习，打下扎实的法学理论基础，具有深厚的理论功底、全面的法律知识。

律师执业活动涉及各行各业、涉及社会生活的各个方面，律师必须加强与职业有关的相关行业基本知识、行业规则和惯例的学习，掌握相关行业的行业发展最新动态，及时、高效地为各类客户和当事人提供优质法律服务。结合当前的实际情况，律师急需在以下两方面拓宽知识，一是拓展经济科技管理知识，如经济、金融、会计、商务、管理等，以适应市场经济需要；二是拓展外语知识，以适应对外开放需要。

（三）严密的逻辑思维能力与审慎的工作态度

严密的逻辑思维可以使律师头脑清醒、目光敏锐，擅于抓住问题的本质和核心。面对纷繁复杂的法律纠纷和曲折离奇的案情，律师要迅速理清思路，从多种角度研究问题，进行正向思维、逆向思维、单面思维、立体思维、纵向思维、横向思维、换位思考，甚至将问题推向极致，在被人们忽视的间隙中探索解决问题的最佳方案和最佳途径。

律师的职业性质决定了律师在职业生涯中，必然会面对复杂的案情和各种各样的人际关系，这就要求律师秉持实事求是的工作立场和作风，注意谦虚谨慎的工作态度，避免过分张扬；保持个人修养，注意客观冷静，不结仇；执业行为文明礼貌、不卑不亢；做事遵守时间，讲究效率。

（四）精湛的表达水平与较强的应变能力

1. 律师的职业性质要求律师必须具有良好的语言表达能力

律师在执业过程中应当具有正确、流利、有说服力地表达自己的看法和观点的能力。这种表达能力不仅体现在文字方面，而且体现在口头表达方面。

文字表达。律师的执业，不论诉讼业务还是非诉讼业务，必然要承担大量的文字工作，从接受委托、了解情况做笔录开始，到撰写起诉状、代理词、辩护词、答辩状、谈判方案、法律意见书以及特殊案件的律师意见等等，都要求律师撰写大量的法律文书。这就要求律师必须具有较强的文字写作能力，所谓"铁肩担道义，妙手著文章"。与其他文字写作不同的是，法律文书写作具有准确性、严谨性、简洁性、稳定性以及严格的程式性等特征。

口头表达。一名好的律师应该"能说会道"。但律师的"能说会道"显然不是喋喋不休、巧舌如簧，也不应该仅仅是锋芒毕露、侃侃而谈。而是要求律师在分析法律问题、阐述自己观点和见解、庭审辩论和反驳时"说得出来""说得清楚""说得精彩""说得得体"。

2. 律师的职业性质要求律师必须具有较强的应变能力

律师在执业过程中，对于突然发生的新情况、新问题，要及时以法律人的思维，果断、迅速地做出妥善的处理和回应。律师的工作对象，不是复杂的事，就是多变的人，涉及的法律关系往往错综交织，这就要求律师必须具备较强的应变能力。当然，律师的应变能力，不是要求律师见风使舵，风吹两边倒，而是要求律师在新情况、新问题出现时不至于束手无策，在临场发挥时具有较强的控场能力、对答能力、判断能力、补救能力，特别是对可能发生的变化及事物的发展趋势具有预测能力，对重要情况的实质具有洞察力，对发展变化中的、不断出现的新情况能做出适宜、敏锐的反应。[①]而要做到这一点，律师必须理论基础知识扎实、做事果断、回答准确、反应敏捷。

（五）良好的社会交往能力

良好的社会关系需要律师独特的人格魅力来维系。"一个杰出的律师必须是一个成功的社会活动家"，较强的社会交往能力是建立良好的人际关系的前提。实践中，有的律师协调能力强、人际关系处理得好，与当事人、司法机关、顾问单位之间关系融洽，当事人愿意找他们排忧解难，司法机关和其他单位也乐于听取他们的意见和建议，律师业务开展得有声有色，律师事业蒸蒸日上。相反，有的律师与当事人、司法机关、顾问单位之间关系紧张，时常发生摩擦，极大地影响了律师业务活动的正常开展。当然，律师良好的社会交往能力并不是指"拉关系，走后门"的能力。

这就要求律师在执业中应当坚持以下原则：一要始终坚持诚实信用的做人原则。社会交往中要做到诚实待人，敢于直言、表里如一、前后一致。二要坚持平等待人的原则。职业没

---

① 参见谭世贵主编：《律师法学》（第三版），法律出版社 2008 年版，第 47 页。

有贵贱，分工各有不同。平等对待交往对象，权贵面前不哈腰，布衣跟前不自傲。三要坚持互惠互利的原则。以对自己有利也对他人有利的双赢心态去发展人际关系。四是坚持严于律己、宽以待人的原则。待人接物要宽宏大量、心胸宽广、善于自制，以宽宏谅解的风格去处理人际关系，[①]讲究幽默，着意情趣。

三、律师基本职业技能

律师职业技能是指从事律师业务的基本工作方法和技巧，主要包括业务推广技能、出庭技能、谈判技能、调查取证技能、文书写作技能等多方面。近年来法律服务市场竞争日趋激烈，是否具有娴熟的律师职业技能决定着律师的生存和发展，决定着律师的个人成就、业务收入、生活品质和社会地位。鉴于篇幅原因，本章主要介绍律师执业中最基本的技能。

（一）律师业务推广技能

研究表明，当事人聘请律师的决策，往往受到文化、社会、家庭、个人、心理因素以及法律事务紧迫程度等因素影响。当事人聘请律师一般会经历以下五个阶段：认识问题（聘请律师被提上议事日程）、信息收集（律师进入潜在客户视野）、评估可选择方案（筛选律师）、决定聘请（客户决定聘请哪一位律师）、检验律师行为（客户对所聘请的律师是否感到满意）。

律师要赢得客户，最重要的营销武器就是可信度。而律师可信度的提高有赖于以下几个方面：一是有高尚的定位，不一味追求金钱，不将自己简单等同于商人，这是律师自我提升之道。二是明白优质法律服务的要义，优质法律服务不能简单地等同为廉价服务。优质法律服务往往包含热情、坦诚、充分交流、合理价格、较强的专业能力、良好的结果等要素。优秀律师收取较高的费用是因为他们通过恰当的方式将判断、服务、质量、专注、责任等有价值的信息传递给客户，使客户相信通过律师的努力他们得到的将比付出的更多，从而吸引更多优质客户。三是表现出强烈的道德人格魅力，能感染和征服客户。富有同情心和正义感是律师道德魅力不可或缺的要素。律师应坚持正义、仗义执言，同情弱势群体并积极伸出援助之手。四是对当事人关心的法律问题坦率直言，分析利弊，提供解决问题的最佳方案。对当事人关心的问题不避重就轻，不回避自己的观点和意见，不做虚假承诺。

（二）律师谈判技能

在律师的职业生涯中，谈判是律师执业的主要方式和基本技能之一，不论是经济商事谈判还是法律事务诉讼谈判，都需要律师充分展示其良好的口才和精湛的职业水准。

1. 律师谈判应坚持的基本原则

（1）合法合理原则。谈判本身就是一个各方据理力争、充分协商、寻找利益共同点的过程，它不仅是一个协商过程，而且是一个心理战的过程。律师谈判与一般谈判的不同点在于应当坚持合法合理的原则。合法，是指律师在谈判中必须遵循国家法律，谈判项目和内容应符合国家法律和政策要求，在法律框架内寻求当事人利益最大化。合理，是指谈判内容要符合公平、公正，讲究社会公德，寻求各方利益的共同点。任何企图通过欺诈、胁迫手段将自己意志强加给对方的做法，势必会导致谈判失败。

---

① 参见谭世贵主编：《律师法学》（第三版），法律出版社 2008 年版，第 48 页。

（2）审时度势、灵活主动原则。谈判中，律师应明晰谈判各方利益诉求和力量对比关系，明晰各方立场和谈判空间，知己知彼，灵活主动，适时改变谈判策略，运用正确的谈判技巧，达到预期谈判效果。

2. 律师谈判应处理好相关关系

（1）理顺律师与委托人的关系。律师与委托人之间是一种平等的服务关系而不是雇佣关系或劳动关系，律师在谈判中既要极力维护委托人的合法权益，又要保持相对独立性，特别是对谈判中涉及的法律问题或原则问题，律师要有自己独立的观点和见解，切不可人云亦云。

（2）明确律师的地位和角色。律师提供的是法律服务，谈判中律师的工作重点在于解决谈判中涉及的法律问题，促使谈判的结果既最大限度符合委托人的要求和预期，又符合法律的规定。对本应由委托人自行决策的经营、商业运作方面的内容，只要不违法，律师不应过多干涉，切不可自视高明，更不能喧宾夺主，大包大揽，越权表态或拍板。

（3）理顺律师与委托人指派的谈判代表的关系。律师与委托人指派的谈判代表之间的关系是基于委托合同产生的平等、合作关系，在具体谈判中律师根据实际情况，确定与谈判代表之间的主从关系或主辅关系，确定谁是主谈人。一般情况下，如委托人本人或其法定代表人亲自参加谈判的，委托人或其法定代表人是主谈人，律师是辅谈人。主谈人是谈判的决策者，辅谈人是主谈人的参谋和助手。

（4）在涉外谈判中，律师要理顺维护中方合法权益与维护外方合法权益的关系，理顺法律适用与国际惯例之间的关系。

3. 谈判技能

（1）倾听的技能。弄明白对方谈判的意图及谈判目的是谈判的前提。谈判中，律师要认真倾听对方的发言，洞察其言行举止，捕捉对方发出的各种信息，鼓励或诱导对方将自己的立场、观点或设想较完整地表达出来，从而充分了解对方，以便律师及时做出反应；律师要善于捕捉对方的言外之意，必要时可要求对方补充陈述并加以确认。

（2）发言的技能。通过倾听、发问捕捉到对方立场和意图之后，律师要及时做出反应。若不赞同对方的观点，律师应及时反驳、提出探讨或解决方案，并进行必要的阐释或说明；对对方提出的不完善方案，律师应提出完善意见。律师发言要得体，既要有针对性，也要注意表达方式；提出敏感性问题时应说明理由，不至于破坏谈判气氛；注意发言时机，观察并掌握对方的心态变化；注意讲话语速，把握好语音语调；发言内容应遵循先易后难，先一般性问题后专门问题，先谈合作框架后谈操作层面的具体问题。

（3）应答技能。谈判中，律师应当预测对方可能提出的问题并构思应对策略。当对方提出问题时，应保持思维敏捷，精心选择应答内容。不同风格的律师有不同的应答策略，下面几种应答技巧值得参考：以强击弱式，如"对于这个问题，我方不能同意你的观点，我方始终认为……"；以弱击强式，如"我公司产能实在有限，在短期内交付这么多产品实在不可能，你看咱们是不是把交货日期往后推一推？"；局部应答式，如甲问："贵公司能否将产品配方及技术参数提供给我们，以便我方在合作中生产出达到贵方技术要求的产品？"，乙答："这种产品的生产技术成熟，对于相关重要部件，我方将派出技术专家指导贵方生产"；回避应答式，如："贵方提出的问题，我方正在抓紧调查，一定给你一个满意答复""相关数据正在统计过程中""真相有待进一步查明"等等。

当然，无论采用何种应答技巧，都应细加斟酌"什么该说""如何去说"，力争使自己在谈判中处于有利位置，实现谈判目的。

（4）让步的技能。任何谈判都需要让步，没有让步的谈判不能称其为谈判。律师在参加商事或法律事务谈判时，让步是使谈判继续进行并取得成功的常用策略。让步的目的和原则是以小换大。让步时应注意以下策略：让步的节奏不宜太快、太大；让步幅度及方式应具有不可预测性，避免对方预知让步底线；设法让对方就重要事项首先做出让步，己方对次要事项让步；让步应双方同时进行，己方让步后，对方应做出对应性让步；要使对方深信，己方每次做出的让步都是重大让步；不做无谓让步，尽量做有意的、形式上的让步。当然，谈判中往往会出现双方各抒己见、相持不下的局面，律师应灵活应对，积极寻找突破口，善于扭转局面，如转移话题、调节紧张气氛，先易后难，打破僵局，使谈判得以继续进行。[①]

（三）律师阅卷技能

律师的诉讼技能主要是指律师收集和充分运用证据，通过证据阐明案件事实，最大限度赢得诉讼的技能。判断律师诉讼技能高低，不能简单看一个案件胜诉或败诉。有效的诉讼技能的运用有利于正确发现案件事实、准确适用法律，为实现司法公正作出积极贡献。诉讼律师深入研究诉讼技能，有助于提高工作成效、减少或避免诉讼中可能出现的不公正危险，促进案件公正解决。

对诉讼律师而言，查阅刑事、民事和行政案件等的卷宗是其了解案情、收集证据的基本方法和途径，也是诉前准备工作的重要内容。根据我国《律师法》和三大诉讼法的规定，律师在刑事、民事和行政诉讼案件中阅卷的内容、时间等方面的要求各不相同，律师应注意查阅卷宗的具体要求。律师阅卷应坚持亲自阅卷、全面阅卷、重点阅卷原则。亲自阅卷，即办案律师自己掌握案卷，一般不委托其他律师或实习生阅卷，以免阅卷出现遗漏；全面阅卷，即从头到尾，一字不漏，不偷工减料、任意取舍；重点阅卷，即带着问题阅卷，对重要内容精研细读，吃透重点。

常用阅卷方法有：结构阅读法，即律师在阅卷时着重把握案件事实、证据和情节之间的有机内在联系，以及证据之间的线索，并沿着证据线索将全部案卷内容整合起来，形成对案件发生、发展和变化过程的整体认识，把握案件全貌；比较阅读法，即律师在阅卷中，对案件事实、证据等进行比较鉴别，对比其异同之处，从而判定证据和事实的真伪，确定其证明力；追踪阅读法，即带着问题、追踪问题、解决疑问的一种阅读方法。律师应当分不同情况采取精心摘录、重点摘录、规范摘录或全案复制等手段，获取证据和相关案件信息，以便进一步研究案情，为下一步诉讼所用。

常用案卷分析方法有：因果互证法，即以原因证明结果或以结果证明原因的方法；类比法，即律师在分析案卷材料时，可将某些属性相同或相似的证据、案件事实、情节、法律适用等进行对照比较，抓住同类事实间的内在联系，发现并纠正错误判断；扩大显微法，即律师在分析案情时，对发现的不实之处，深挖其原因、深究其程序、强调其性质，使不实之处凸现出来，达到辩驳的目的；牵连分析法，即律师在分析案情时，将存在对称关系的事物联系起来进行分析考虑，从中找出对当事人有利的证据材料的方法。

[①] 参见陈卫东主编：《中国律师学》（第四版），中国人民大学出版社 2014 年版，第 57-59 页。

（四）律师举证技能

收集证据。在收集证据过程中，律师应注意迅速及时；收集证据应当全面客观，不得任意裁剪证据材料；妥善保全证据，律师收集证据应当按法定证据保全方式保全证据。

审查证据。律师须对收集的各类证据进行审查、鉴别、分析、归类，确定其真实性、精确性，判断其证明力。审查重点：审查证据的来源、形成时间、地点、条件等因素，判断证据的收集是否合法；审查证据的内容是否存在逻辑矛盾、前后是否一致；审查证据与案件事实之间是否存在客观联系，能否作为定案依据；综合全案证据进行分析、比较、判断和印证，全面评价根据已掌握证据能否对案件事实得出一致结论。

举证质证。法庭是律师举证质证、查明案件事实的庄严场所，也是律师充分展示其前期收集证据、分析案情、确定诉讼方案等工作成果的重要场所。在法庭上，律师通过举证质证、证据运用达到论辩和诉讼目的。律师在庭审过程中，除按法定程序举证质证外，应当根据各种证据的特点采用不同的技能运用证据，并处理好可能影响举证效果的相关事宜。

（五）律师法庭论辩技能

律师法庭论辩是指律师在庭审活动中依据案件事实和法律，提出、确立、论证自己的观点，反驳、否定、推翻对方的观点，以维护当事人合法权益的诉讼活动。律师论辩不仅存在于诉讼业务，而且存在于非诉讼业务中，且贯穿整个诉讼过程。庭审论辩是诉讼论辩的重点，法庭辩论阶段更是庭审论辩的重中之重。

1. 把握律师庭审论辩的特点

庭审论辩具有鲜明的对抗性，诉讼双方当事人就诉讼请求、答辩意见、案件事实的认定、证据采信、法律适用等方面的观点和看法往往是针锋相对的；庭审论辩具有较强的程序性，律师在进行庭审辩论时必须遵循诉讼法规定的庭审程序，围绕法庭归纳出的争议焦点，在审判人员指挥下，逐一展开辩论；庭审论辩具有科学性，律师的庭审论辩必须以经过法庭质证的证据和国家现行法律为依据，遵循科学的逻辑推理方法，通过科学论证，得出最后的正确结论；庭审论辩具有综合性，论辩中律师的学识是否渊博、法学功底是否深厚、语言表达是否精湛、逻辑思维是否清晰、道德修养高低等等都将被一览无遗。

2. 正确运用法庭论辩技能

（1）抓住案件关键问题深入论证。法庭论辩最关键的问题有两点：一是旗帜鲜明地提出自己的观点和看法，并进行深入论证；二是有理有据地辩驳对方观点。论辩中，律师应及时抓住已经法庭查实的案件关键证据，深入论证案件关键事实，做到论点突出、论据充分、逻辑严密、结论正确。切不可纠缠于一些细枝末节、无关紧要的问题。

（2）要有严肃认真的论辩态度。法庭是神圣庄严的场所，律师论辩时要发言谨慎、用语严谨、坚持法律原则、慷慨陈词。切不可趾高气扬、哗众取宠。

（3）充分发挥语言的感染力。律师办案应富有同情心和正义感，论辩时才能急当事人之所急、想当事人之所想，言之发自肺腑，论之晓之以理，辩之动之以情，这样论辩才会具有感召力和感染力。同时律师应注意语调、语速，创造确立自己观点的特定有利语言环境，发言既要清晰便于记录，又要生动感人，切不可语言生硬、态度蛮横。

（4）使用必要的体态语言。体态语言有时比言辞语言更能传递信息。如在言辞论辩时的一个优雅手势、瞬间的戛然停顿更能帮助审判人员理解、记忆和相信，一个适当的"表演"或"表情"更能精准地表达律师的观点。

（5）论辩要展示律师的道德修养和风度。律师的职责在于通过其执业行为维护委托人的合法权益，律师的职业道德和纪律也要求律师必须全心全意维护委托人的合法权益。但维护委托人的合法权益必须注意方式方法，必须通过艰苦细致的调查取证、严密的举证质证、科学论证、有说服力的论辩来实现诉讼目的。切不可为达到胜诉目的不择手段，以势压人，甚至揭人之短、人身攻击。

当然，以上介绍的律师执业技能，均不是一朝一夕就能获得的，需要律师在长期的职业生涯中，通过认真总结经验教训、努力提高道德修养、不断提高法律素养和人格魅力才能掌握。要知道，能力才是最大的魅力，切不可"金玉其外败絮其中"，东施效颦。

问题与思考

1. 简述律师执业应遵守的共同原则的内容。为什么说律师执业应具有特有原则？

2. 律师依法独立执业的含义是什么？

3. 为什么要强调律师追求社会正义原则？

4. 如何理解律师有偿服务与公益服务相结合的原则。

5. 为什么律师要具有政治素养？在我国强调律师的政治素质与律师自由职业者的身份是否存在矛盾？

6. 律师业务素养包括哪些？

第二章　律师执业与管理

【本章概要】

律师准入制度是保障律师质量与服务水平的一项重要制度。本章着重介绍我国法律职业资格、律师执业、律师执业机构和律师管理体制等内容。通过对本章的学习，掌握我国现行的律师准入制度、执业机构和律师管理体制。

【关键术语】

法律职业资格　律师执业　律师事务所　司法行政　律师协会

【重难点提示】

本章重点在于掌握律师职业资格的取得条件、律师执业证书取得的条件和程序，律师执业机构的改革和发展；难点在于把握律师行政管理与律协行业管理体制的困境和发展趋势。

第一节　法律职业资格

一、我国法律职业资格考试制度的演变和发展

法律职业资格是我国法律规定的公民从事法律职业所应当具备的条件。我国法律职业资格制度主要是由律师资格制度演变而来。法律职业资格制度是现代国家法律制度的重要组成部分，其健全程度关系到一国法治化水平，是该国法治、民主与科学水平的重要标志。

（一）律师资格考试制度

我国律师资格考试制度的发展经历了两个阶段：

1. 单独考核授予律师资格阶段

我国于 1979 年恢复律师制度。1980 年颁布的《律师暂行条例》确定了律师资格制度，律师资格取得采用单一的司法行政机关内部考核授予制度。从 1979 年至 1986 年，全国有 1.3 万人通过考核被授予律师资格。在律师制度恢复初期，通过考核授予符合一定条件的人员律师资格，缓解了社会对律师的需求，对律师制度重建起到了积极作用。

2. 全国律师资格考试阶段

1984 年江西省首创全省律师资格统一考试，面向全国招考，取得了良好的社会效果。1985 年北京等地区也举行了类似考试。1986 年司法部在总结各地律师资格考试经验的基础上，做出了实行全国律师资格考试的决定。1986 年 9 月 27、28 日，我国首次举行全国律师资格考试。全国律师资格考试制度的建立，在选拔人才提高律师从业水平、推动全国普法工作、促进法学教育发展、树立我国依法治国形象方面起到了突出的作用。到 2000 年共举行了 12 次考试，

共有 150 多万人次参加考试，通过人数达 20 万人左右。考试合格人员由司法部颁发律师资格证书。经过十几年的不断完善，全国律师资格考试以组织严密、程序公开公正、高难度、低通过率逐渐赢得了社会认可。

（二）初任法官、初任检察官考试制度

根据 1995 年 2 月 28 日第八届全国人民代表大会常务委员会第十二次会议通过、1995 年 7 月 1 日起实施的《中华人民共和国法官法》《中华人民共和国检察官法》（下文简称《法官法》《检察官法》）的规定，法院、检察院系统分别建立起初任法官和初任检察官资格考试制度。法院系统分别于 1995 年、1997 年、1999 年举行了三次考试，检察院系统也举行了三次考试。

初任法官、检察官资格考试制度与律师资格考试制度存在较大区别，表现在：应试人员方面，律师资格考试面向社会，符合规定条件者均可报考，而法院、检察院的任职资格考试面向本系统人员。考试科目方面，律师资格考试的内容和范围最广，几乎涵盖了法学所有学科；法官考试比律师资格考试科目要少，不包含国际法、国际私法；检察官考试科目最少，主要限于刑事法律、民事法律和经济法律。试卷与试题形式方面，律师资格考试是四张试卷，试题主要是选择题和案例分析题，难度较大；法官考试和检察官考试是三张试卷，试题形式包括选择、判断、改错等形式的客观题，也包括简答、材料分析、案例分析、文书写作等主观题。

（三）国家司法考试制度

鉴于以上三种法律职业资格考试制度并存的弊端和不足，为进一步完善法律职业资格考试制度，2001 年 6 月 30 日第九届全国人民代表大会常务委员会第二十二次会议审议通过了《法官法》和《检察官法》修正案。两法修正案在附则中规定："国家对初任法官、检察官和取得律师资格实行统一的司法考试制度，国务院司法行政部门会同最高人民法院、最高人民检察院共同制定司法考试实施办法，由国务院司法行政部门负责实施"。同年 12 月 29 日全国人民代表大会常务委员会审议通过的《律师法》修正案也规定："取得律师资格应当通过国家统一司法考试"。上述法律的修改，标志着国家统一司法考试制度在我国正式确立。

根据修改后的法律规定，2001 年 7 月 15 日最高人民法院、最高人民检察院、司法部发布公告，宣布 2001 年的初任法官考试、初任检察官考试、律师资格考试，统一并入 2002 年举行的首次国家司法考试。2008 年 8 月 8 日最高人民法院、最高人民检察院、司法部颁布了《国家司法考试实施办法》，自颁布之日起实施。

（四）国家统一法律职业资格考试

从 2018 年开始，国家统一司法考试改为国家法律职业资格考试。2018 年 4 月司法部颁布了《国家统一法律职业资格考试实施办法》，对国家统一法律职业资格考试的有关事项作了明确规定[①]。根据修改后的《法官法》《检察官法》《律师法》和《公证法》《仲裁法》《行政复议法》《行政处罚法》的规定，初任法官、初任检察官，申请律师执业、公证员执业和初次担任法律类仲裁员，以及行政机关中初次从事行政处罚决定审核、行政复议、行政裁决、法律顾问的公务员，应当通过国家统一法律职业资格考试，取得法律职业资格。

---

① 参见丁小魏主编：《律师公证与仲裁制度》，中国人民公安大学出版社 2021 年版，第 17 页。

二、国家统一法律职业资格考试制度基本内容

（一）报名条件

根据《国家统一法律职业资格考试实施办法》第九条之规定，符合以下条件的人员方可报名参加国家统一法律职业资格考试：

（1）具有中华人民共和国国籍。

根据司法部部务会议 2003 年 11 月 27 日审议通过、2004 年 1 月 1 日实施、2005 年 5 月 24 日修改的《香港特别行政区和澳门特别行政区居民参加国家司法考试若干规定》第二条规定："香港、澳门永久性居民中的中国公民，可以报名参加国家司法考试"。

根据司法部 2008 年 8 月 6 日 75 号公告，持香港、澳门、台湾地区或外国高等院校学历（学位）证书的人员，其学历（学位）证书经教育部留学服务中心认证后，可以报名参加国家司法考试。台湾居民报名参加国家司法考试，在大陆工作、学习或者居住的，应当在其居所地司法行政机关指定的报名点报名；在香港、澳门工作、学习或者居住的，应当在香港、澳门向承办考试组织工作的机构报名；在台湾地区或者外国工作、学习或者居住的，应当到司法部指定的报名点报名。台湾居民在考试报名时，应当向受理报名的机构提交台湾居民来往大陆通行证和台湾居民身份证，不能提交台湾居民来往大陆通行证的，应当提交台湾居民身份证和户籍本或者户口名簿。台湾居民参加国家司法考试，在大陆报名的，应当在报名地司法行政机关设置的考场参加考试；在香港、澳门报名的，应当在香港、澳门承办考试组织工作的机构所确定的考场参加考试。

（2）拥护《中华人民共和国宪法》，享有选举权和被选举权。

（3）具有完全民事行为能力。

（4）高等院校法律专业本科毕业或者高等院校非法律专业本科毕业并具有法律专业知识。

（5）品行良好。

《国家统一法律职业资格考试实施办法》第十条规定："有下列情形之一的人员，不能报名参加国家统一法律职业资格考试：（一）因故意犯罪受过刑事处罚的；（二）曾被开除公职或者曾被吊销律师执业证书、公证员执业证书的；（三）被吊销法律职业资格证书的；（四）被给予二年内不得报名参加国家统一法律职业资格考试（国家司法考试）处理期限未满或者被给予终身不得报名参加国家统一法律职业资格考试（国家司法考试）处理的；（五）因严重失信行为被国家有关单位确定为失信联合惩戒对象并纳入国家信用信息共享平台的；（六）因其他情形被给予终身禁止从事法律职业处理的。　有前款规定情形之一的人员，已经办理报名手续的，报名无效；已经参加考试的，考试成绩无效。"

（二）考试内容和方式

国家统一法律职业资格考试的具体考试时间和相关安排在举行考试三个月前向社会公布。国家统一法律职业资格考试实行全国统一命题。国家统一法律职业资格考试的内容和命题范围以司法部当年公布的《国家统一法律职业资格考试大纲》为准。国家统一法律职业资格考试每年举行一次，分为客观题考试和主观题考试两部分，综合考查应试人员从事法律职业应当具有的政治素养、业务能力和职业伦理。应试人员客观题考试成绩合格的方可参加主观题考试，客观题考试合格成绩在本年度和下一个考试年度内有效。国家统一法律职业资格

考试实行纸笔考试或者计算机化考试。国家统一法律职业资格考试实行全国统一评卷，统一确定合格分数线，考试成绩及合格分数线由司法部公布。

（三）授予法律职业资格证书

参加国家统一法律职业资格考试成绩合格，且不具有《国家统一法律职业资格考试》第十条第一款规定情形的人员，可以按照规定程序申请授予法律职业资格，由司法部颁发法律职业资格证书。法律职业资格证书是证书持有人通过国家统一法律职业资格考试，具有申请从事法律职业的资格凭证。在申请律师执业时，实行国家统一法律职业资格考试前取得的国家统一司法考试合格证书、律师资格凭证，与国家统一法律职业资格证书具有同等效力。

三、法律职业资格与律师执业分离制度

根据法律职业资格与律师执业之间联系的紧密程度不同，国际上可分为统一制和分离制。统一制是指取得律师资格即必须执行律师职务，若不执行律师职务即取消律师资格。统一制的优点在于，有利于加强律师行业管理，实行律师职业化。分离制是指取得律师资格后可以自由决定是否执业，并不因不执业或因正当原因中止执业而取消律师资格。分离制的优点在于，尊重进入和退出律师职业的自由，并有利于律师后备力量的储备。我国在 1988 年以前实行考核授予律师资格制度，实行律师资格和律师执业统一制。1988 年开始实行全国律师资格考试，实行律师资格和律师执业分离制。2001 年实行的全国统一司法考试，以及法律职业资格考试制度，实行的同样是法律职业资格与法律职业分离制。

第二节　律师执业

一、申领律师执业证书

要成为执业律师，以律师名义对外开展执业活动，必须依法取得律师执业证书。律师执业证书是律师执业的法定唯一证件。根据《律师法》第五条、第八条之规定，申请领取律师执业证书有两种方式：

（一）考试合格申请律师执业

这是获得律师执业证书的最基本方式，即通过全国法律职业资格考试合格者依法申请领取律师执业证书。

1. 申请条件

根据《律师法》第五条之规定，申请律师执业的法定条件有：

（1）政治条件：拥护《中华人民共和国宪法》。我国律师是社会主义国家法律的维护者，只有拥护《中华人民共和国宪法》，才能主动维护宪法尊严，维护法律的正确实施。

（2）考试条件：通过国家统一法律职业资格考试，取得国家法律职业资格。实行国家统一法律职业资格考试前取得的国家统一司法考试合格证书、律师资格凭证，与国家统一法律职业资格证书具有同等效力。这是对律师法律知识素养做出的硬性要求。

（3）实习条件：在律师事务所实习满一年。律师执业具有很强的实务性和操作性，取得

律师执业证书之前必须经过一定的实践活动，积累一定的操作经验。

（4）品行条件：品行良好。要求律师具有高尚的道德品质、良好的品行，这是律师正确履行职能的基本保障。

以上四个方面的条件必须同时具备。《律师法》第七条同时规定了不予颁发律师执业证书的具体情形，具体包括：无民事行为能力或者限制民事行为能力的；受过刑事处罚的，但过失犯罪的除外；被开除公职或者被吊销律师、公证员执业证书的。

2. 领取律师执业证书的程序

根据《律师法》第六条之规定，申领律师执业证书包括以下程序：

（1）申请。实习期满后，申请人向设区的市级或直辖市的区人民政府司法行政部门提出申请，并提交下列材料：国家统一法律职业资格证书；律师协会出具的申请人实习考核合格的材料；申请人的身份证明；律师事务所出具的同意接收申请人的证明。申请兼职律师执业的，还应当提交所在单位同意申请人兼职从事律师职业的证明。

（2）初步审查。受理部门应当自受理之日起二十日内予以审查，并将审查意见和全部申请材料报送省、自治区、直辖市人民政府司法行政部门。

（3）颁发律师执业证书。省、自治区、直辖市人民政府司法行政部门应当自收到报送材料之日起十日内予以审核，作出是否准予执业的决定。准予执业的，向申请人颁发律师执业证书；不准予执业的，向申请人书面说明理由。

（二）特别许可

为解决特定领域专门人才紧缺和现阶段律师队伍人员素质问题，《律师法》还作出了可以通过特别许可方式授予某些专门人才律师执业证书的规定。根据《律师法》第八条的规定，以特许方式申领律师执业证书应具备以下条件：

（1）具有高等院校本科以上学历

（2）在法律服务人员紧缺领域从事专业工作满十五年；

（3）具有高级职称或者同等专业水平并具有相应的专业法律知识的人员；

（4）申请专职律师执业。

申请特许律师执业，需要提交的材料以及受理、考核、批准的程序，依照国务院有关条例的规定办理。经国务院司法行政部门考核合格，准予执业。[①]

任何人必须依法申领律师执业证书后才能以律师名义对外开展律师业务。否则，将根据《律师法》第十三条"没有取得律师执业证书的人员，不得以律师名义从事法律服务业务；除法律另有规定外，不得从事诉讼代理或者辩护业务"以及第五十五条："没有取得律师执业证书的人员以律师名义从事法律服务业务的，由所在地的县级以上地方人民政府司法行政部门责令停止非法执业，没收违法所得，处违法所得一倍以上五倍以下的罚款"之规定进行处罚。

二、年度考核

律师执业证书是律师依法获准执业的有效证件，律师事务所执业证书是律师事务所依法

---

① 参见朱立恒、彭海清主编：《律师法教程（新编）》，中国人民公安大学出版社 2008 年版，第80-82 页。

获准设立并执业的有效证件。律师执业证书的管理由司法行政机关进行，主要管理内容包括：律师执业证书的颁发、换领、补发、收回及注销等。

关于律师执业证书的年度考核或年检问题，《律师法》没作规定。2009 年 9 月 21 日司法部令第 119 号发布、2019 年 3 月 16 日司法部令第 143 号修正的《律师和律师事务所执业证书管理办法》第十二条规定：设区的市级或者直辖市的区（县）司法行政机关于每年完成对律师事务所年度检查考核后，应当在律师事务所和律师执业证书相应栏目内填写考核年度、考核结果、考核（备案）机关、考核（备案）日期；在律师事务所执业证书副本上加盖"律师事务所年度检查考核"专用章，在律师执业证书上加盖"律师年度考核备案"专用章。

三、律师执业限制

律师执业限制主要包括律师执业身份上的限制和跨所执业的限制。身份上的限制是指具有一定身份的人员在任职期间不得兼任执业律师，以及一些特殊主体不得从事律师执业活动。跨所执业的限制主要是指律师只能在一个律师事务所执业。对律师执业的限制，有利于规范律师行业的竞争，营造一个公平、有序的法律服务环境。

（一）身份上的限制

根据《律师法》规定下列人员不得担任律师：

1. 公务员不得兼任执业律师

公务员行使管理职能，具有一定权限，为防止公务员利用职务之便或其特殊身份执业，法律对公务员兼任律师作出禁止性规定是完全必要的。《律师法》第十一条第一款规定："公务员不得兼任执业律师。"2017 年修正的《公务员法》第二条规定："本法所称公务员，是指依法履行公职、纳入国家行政编制、由国家财政负担工资福利的工作人员。"

2. 律师担任各级人民代表大会常务委员会组成人员的，任职期间不得从事诉讼代理或者辩护业务

全国及地方各级人民代表大会常务委员会是全国及地方各级人民代表大会闭会期间的常设机构，对本级人民代表大会负责并报告工作。为防止各级人民代表大会常务委员会组成人员利用职务之便干扰司法导致司法不公，《律师法》第十一条第二款规定："律师担任各级人民代表大会常务委员会组成人员的，任职期间不得从事诉讼代理或者辩护业务。"我国《宪法》及《地方各级人民代表大会和地方各级人民政府组织法》对各级人民代表大会常务委员会组成人员均有明确规定。《宪法》第六十五条第一款规定："全国人民代表大会常务委员会由下列人员组成：委员长，副委员长若干人，秘书长，委员若干人。"《地方各级人民代表大会和地方各级人民政府组织法》第十八条第一款中规定"乡、民族乡、镇的人民代表大会设主席，并可以设副主席一人至二人"，第四十七条第一、二款规定"省、自治区、直辖市、自治州、设区的市的人民代表大会常务委员会由本级人民代表大会在代表中选举主任、副主任若干人、秘书长、委员若干人组成。　县、自治县、不设区的市、市辖区的人民代表大会常务委员会由本级人民代表大会在代表中选举主任、副主任若干人和委员若干人组成。"

3. 法官、检察官离任后二年内，不得担任诉讼代理人或者辩护人

为保障司法公正、防止离任法官和检察官利用其原任职务影响法院、检察院依法履行职

责，避免人情案、关系案，保障法官队伍和检察官队伍的相对的稳定。《律师法》第四十一条规定："曾经担任法官、检察官的律师，从人民法院、人民检察院离任后二年内，不得担任诉讼代理人或者辩护人。"

（二）跨所执业的限制

律师事务所是律师唯一执业机构，律师执业必须在律师事务所，律师承办业务须由律师事务所统一接受委托，与委托人签订书面委托代理合同，按规定向当事人统一收取费用并如实入账。《律师法》第十条规定："律师只能在一个律师事务所执业。律师变更执业机构的，应当申请换发律师执业证书。　律师执业不受地域限制。"禁止律师在两个以上律师事务所执业，有利于对律师和律师事务所进行有效管理，有利于维护律师事务所和当事人的合法权益。

四、律师的种类

根据《律师法》的规定，我国执业律师包括专职律师、兼职律师、公职律师和公司律师、军队律师。

（一）专职律师

专职律师是指专门从事律师执业的人员。律师专职化是绝大多数国家对律师执业的要求。在我国，专职律师是律师队伍的主体。

（二）兼职律师

兼职律师是指从事其他职业的同时兼任执业律师的人员。兼职律师是为解决专职律师不足以满足社会需求的问题而设立的，随着我国专职律师的不断壮大，兼职律师存在的空间越来越小。《律师法》第十二条规定："高等院校、科研机构中从事法学教育、研究工作的人员，符合本法第五条规定条件的，经所在单位同意，依照本法第六条规定的程序，可以申请兼职律师执业。"这将兼职律师的范围限定在高等院校、科研机构中从事法学教育、研究工作的人员，且必须经所在单位同意。

（三）公职律师

公职律师，是指任职于党政机关或者人民团体，依法取得司法行政机关颁发的公职律师证书，在本单位从事法律事务工作的公职人员。公职律师的概念最早在1993年司法部发布的《关于深化律师工作改革方案》文件中提到。1995年8月上海浦东新区率先建立了公职律师制度。随即，南京、北京等地相继开展了公职律师试点工作。2002年1月司法部发文提出积极开展公职律师、公司律师试点，探索建立有中国特色的公职律师制度，完善律师队伍。中共中央办公厅、国务院办公厅于2016年印发了《关于推行法律顾问制度和公职律师公司律师制度的意见》，要求在2017年年底前，中央和国家机关各部委，县级以上地方各级党政机关普遍设立法律顾问、公职律师，乡镇党委和政府根据需要设立法律顾问、公职律师，国有企业深入推进法律顾问、公司律师制度，事业单位探索建立法律顾问制度。2018年12月13日司法部《关于印发〈公职律师管理办法〉〈公司律师管理办法〉的通知》(司发通〔2018〕131号)，正式确立了公职律师制度。根据《公职律师管理办法》的规定，公职律师制度的主要内容有：

1. 公职律师的任职条件

拥护《中华人民共和国宪法》；依法取得法律职业资格或者律师资格；具有公职人员身份；

从事法律事务工作二年以上，或者曾经担任法官、检察官、律师一年以上；品行良好；所在单位同意其担任公职律师。国家统一法律职业资格制度实施前已担任法律顾问但未依法取得法律职业资格或者律师资格的人员，同时具备下列条件的，经司法部考核合格，可以向其颁发公职律师证书：在党政机关、人民团体担任法律顾问满十五年；具有高等学校法学类本科学历并获得学士及以上学位，或者高等学校非法学类本科及以上学历并获得法律硕士、法学硕士及以上学位或者获得其他相应学位；具有高级职称或者同等专业水平。

申请人有下列情形之一的，不予颁发公职律师证书：无民事行为能力或者限制民事行为能力的；曾被吊销律师、公证员执业证书的；涉嫌犯罪、司法程序尚未终结的，或者涉嫌违纪违法、正在接受审查的；上一年度公务员年度考核结果被确定为不称职的；正被列为失信联合惩戒对象的。

中央党政机关和人民团体公职人员申请担任公职律师的，由所在单位审核同意后向司法部提出申请。实行垂直管理体制的中央党政机关在地方的各级直属管理单位和派出派驻单位的公职人员申请担任公职律师的，也可以由所在单位审核同意后向当地省、自治区、直辖市司法行政机关提出申请。省级党政机关和人民团体公职人员申请担任公职律师的，由所在单位审核同意后向当地省、自治区、直辖市司法行政机关提出申请。设区的市级或者直辖市的区（县）级及以下党政机关和人民团体公职人员申请担任公职律师的，由所在单位审核同意后向当地设区的市级或者直辖市的区（县）司法行政机关提出申请。

担任公职律师满三年并且最后一次公职律师年度考核被评定为称职的人员，脱离原单位后申请社会律师执业的，可以经律师协会考核合格后直接向设区的市级或者直辖市的区（县）司法行政机关申请颁发社会律师执业证书，其担任公职律师的经历计入社会律师执业年限。

2. 公职律师的职责范围

公职律师可以受所在单位委托或者指派从事下列法律事务：为所在单位讨论决定重大事项提供法律意见；参与法律法规规章草案、党内法规草案和规范性文件送审稿的起草、论证；参与合作项目洽谈、对外招标、政府采购等事务，起草、修改、审核重要的法律文书或者合同、协议；参与信访接待、矛盾调处、涉法涉诉案件化解、突发事件处置、政府信息公开、国家赔偿等工作；参与行政处罚审核、行政裁决、行政复议、行政诉讼等工作；落实"谁执法谁普法"的普法责任制，开展普法宣传教育；办理民事案件的诉讼和调解、仲裁等法律事务；所在单位委托或者指派的其他法律事务。

3. 公职律师的监督管理

党政机关和人民团体负责本单位公职律师的遴选和管理工作。司法行政机关应当会同公职律师所在单位建立公职律师档案，将公职律师年度考核、表彰奖励、处罚惩戒、参加培训等情况记入档案。公职律师所在单位应当对本单位公职律师进行年度考核，重点考核其遵守法律法规和职业道德、履行岗位职责、从事法律事务工作数量和质量等方面的情况，提出称职、基本称职或者不称职的考核等次意见，并报送司法行政机关备案。公职律师所在单位、司法行政机关、律师协会应当建立公职律师业务培训制度、表彰奖励制度。公职律师应当加入律师协会，享有会员权利，履行会员义务。

（四）公司律师

公司律师，是指与国有企业订立劳动合同，依法取得司法行政机关颁发的公司律师证书，在本企业从事法律事务工作的员工。2002 年 10 月 12 日司法部颁发《关于开展公司律师试点工作的意见》决定开展公司律师试点工作。中共中央办公厅、国务院办公厅于 2016 年印发了《关于推行法律顾问制度和公职律师公司律师制度的意见》。2018 年 12 月 13 日司法部《关于印发〈公职律师管理办法〉〈公司律师管理办法〉的通知》(司发通〔2018〕131 号),正式确立了公职律师制度。根据《公司律师管理办法》的规定,公司律师制度的主要内容有:

1. 公司律师的任职条件

申请颁发公司律师证书,应当具备下列条件:《拥护中华人民共和国宪法》;依法取得法律职业资格或者律师资格;与国有企业依法订立劳动合同;从事法律事务工作二年以上,或者曾经担任法官、检察官、律师一年以上;品行良好;所在单位同意其担任公司律师。国家统一法律职业资格制度实施前已担任法律顾问但未依法取得法律职业资格或者律师资格的人员,同时具备下列条件的,经司法部考核合格,可以向其颁发公司律师证书:在国有企业担任法律顾问满十五年;具有高等学校法学类本科学历并获得学士及以上学位,或者高等学校非法学类本科及以上学历并获得法律硕士、法学硕士及以上学位或者获得其他相应学位;具有高级职称或者同等专业水平。

申请人有下列情形之一的,不予颁发公司律师证书:无民事行为能力或者限制民事行为能力的;受过刑事处罚的,但过失犯罪的除外;曾被开除公职或者吊销律师、公证员执业证书的;涉嫌犯罪、司法程序尚未终结的,或者涉嫌违纪违法、正在接受审查的;正被列为失信联合惩戒对象的。

中央企业员工申请颁发公司律师证书的,由所在单位审核同意后向司法部提出申请。中央企业在地方的各级分支机构和子企业的员工申请颁发公司律师证书的,也可以由所在单位审核同意后向当地省、自治区、直辖市司法行政机关提出申请。省属企业员工申请颁发公司律师证书的,由所在单位审核同意后向当地省、自治区、直辖市司法行政机关提出申请。其他国有企业员工申请颁发公司律师证书的,由所在单位审核同意后向当地设区的市级或者直辖市的区(县)司法行政机关提出申请。

担任公司律师满三年并且最后一次公司律师年度考核被评定为称职的人员,脱离原单位后申请社会律师执业的,可以经律师协会考核合格后直接向设区的市级或者直辖市的区(县)司法行政机关申请颁发社会律师执业证书,其担任公司律师的经历计入社会律师执业年限。

2. 公司律师的职责范围

公司律师可以受所在单位委托或者指派从事下列法律事务:为企业改制重组、并购上市、产权转让、破产重整等重大经营决策提供法律意见;参与企业章程、董事会运行规则等企业重要规章制度的制定、修改;参与企业对外谈判、磋商,起草、审核企业对外签署的合同、协议、法律文书;组织开展合规管理、风险管理、知识产权管理、法治宣传教育培训、法律咨询等工作;办理各类诉讼和调解、仲裁等法律事务;所在单位委托或者指派的其他法律事务。

3. 公司律师的监督管理

国有企业负责本单位公司律师遴选工作,可以设置公司律师岗位。公司律师所在单位承担法律事务工作职能的部门负责本单位公司律师日常业务管理,司法行政机关应当会同公司律师所在单位建立公司律师档案,将公司律师年度考核、表彰奖励、处罚惩戒、参加培训等情况记入档案。公司律师所在单位、司法行政机关、律师协会应当建立公司律师业务培训制度、公司律师表彰奖励制度。公司律师应当加入律师协会，享有会员权利，履行会员义务。

（五）军队律师

20 世纪 80 年代中后期，随着国家律师制度的恢复和重建，军队有关部门根据部队建设的需要，重新开展了军队律师工作的尝试。1992 年，中央军委批准在总政治部设立司法局，在各军区、各军兵种、各总部等军队大单位政治机关设立专门的司法行政机构，由政治机关统一管理军队律师和基层法律服务工作，为军队律师工作规范化、正规化发展奠定了基础。 1993 年 3 月，司法部和总政治部联合发出了《关于军队法律服务工作有关问题的通知》，将军队律师纳入国家法律服务体系，发给《中华人民共和国律师工作证（军队）》；军队律师在执行职务时，依法享有国家法律规定的律师权利，承担相应的义务。1993 年 7 月，司法部和总政治部印发了《军队系统律师工作证件管理办法》，对军队律师工作证件的取得、注册等问题作了具体规定。

《律师法》第五十七条明确规定："为军队提供法律服务的军队律师，其律师资格的取得和权利、义务及行为准则，适用本法规定。军队律师的具体管理办法，由国务院和中央军事委员会制定。"该规定从根本上确立了军队律师的法律地位，为加强军队律师建设提供了充分的法律依据，在军队律师工作发展史上有着里程碑的意义，它标志着一个与国家律师制度整体框架相适应的军队律师制度基本建立。

第三节　律师执业机构

一、律师事务所概述

律师事务所是我国律师制度的重要组成部分，在我国律师制度中占有十分重要的法律地位。根据《律师法》第十四条的规定"律师事务所是律师的执业机构"，律师事务所是司法行政机关依法核准设立的律师执业机构，也是律师唯一的执业机构。律师执业机构的名称，世界各国不尽相同，但绝大部分国家都将律师执业机构称为律师事务所。20 世纪 50 年代，我国在创建律师制度时引用苏联模式，将法律顾问处作为我国律师执业机构的法定名称，并在 80 年代制定的《律师管理条例》中予以援用；1983 年 7 月由吴念祖等三位律师组成的蛇口律师事务所在深圳开业，这是新中国最早称为律师事务所的律师执业机构。1984 年 8 月在全国司法行政工作会议上，经过认真研究、讨论，司法部明确提出将法律顾问处改为律师事务所。之后，全国大多数律师执业机构采用了律师事务所的称谓。1996 年颁布的《律师法》第十五条明确规定"律师事务所是律师的执业机构"。

律师事务所具有以下法律特征：

（1）律师事务所是依据国家法律和有关规定，经司法行政机关批准设立，提供法律服务的社会中介机构。律师事务所一经登记，其执业活动受法律保护。

（2）律师事务所不以营利为目的。律师事务所的根本任务是依法维护当事人的合法权益，维护国家法律的正确实施，维护社会安定，促进国家经济建设。虽然律师事务所为当事人提供有偿法律服务，但是以维持自身生存、发展，实现向社会提供法律服务职能为目的，不具有营利性。

（3）律师事务所依法独立自主开展业务，独立承担法律责任。律师事务所在法律法规的范围内，独立开展业务活动，不受任何单位和个人的干涉。律师事务所实行独立核算、自我约束、自我发展，独立管理内部事务，并承担相应民事责任。

近代以来，世界各国的律师主要以单独执业和合伙执业为主要形式。在英国，合伙作为律师事务所的组织形式在习惯法上有着深远的历史根源。1997年7月英国颁布了《有限责任合伙法》，将有限责任合伙视为一种崭新的企业组织形式，其法律地位是一个独立的法人，与公司类似。目前，英国有215家有限责任合伙制（LLP）律师事务所。律师事务所规模也不断扩大，如英国高纬绅律师事务所在全球有29个办事处，律师3 000人。在美国，自20世纪70年代后期以来律师执业组织形式有了突破性的发展。现今美国律师事务所的组织形式大体可以分为七类：个人开业、联合开业、合伙式律师事务所、有限责任公司、有限责任合伙、专业公司、公设律师机构等。近年来，美国法律服务市场正发生着惊人的变化，其中之一是律师事务所的快速发展。到2001年，美国最大的20家律师事务所平均每家有律师1 220名，而且出现了许多跨州、跨国的"大所"。如美国贝克·麦坚时律师事务所是目前世界上最大规模的律师事务所之一，共有律师3 050名，在世界各地建有55个分所。在日本，律师执业的机构被称为"法律事务所"，归所属律师协会管辖。日本律师执业形式主要有三种：个人开业、合伙制法律事务所、法人法律事务所。2001年日本对《日本辩护士法》作了修改，允许执业律师组成具有法人性质的法律事务所，称为"律师法人"，对外由全部成员或部分成员承担民事责任的一种组织形式，律师法人不是公司。

二、律师事务所设立条件及审批程序

（一）设立条件

根据《律师法》第十四条之规定，设立律师事务所应当具备下列条件：

（1）有自己的名称、住所和章程。设立律师事务所应将拟定名称报司法部审核，经核定的名称在全国范围享有专用权。根据司法部《律师事务所名称管理办法》的规定，律师事务所的名称应当由"字号+律师事务所"构成，字号前可以根据需要冠以行政区域名称。住所是指律师的执业场所、办公场地，律师事务所应有与其办公相适应的场地。

（2）有符合《律师法》规定的律师。律师行业实行执业资格审查制，执业人员必须具有执业资格。

（3）设立人应当是具有一定的执业经历，且三年内未受过停止执业处罚的律师；

（4）有符合国务院司法行政部门规定数额的资产。

（二）审批程序

根据《律师法》第十八条之规定，设立律师事务所时设立人应当向设区的市级或者直辖市的区人民政府司法行政部门提出申请，受理申请的部门应当自受理之日起二十日内予以审查，并将审查意见和全部申请材料报送省、自治区、直辖市人民政府司法行政部门。省、自治区、直辖市人民政府司法行政部门应当自收到报送材料之日起十日内予以审核，作出是否准予设立的决定。准予设立的，向申请人颁发律师事务所执业证书；不准予设立的，向申请人书面说明理由。

三、律师事务所类型

根据《律师法》第十五、十六条以及《律师事务所管理办法》（2018年修正）第七条"律师事务所可以由律师合伙设立、律师个人设立或者由国家出资设立"之规定，目前，我国已形成多种性质律师事务所并存的局面。

（一）国资律师事务所

国资律师事务所是指由国家出资设立，以律师事务所的全部资产对其债务承担责任的律师事务所，属于事业单位法人。1979 年中国恢复律师制度后设立的律师执业机构法律顾问处（后改为律师事务所）全部是国资律师事务所。根据 1999 年国务院办公厅《关于清理整顿经济鉴证类社会中介机构的通知》和 2000 年司法部《律师事务所社会法律咨询服务机构脱钩改制实施方案》之规定，已实现自收自支的律师事务所和挂靠企业事业单位和社会团体的律师事务所，要在人员、财务、业务、名称四个方面，与司法行政部门、企事业单位和人民团体彻底脱钩。脱钩后可以整所转为合作或合伙制律师事务所，也可以在自愿组合的基础上组建数个合作或合伙律师事务所。目前我国绝大部分地区的国资律师事务所已完成脱钩改制，但边远落后地区，未实现自收自支的国资律师事务所仍有保留。

司法部曾于 1996 年颁布《国家出资设立的律师事务所管理办法》，其于 2008 年司法部颁布《律师事务所管理办法》后废止。根据《律师事务所管理办法》（2018 年修正）第十二、十五条之规定，国家出资设立的律师事务所，除符合《律师法》规定的一般条件外，应当至少有二名符合《律师法》规定并能够专职执业的律师；需要国家出资设立律师事务所的，由当地县级司法行政机关筹建，申请设立许可前须经所在地县级人民政府有关部门核拨编制、提供经费保障。国家出资设立的律师事务所的负责人，由本所律师推选，经所在地县级司法行政机关同意。

（二）合伙制律师事务所

合伙制律师事务所是指由合伙人依照合伙协议的约定，共同出资、共同管理、共同收益、共担风险的律师事务所。合伙律师事务所是世界上广泛采用的一种律师组织形式，也是较为符合我国现阶段国情的一种律师组织形式。司法部 1998 年颁布了《合伙律师事务所管理办法》，对合伙律师事务所的组建、内部机制和管理作出了具体规定，合伙制律师事务所得到迅猛发展。2008 年司法部颁布《律师事务所管理办法》后，《合伙律师事务所管理办法》废止。根据《律师法》第十五条、《律师事务所管理办法》（2018 年修正）第七条之规定，合伙律师事务所可以采用普通合伙或者特殊的普通合伙形式设立。合伙律师事务所的合伙人按照合伙形式对该律师事务所的债务依法承担责任。

1. 普通合伙律师事务所

普通合伙律师事务所由三名以上合伙人组成，合伙人对事务所债务承担无限连带责任。根据《律师事务所管理办法》（2018 年修正）第九条之规定："设立普通合伙律师事务所，除应当符合本办法第八条规定的条件外，还应当具备下列条件：（一）有书面合伙协议；（二）有三名以上合伙人作为设立人；（三）设立人应当是具有三年以上执业经历并能够专职执业的律师；（四）有人民币三十万元以上的资产。"

2. 特殊的普通合伙律师事务所

特殊的普通合伙律师事务所由普通合伙人和有限合伙人组成，其普通合伙人对事务所债务承担无限连带责任，有限合伙人以其认缴的出资额为限对事务所债务承担责任。根据《律师事务所管理办法》（2018 年修正）第十条之规定："设立特殊的普通合伙律师事务所，除应当符合本办法第八条规定的条件外，还应当具备下列条件：（一）有书面合伙协议；（二）有二十名以上合伙人作为设立人；（三）设立人应当是具有三年以上执业经历并能够专职执业的律师；（四）有人民币一千万元以上的资产。"

合伙律师事务所的负责人，应当从本所合伙人中经全体合伙人选举产生。成立三年以上并具有二十名以上执业律师的合伙律师事务所，可以设立分所。设立分所，须经拟设立分所所在地的省、自治区、直辖市人民政府司法行政部门审核。申请设立分所的，依照《律师法》第十八条规定的程序办理。合伙律师事务所对其分所的债务承担责任。

（三）个人律师事务所

个人律师事务所是指由律师个人自己开办、并承担无限连带责任的律师事务所。

在国外，英、美、德、法、日等国家一般都允许个人设立律师事务所。我国个人律师事务所起步较晚。1993 年司法部发布《关于深化律师工作改革的方案》后，个人律师事务所开始在我国出现。但 1996 年《律师法》并没有对个人律师事务所作出明确规定。有些地方法规开始对个人律师事务所进行规范。如，1995 年广东省人大常委会通过的《广东省律师执业条例》、1996 年海南省人大常委会通过的《海南经济特区律师执业条例》规定，律师个人可以申请设立个人律师事务所。2002 年北京和上海两个直辖市也根据相关政策的规定开放了个人律师事务所的设立。2007 年修订的《律师法》明确规定了个人可以设立律师事务所。现行《律师法》第十六条规定："设立个人律师事务所，除应当符合本法第十四条规定的条件外，设立人还应当是具有五年以上执业经历的律师。设立人对律师事务所的债务承担无限责任。"

根据《律师事务所管理办法》（2018 年修正）第十一条之规定，"设立个人律师事务所，除应当符合本办法第八条规定的条件外，还应当具备下列条件：设立人应当是具有五年以上执业经历并能够专职执业的律师；有人民币十万元以上的资产。"

对律师个人而言，个人律师事务所可以完全自主开展律师工作，责任明确，避免了合伙制或其他形式的律师事务所可能出现的内部矛盾与争端，能够克服实践中假合伙的出现，有利于充分调动律师的执业积极性，有利于中国律师执业体制与世界律师执业体制的衔接和对外开展业务。[①]从委托人角度看，由于个人律师事务所绝大部分设立于社区等靠近居民区的场所，运行成本低、收费低，体现了便民原则，有利于律师事务所的发展。

四、港澳台律师事务所驻内地（大陆）代表机构

根据司法部《香港、澳门特别行政区律师事务所驻内地代表机构管理办法》（2015 修正），对香港、澳门特别行政区律师事务所驻内地代表机构作出具体规定：香港、澳门特别行政区律师事务所驻内地代表处及其代表从事法律服务活动，应当遵守国家法律、法规和规章，恪守律师职业道德和执业纪律，不得损害国家安全和社会公共利益；港澳律师事务所在内地设立代表处、派驻代表，应当经省、自治区、直辖市司法厅（局）许可。

港澳律师事务所申请在内地设立代表处、派驻代表，应当具备下列条件：该律师事务所已在港、澳特别行政区合法执业，并且没有因违反律师职业道德、执业纪律受到处罚；代表

---

① 参见关今华主编：《律师与公证》（第二版），厦门大学出版社 2008 年版，第 91-93 页。

处的代表应当是执业律师和港、澳特别行政区律师协会会员，并且已在内地以外执业不少于 2 年，没有受过刑事处罚或者没有因违反职业道德、执业纪律受过处罚；其中，首席代表已在内地以外执业不少于 3 年，并且是该律师事务所的合伙人或者是相同职位的人员；有在内地设立代表处开展法律服务业务的实际需要。代表处及其代表，只能从事不包括内地法律事务的下列活动：向当事人提供该律师事务所律师已获准从事律师执业业务的香港特别行政区、澳门特别行政区以及中国以外的其他国家的法律咨询，有关国际条约、国际惯例的咨询；接受当事人或者内地律师事务所的委托，办理在该律师事务所律师已获准从事律师执业业务的地区的法律事务；代表港、澳特别行政区当事人，委托内地律师事务所办理内地法律事务；通过订立合同与内地律师事务所保持长期的委托关系办理法律事务；提供有关内地法律环境影响的信息。

至于台湾地区，为推进两岸法律界交流合作、密切两岸人员往来、深化两岸经济社会融合发展和维护两岸同胞合法权益，营造更加有利的法治环境，进一步扩大法律服务对台开放，司法部于 2017 年 7 月 31 日印发《关于放宽扩大台湾地区律师事务所在大陆设立代表处地域范围等三项开放措施的通知》，规定三项开放措施：（1）扩大台湾律师事务所在大陆设立代表处的地域范围。将台湾律师事务所在大陆设立代表处的地域范围由现在的福建省福州市、厦门市扩大到福建全省、上海市、江苏省、浙江省、广东省。（2）开放台湾律师事务所按规定以联营方式与大陆律师事务所开展合作。允许已在大陆设立代表机构，且该代表机构成立满 3 年的台湾律师事务所在其代表机构所在的上海市、江苏省、浙江省、福建省、广东省与大陆律师事务所联营。（3）允许大陆律师事务所聘用台湾执业律师担任法律顾问。允许上海市、江苏省、浙江省、福建省、广东省的律师事务所聘用台湾执业律师担任律师事务所法律顾问，提供台湾地区法律咨询服务。相关省（市）司法行政部门要依照有关法律法规规定和本通知要求，抓紧制定出台开展试点工作的实施办法，报司法部审定后实施。

五、外国律师事务所驻华代表机构

根据《律师法》第五十八条的规定，外国律师事务所在中华人民共和国境内设立机构从事法律服务活动的管理办法，由国务院制定。据此，国务院于 2001 年颁布《外国律师事务所驻华代表机构管理条例》。根据该管理条例的规定，外国律师事务所在华设立代表机构需遵循以下规则：

（一）基本原则

外国律师事务所驻华代表机构从事法律服务活动应遵循的原则有：（1）遵守中国的法律、法规和规章；（2）恪守中国律师职业道德和执业纪律，不得损害中国国家安全和社会公共利益；（3）外国律师事务所对其代表机构及其代表在中国境内从事的法律服务活动承担民事责任；（4）代表处及其代表依法从事法律服务活动，受国家法律保护。

（二）设立条件

外国律师事务所申请在华设立代表机构、派驻代表，应当具备下列条件：

（1）该外国律师事务所已在其本国合法执业，并且没有因违反律师职业道德、执业纪律受到处罚。

（2）代表机构的代表应当是执业律师和执业资格取得国律师协会会员，并且已在中国境外执业不少于 2 年，没有受过刑事处罚或者没有因违反律师职业道德、执业纪律受过处罚；其中，首席代表已在中国境外执业不少于 3 年，并且是该外国律师事务所的合伙人或者是相同职位的人员。

（3）有在华设立代表机构开展法律服务业务的实际需要。

（三）设立程序

外国律师事务所在华设立代表机构、派驻代表，应当经国务院司法行政部门许可。外国律师事务所、外国其他组织或者个人不得以咨询公司或者其他名义在中国境内从事法律服务活动。

外国律师事务所申请在华设立代表机构，应当向拟设立的代表机构住所地的省、自治区、直辖市人民政府司法行政部门提交申请文件材料。申请文件材料应当经申请人本国公证机构或者公证人的公证、其本国外交主管机关或者外交主管机关授权的机关认证，并经中国驻该国使（领）馆认证。省、自治区、直辖市人民政府司法行政部门应当自收到申请文件材料之日起 3 个月内审查完毕，并将审查意见连同文件材料报送国务院司法行政部门审核。国务院司法行政部门应当在 6 个月内作出决定，对许可设立的代表机构发给执业执照，并对其代表发给执业证书；对不予许可的，应当书面告知其理由。代表机构及其代表，应当持执业执照、执业证书在代表机构住所地的省、自治区、直辖市司法行政部门办理注册手续后，方可开展本条例规定的法律服务活动。代表机构及其代表每年应当注册一次。[①]

（四）业务范围和规则

外国律师事务所驻华代表机构及其代表，只能从事不包括中国法律事务的下列活动：

（1）向当事人提供该外国律师事务所律师已获准从事律师执业业务的国家法律的咨询，以及有关国际条约、国际惯例的咨询；

（2）接受当事人或者中国律师事务所的委托，办理在该外国律师事务所律师已获准从事律师执业业务的国家的法律事务；

（3）代表外国当事人，委托中国律师事务所办理中国法律事务；

（4）通过订立合同与中国律师事务所保持长期的委托关系办理法律事务；

（5）提供有关中国法律环境影响的信息。

代表机构按照与中国律师事务所达成的协议约定，可以直接向受委托的中国律师事务所的律师提出要求。代表机构及其代表不得从事上述活动以外的其他法律服务活动或者其他营利活动。代表机构不得聘用中国执业律师；聘用的辅助人员不得为当事人提供法律服务。代表机构的代表不得同时在两个以上代表机构担任或者兼任代表。代表机构的代表每年在中国境内居留的时间不得少于 6 个月；少于 6 个月的，下一年度不予注册。

第四节　律师管理

一、律师管理体制概述

律师管理是指司法行政机关和律师协会依据律师法律法规或行业规范，对律师事务所和

---

① 参见宋朝武、张力主编：《律师与公证》，高等教育出版社 2007 年版，第 46-47 页。

律师有关机构设置、执业许可、教育培训、执业纪律、违纪惩戒等方面的管理职权分工和一系列管理活动。律师管理是保障律师事业健康发展的关键所在。律师管理体制是国家对律师及律师工作实施领导、监督、指导的工作体系、职权划分、运行机制的制度总称。从管理机构的角度，律师管理可分为内部管理和外部管理。内部管理是指律师事务所对律师工作的自律性管理。外部管理是指律师协会或司法行政机关对律师工作的管理。本章所指"律师管理"是指律师的外部管理，从管理机构的性质角度，律师管理可分为行业管理和行政管理。

（一）律师管理体制的特点

律师管理体制的内容涉及律师职业事务的方方面面，主要包括：律师资格的授予、律师执业证书的颁发与管理、律师管理规范的制定、律师事务所的设立与审核、律师惩戒、律师执业争议的处理、律师法律援助、律师收费等相关事项的管理。[①]

律师管理体制的特点主要体现在：

（1）律师管理体制反映国家对律师业的发展及其服务的要求，体现了明显的国家意志。

（2）律师管理体制不是一成不变的，随着社会经济、文化以及法治建设的发展，律师管理体制要进行适时的调整。

（3）律师管理体制的设计立足于律师业发展水平，充分保障和促进律师业的健康发展。

（二）我国律师管理体制发展历程

中华人民共和国成立以来，我国律师管理体制大体经历三个发展阶段。

1. 单一的行政管理体制

这一阶段主要是在中华人民共和国成立初期和律师制度恢复之初。1950年12月，中央人民政府司法部发出了《关于取消黑律师及讼棍事件的通报》，宣布取缔了旧中国的律师制度。1954年7月，司法部发布《关于试验法院组织制度中几个问题的通知》，指定北京、上海、天津、重庆、武汉、沈阳等大城市率先进行法律顾问处试点。这一时期的法律顾问处都在大中城市设立，隶属于律师协会管理，律师协会设在司法行政机关内，同时没有全国性律师协会，律师是国家干部。这种管理体制从形式上看，虽然律师协会直接管理律师，但不是自律性的行业管理，而是行政的管理。1979年7月，第五届全国人民代表大会第二次会议通过《中华人民共和国刑事诉讼法》，对辩护列出专章规定，为律师制度的恢复提供了法律依据。1980年8月，第五届全国人民代表大会常务委员会第十五次会议通过《中华人民共和国律师暂行条例》，规定律师的执业机构是法律顾问处，法律顾问处受司法行政机关组织和领导，法律顾问处按行政区划设立，为国家事业单位，律师为国家法律工作者。《中华人民共和国律师暂行条例》也对律师协会作了专门规定，第一次从法律上确立了律师协会作为律师行业性组织的地位、组织机构和作用，不再沿用中华人民共和国成立初期律师协会隶属于司法行政机关的做法。但由于当时律师制度处于恢复重建时期，全国律师数量不多，普遍建立律师协会的条件尚不成熟，已经建立的律师协会多是设在司法行政机关的律师管理部门内，与律师管理部门"一套人马、两块牌子"，律师协会的领导大多由司法行政的领导兼任，不能独立发挥行业管理职能。这种体制大约延续到20世纪80年代中期。

---

① 参见王俊民主编：《律师与公证制度教程》，北京大学出版社2009年版，第89页。

2. 司法行政为主、律师协会为辅的律师管理体制

到 20 世纪 80 年代中期，律师制度恢复重建工作基本完成，全国县一级行政区域普遍建立了法律顾问处（后更名为律师事务所），律师队伍有了空前的发展。1986 年 7 月，第一届全国律师代表大会在北京召开，正式成立了中华全国律师协会，通过了《中华全国律师协会章程》，确立了律师协会具有律师业务指导、工作经验交流、维护律师合法权益等九项职能，成为律师协会参与律师行业管理的重要里程碑。自此，律师管理体制在单一行政管理格局的基础上又增加了律师协会行业管理。但这个时期，律师资格考试与授予、律师执业证的颁发、律师事务所的审批、律师发展政策的制定等管理工作中实质性内容仍保留在司法行政机关，律师协会的主要领导也由司法行政机关的领导兼任。律师协会在律师管理体制中仍处于从属的地位，行业管理的职能并不明显。

3. 司法行政机关监督、指导下的"两结合"管理体制

1986 年到 1993 年期间，各地律师协会有了很大发展，内部建设力度加大，在律师管理活动中更积极、更主动，行业管理的作用日益显现。在邓小平同志南方谈话掀起的新一轮改革热潮的推动下，1993 年 12 月国务院办公厅批转了《司法部关于深化律师工作改革的方案》，该方案就律师管理体制做了如下表述："从我国国情和律师工作的实际出发，建立司法行政机关的行政管理与律师协会行业管理相结合的管理体制。经过一个时期的实践后，逐步向司法机关宏观管理下的律师协会行业管理过渡。"该方案首次提出"律师协会应由执业律师组成，领导成员由执业律师中选举产生"。1995 年 7 月，在第三次全国律师代表大会上，司法部对全国律师协会进行了重大改革，按照上述方案中的规定，全体理事、常务理事、会长、副会长均由执业律师担任，司法行政机关的负责同志不再兼任职务。律师协会机关作为全国律师协会的办事机构实行秘书长负责制。律师协会履行行业管理职能实现了由理论向实践的跨越。1996 年 5 月，第八届全国人民代表大会常务委员会第十九次会议通过的《中华人民共和国律师法》进一步明确了司法行政机关"对律师、律师事务所和律师协会进行监督、指导"和"律师协会是社会团体法人，是律师的自律性组织"这样一个职能格局，简称"两结合"。

二、"两结合"管理体制

（一）司法行政机关监督指导

在我国，对律师进行行政管理的机构是国务院和地方人民政府的司法行政管理部门。根据《律师法》及相关行政法规、规章的规定，司法行政部门对律师的行政管理权包括以下几个方面：

1. 规章及规范性文件制定权

《律师法》虽然对律师制度作出了系统的规定，但不可能涵盖律师管理中的所有问题。对律师管理中需要完善的重要问题，现行《律师法》授权国务院制定律师管理方面的行政法规，如《律师法》第八条规定"具有高等院校本科以上学历，在法律服务人员紧缺领域从事专业工作满十五年，具有高级职称或者同等专业水平并具有相应的专业法律知识的人员，申请专职律师执业的，经国务院司法行政部门考核合格，准予执业。具体办法由国务院规定"，第五十七条规定"为军队提供法律服务的军队律师，其律师资格的取得和权利、义务及行为准则，

适用本法规定。军队律师的具体管理办法，由国务院和中央军事委员会制定"。第五十八条规定："外国律师事务所在中华人民共和国境内设立机构从事法律服务活动的管理办法，由国务院制定"。第五十九条规定："律师收费办法，由国务院价格主管部门会同国务院司法行政部门制定"。

司法部作为全国律师的行政主管机关，有权通过制定律师管理方面的部门规章。如司法部 2018 年 12 月颁布了《公职律师管理办法》《公司律师管理办法》、修正了《律师事务所管理办法》、2020 年 12 月颁布了《法律职业资格管理办法》等等；地方司法行政机关作为地方律师主管行政机关，有权根据各地实际情况制定律师管理方面的规范性文件。如四川省司法厅 2021 年 12 月制定的《四川省司法厅律师和律师事务所违法违规行为投诉处理办法（试行）》，北京市司法局 2021 年 12 月修订的《北京市律师执业管理办法实施细则》等等。

2. 法律职业资格证书和律师执业证书的核发权

现行《律师法》规定，国家实行法律职业资格制度。《法律职业资格管理办法》第四条规定："司法部负责法律职业资格审核认定、法律职业资格证书制作颁发等工作。　　省、自治区、直辖市司法行政机关负责本地法律职业资格申请材料的核查、证书的组织发放等工作。　　设区的市级司法行政机关负责本地法律职业资格申请材料的受理、审查和证书发放等工作。"国家实行法律职业资格和律师执业分离制度，取得法律职业资格证书后，申请领取律师执业证书，由省级以上人民政府司法行政部门审核，符合法定条件的颁发律师执业证书。

3. 律师和律师事务所管理权

我国司法行政机关对律师执业活动的管理权除上述律师执业证书的核发外，还包括律师执业证书的年度考核、注销、律师执业活动、法律援助等的监督检查等。此外，还负责军队律师资格的取得与监督、权利义务以及行为准则的遵守与运作，并对外国律师在华从事法律服务、中国律师在国外从事法律服务进行监督和管理。

为规范律师的收费制度，法律规定由律师事务所统一收费，国务院司法行政机关会同价格管理部门制定律师收费办法。司法行政部门通过制定律师收费办法，对律师提供法律服务时收取费用的行为进行管理，并接受有关收费问题的投诉，监督律师的收费行为并对违规行为进行处罚。

4. 违纪惩戒权（行政处罚权）

《律师法》详细规定了律师及律师事务所的执业行为规范，并对违反执业行为规范规定了明确的法律责任，司法行政部门依法视不同情况对违纪律师和律师事务所进行惩戒。律师惩戒的种类主要包括：警告、罚款、没收违法所得、一定期限的停止执业、吊销律师执业证书。司法行政机关在其职权范围内，根据不同情况分别采取轻重不同的行政处罚措施，强化了对律师的管理职能。

（二）律师协会行业管理

行业管理是律师管理制度的重要内容，律师协会是实施行业管理的主体。

1. 律师协会概述

现行《律师法》第四十三条第一款规定："律师协会是社会团体法人，是律师的自律性组织"。我国律师协会是由律师和律师事务所组成的行业自律性组织，具有社会团体法人性质，职能是对律师实行行业管理。律师协会分为中华全国律师协会和地方律师协会，省、自治区和直辖市设立律师协会，设区的市根据需要也可设立律师协会。在会员组成上，律师协会分为团体会员和个人会员。取得律师执业证书的律师是律师协会的当然会员，律师事务所是律师协会的团体会员，下一级律师协会是上一级律师协会的团体会员。

在组织机构上，中华全国律师协会根据需要设立全国律师代表大会、理事会、常务理事会、秘书处、专门委员会以及专业委员会等。其中，全国律师代表大会是中华全国律协的最高权力机构，一般情况每 3 年举行一次会议，负责讨论并决定全国律协的重大事项、章程和规章制度；理事会是全国律师代表大会的执行机构，对其负责；常务理事会是全国律师代表大会和理事会的常设机构，在其闭会期间行使理事会的职权；秘书处负责具体落实律师代表大会、理事会和常务理事会的各项决议、决定，承担律师协会的日常工作。专门委员会是履行律师协会职责的专门工作机构，主要有律师维权委员会、纪律惩戒委员会、法律援助委员会等；专业委员会是组织律师开展理论研究和业务交流活动的专门工作机构，主要有刑事专业委员会、民事专业委员会、国际业务专业委员会等。地方律师协会依照全国律师协会的组织机构设置相应机构，各机构负有与全国律师协会相应机构相似的职责。

2. 律师协会的行业管理职能

根据《中华全国律师协会章程》（2021 年 10 月 14 日第十次全国律师代表大会修订）第七条的规定，律师协会的行业管理职能体现在：

（1）加强律师行业管理，规范律师执业行为；

（2）保障律师依法执业，维护律师的合法权益；

（3）总结、交流律师工作经验；

（4）制定行业规范和惩戒规则；

（5）组织律师业务培训和职业道德、执业纪律教育，对律师的执业活动进行考核；

（6）组织管理申请律师执业人员的实习活动，对实习人员进行考核；

（7）对律师、律师事务所实施奖励和惩戒；

（8）受理对律师的投诉或者举报，调解律师执业活动中发生的纠纷；

（9）法律、行政法规和规章规定的其他职责。

可见，律师协会主要行使制定行业规范和行业管理措施，抓好律师的继续教育工作，对会员进行日常管理，对律师事务所、律师违法违规行为进行查处以及开展对外交流和合作等九项职能，体现了律师协会作为律师行业自律性管理组织的工作内容。

（三）"两结合"管理体制的发展与完善

在"两结合"体制下，目前律师协会的行业自律职能发挥还不够充分。主要体现在以下几个方面：（1）行业管理职责不明确。有关律师职业的重大领域，如律师资格的取得、律师执业证书的颁发及管理、律师的惩戒等根据实质性管理职责仍由司法行政机关行使。从本质上讲，这与律师自我管理、自我约束、自我激励、自我发展的现代律师管理制度仍有差距。（2）律师协会设立机制有待完善。现行《律师法》第四十三条第二款规定："全国设立中华全国律师协会，省、自治区、直辖市设立地方律师协会，设区的市根据需要可以设立地方律师协会。"

这种按行政区划设立律师协会的机制，易导致各地市、区律师协会发展失衡。律师协会作为社会团体法人，其经费来自会员缴纳的会费。而目前我国执业律师大量集中在经济发达地区，经济欠发达地区执业律师人数普遍较少、律协经费较为不足，很大程度上影响其自身发展及行业管理职能的有效行使。

为此，未来应进一步转变传统的行政管理思想观念，逐步转变按行政区划设立律师协会的机制，创建按律师发展需要、跨行政区域设立律师协会的机制；理清律师协会与司法行政机关之间的关系，司法行政机关应当着重于对律师、律师事务所和律师协会进行监督、指导，律师协会作为律师自律性组织，可以根据需要、结合律师工作特点，建立适合律师管理需要的管理模式。条件成熟时，可逐步加大律师协会的职责范围。

 问题与思考

1. 法律职业资格与律师执业分离有何利弊？
2. 在我国，取得律师执业证书应具备哪些条件？履行哪些手续？
3. 在我国司法行政机关对律师的管理职责有哪些？
4. 如何实现律师行业自律？
5. 为什么"两结合"的律师管理体制应当进一步完善和改进？

第三章　律师权利义务与职业规范

【本章概要】

律师权利是律师执业活动正常开展的基本保障，也是体现律师价值、实现律师应有的社会地位和政治使命的基本保障。本章介绍了律师人身保障权和执业权，律师执业时必须遵守的职业道德、执业纪律的和承担法律责任。通过对本章的学习，掌握律师权利内容、明确律师义务和职业规范。

【关键术语】

律师权利　律师业务　职业道德　执业纪律　法律责任

【重难点提示】

本章重点在于理解我国律师人身保障权对律师正常执业的重大意义；掌握律师执业豁免权的含义、内容及完善，掌握职业道德、执业纪律在律师执业生涯中的重要意义；难点在于律师权利体系与配套法律制度的完善，区分律师职业道德、执业纪律与律师义务的关系。

第一节　律师权利

一、律师权利概述

律师权利是指法律为保障律师执行职务而赋予律师的一系列权利的总称，是律师执行职务依法享有的权利。从权利本质来看，律师权利是一种职务性权利，是律师以其社会法律职业者的身份为当事人提供法律服务时所享有的特定权利。如果律师不从事法律规定的业务活动，则不享有法律赋予的权利。从权利的范围来看，律师权利可分为法定权利和继受权利两类，法定权利是律师从事业务活动所固有的权利，由法律直接赋予；继受权利是律师在业务活动中由当事人授予的权利，由当事人根据自己的实际情况授予，具有不确定性。本章所论述的律师权利是指律师的法定权利。律师法定权利从内容来看，可分为律师人身保障权和律师执业保障权利（即律师在执行业务时享有的工作权利）。

二、律师人身保障权

律师人身保障权利不仅关系律师的人身安危，而且关系公民权利的实现和维护，是律师工作权利的基础和保障。如果律师在执业活动中的人身权利得不到保障，其工作权利就无法行使，律师的作用就难以发挥，进而影响到律师法律服务的质量和效果。纵观世界主要发达国家律师权利体系的格局，律师法和诉讼法是体现律师权利的两大主要法律领域。其中，律师法主要规定律师执业中应当享有的抽象性、宏观性的一般权利和律师执业的保障性权利，这方面又以律师保障性权利为重点；而律师依法享有的各种诉讼权利和非诉讼活动的执业权利则规定在各种诉讼法和其他相关法律中。

西方国家律师人身保障权主要由刑事辩护豁免权、拒绝作证权、拒绝扣押权组成。刑事辩护豁免权是指律师为刑事案件被告人进行辩护时，所发表的言论不受法律追究的权利，司法机构不得因律师在法庭上的辩护言论而拘留、逮捕律师、判决律师有罪或以其他方式进行打击、迫害。刑事辩护豁免权并非律师的特权，而是对律师依法刑事辩护职责的基本保障措施。当今世界许多国家在立法上均确认了律师的刑事辩护豁免权，如英国、法国、德国、日本、卢森堡等。拒绝作证权是指律师对因执行职务而获知的职业秘密，有权拒绝作证。由于律师的职业特点，律师在执业中有必要全面、详细、真实了解和掌握案情，其中往往会涉及当事人的秘密，包括个人隐私、商业秘密、国家秘密以及当事人未被发现的犯罪事实。律师应当严格保守这些秘密，这是律师的职责，也是律师与当事人之间忠实信任关系建立的基础。拒绝扣押权是指律师由于履行职责的原因而受委托保管或持有关于当事人或第三人的文件或物品，可以拒绝有关方面的扣押。日本、英国、德国、希腊等国家的律师法均作出了有关拒绝扣押权的规定。

我国现行《律师法》规定了律师人身保障权的相关内容，具体有：

（一）依法执业受法律保护权利

现行《律师法》第三条第四款规定："律师依法执业受法律保护，任何组织和个人不得侵害律师的合法权益"。现行律师法着重强调了"任何组织和个人不得侵害律师的合法权益"，后半句并非对前半句的补充，而是进一步强调：（1）"任何组织和个人"，不论是公职人员还是非公职人员均不得侵害律师的合法权益。（2）律师受保护的是"合法权益"。这一规定过于原则性，有待相关具体规定的补充。如，《律师法》第三十七条第三款规定："律师在参与诉讼活动中涉嫌犯罪的，侦查机关应当及时通知其所在的律师事务所或者所属的律师协会；被依法拘留、逮捕的，侦查机关应当依照刑事诉讼法的规定通知该律师的家属"。

（二）法庭辩护和代理意见豁免权

现行《律师法》第三十六条规定："律师担任诉讼代理人或者辩护人的，其辩论或者辩护的权利依法受到保障。"第三十七条第一款、第二款规定："律师在执业活动中的人身权利不受侵犯。 律师在法庭上发表的代理、辩护意见不受法律追究。但是，发表危害国家安全、恶意诽谤他人、严重扰乱法庭秩序的言论除外。"此前，有关律师豁免权的讨论仅仅停留在理论层面，2007年《律师法》修订之后，我国律师执业豁免权制度得以正式确立。律师执业豁免权并不是基于律师身份带来的一种特权，而是与律师执业性质密切相关的一项权利。由于律师的职责是维护当事人的合法权益，只要是在职责范围内为当事人的利益在法庭上发表的意见，均属于律师职务的行为，不应受到追究。当然，《律师法》规定，理解律师职业豁免权应注意以下几点：（1）律师仅限于"法庭上"发表的代理、辩护意见，才会受到豁免；（2）对律师豁免权并非毫无限制，如果律师发表危害国家安全、恶意诽谤他人、严重扰乱法庭秩序的言论，则可能受到法律追究；（3）在司法实践中，律师豁免权的贯彻落实还有赖于刑法、刑事诉讼法等相关配套法律的修改和完善。

（三）拒绝辩护或代理权

一般而言，律师执业应当执行"出租车规则"，即律师不得随意拒绝代理或辩护，但特殊情况除外。《律师法》第三十二条规定："委托人可以拒绝已委托的律师为其继续辩护或者代理，同时可以另行委托律师担任辩护人或者代理人。　　律师接受委托后，无正当理由的，不得拒绝辩护或者代理。但是，委托事项违法、委托人利用律师提供的服务从事违法活动或者委托人故意隐瞒与案件有关的重要事实的，律师有权拒绝辩护或者代理。"根据以上规定，在下列情况下律师有权拒绝辩护：（1）委托事项违法；（2）委托人既不如实陈述案情，又坚持要求律师违背事实为其开脱罪责，或要求律师代其向法庭回答问题的；（3）委托人严重侮辱律师人格的；（4）委托人利用律师提供的服务从事违法活动的；（5）委托人故意隐瞒与案件有关的重要事实的。由于委托人系与律师事务所签订的委托代理合同，律师拒绝辩护或代理的，应经律师事务所主任批准；属于人民法院指定辩护的辩护人拒绝辩护的，须经人民法院同意。

三、律师执业权

（一）查阅卷宗权

查阅卷宗是律师一项重要的执业权利。需要注意的是，律师在办理刑事、民事和行政诉讼案件时，其查阅卷宗的具体时间、内容有所不同。

在刑事案件中，律师在刑事诉讼的不同阶段查阅卷宗的权限不同。根据2018年《刑事诉讼法》第四十条、《律师法》第三十四条的规定，"律师担任辩护人的，自人民检察院对案件审查起诉之日起，有权查阅、摘抄、复制本案的案卷材料"。其他辩护人经人民法院、人民检察院许可，也可以查阅、摘抄、复制上述材料。须说明的是，在案件侦查阶段，律师无权查阅侦查机关形成的侦查卷宗。

在民事案件中，根据2021年《民事诉讼法》第六十四条的规定，代理诉讼的律师和其他诉讼代理人有权调查收集证据，可以查阅本案有关材料。查阅本案有关材料的范围和办法由最高人民法院规定。

在行政诉讼中，根据2017年《行政诉讼法》第三十二条的规定，代理诉讼的律师，有权按照规定查阅、复制本案有关材料，有权向有关组织和公民调查，收集与本案有关的证据。对涉及国家秘密、商业秘密和个人隐私的材料，应当依照法律规定保密。当事人和其他诉讼代理人有权按照规定查阅、复制本案庭审材料，但涉及国家秘密、商业秘密和个人隐私的内容除外。

需说明的是，律师查阅诉讼卷中的范围，仅指与律师事务所代理的案件有关的卷宗，且可以查阅的案件材料不包含审委会和合议庭的评议记录。阅卷的方式有查阅、摘抄、复制卷宗材料，摘录和复制的材料应当存入律师事务所档案；律师阅卷时司法机关应当给予必要方便，并提供必要场所；律师应当保守阅卷中获知的国家机密、商业秘密、个人隐私。在司法实践中，律师查阅卷宗权不仅限于查阅诉讼卷宗，还包括律师在调查取证时查阅企业工商登记档案、人口基本信息、土地以及房产信息资料、档案保管部门保管的其他档案资料等。

（二）调查取证权

调查取证是律师执业过程中查明案件事实、促使有关机关正确适用法律所必备的一项基本执业权利，是实现控辩平衡的基本保障。我国《律师法》和相关诉讼法均规定了律师的调查权证权。

根据《刑事诉讼法》第四十三条之规定，辩护律师经证人或者其他有关单位和个人同意，可以向他们收集与本案有关的材料，也可以申请人民检察院、人民法院收集、调取证据，或者申请人民法院通知证人出庭作证。辩护律师经人民检察院或者人民法院许可，并且经被害人或者其近亲属、被害人提供的证人同意，可以向他们收集与本案有关的材料。《民事诉讼法》第六十四条规定，代理诉讼的律师和其他诉讼代理人有权调查收集证据。《行政诉讼法》第三十二条规定，代理诉讼的律师，有权向有关组织和公民调查，收集与本案有关的证据。《律师法》第三十五条规定，受委托的律师根据案情的需要，可以申请人民检察院、人民法院收集、调取证据或者申请人民法院通知证人出庭作证。律师自行调查取证的，凭律师执业证书和律师事务所证明，可以向有关单位或者个人调查与承办法律事务有关的情况。

需说明的是，《律师法》第三十五条与《刑事诉讼法》第四十三条虽然都规定了律师享有调查取证权，但二者的规定存在差异。《刑事诉讼法》规定律师行使调查取证权须经证人或其他有关单位和个人的同意，或者经人民法院、人民检察院许可，并经被害人或者其近亲属、被害人提供的证人同意。实践中，由于被害人及其近亲属实质上与辩护律师所代表的犯罪嫌疑人、被告人存在利益的对抗性，其同意辩护律师调查并收集辩护证据的可能性极小，而作为辩护方的辩护律师调查取证要征得作为控诉方的人民检察院的许可，明显有违法理且对辩护律师的调查取证权的行使实际上构成了较大的障碍。而根据《律师法》第三十五条的规定，律师仅凭律师执业证书和律师事务所的证明就可以直接行使调查取证权，这样既有利于律师全面收集与案件有关的证据，为实现实体公正奠定基础，又有利于保障控辩平衡、体现程序公正、实现有效辩护，切实维护犯罪嫌疑人、被告人的合法权益。因此，未来修法可以考虑对《刑事诉讼法》的相关规定进行修改，使之与《律师法》统一，以维护法律的严肃性和统一性。

为保证律师自行调查取证的合法性和可靠性，律师进行自行调查取证时必须遵循以下规则：（1）调查取证应由 2 名以上律师进行；（2）律师对当事人、证人进行询问，应当制作询问笔录，并由询问人和被询问人签字或盖章；（3）律师提取书证、物证的，应要求持有人在律师所开具的清单上签名或盖章。律师在调查过程中所作的笔录不具有诉讼笔录的性质，所获得的证据材料经法庭质证和调查核实，才能作为合法的证据加以运用。

（三）会见和通信权

从世界各国的法律规定来看，律师同刑事诉讼中被限制人身自由者会见和通信，是各国立法赋予律师的一项重要权利，是刑事诉讼中人权保护的基本要求，是律师为犯罪嫌疑人、被告人提供法律帮助、做好辩护工作的前提条件。

我国《律师法》和《刑事诉讼法》同样赋予了律师同限制人身自由的犯罪嫌疑人和被告人会见和通信的权利。《刑事诉讼法》第三十九条规定："律师可以同在押的犯罪嫌疑人、被告人会见和通信。其他辩护人经人民法院、人民检察院许可，也可以同在押的犯罪嫌疑人、被告人会见和通信。……危害国家安全犯罪、恐怖活动犯罪案件，在侦查期间辩护律师会见在押的犯罪嫌疑人，应当经侦查机关许可。上述案件，侦查机关应当事先通知看守所。辩护律师会见在押的犯罪嫌疑人、被告人，可以了解案件有关情况，提供法律咨询等；自案件移送审查起诉之日起，可以向犯罪嫌疑人、被告人核实有关证据。辩护律师会见犯罪嫌疑人、被告人时不被监听"。《律师法》第三十三条规定："律师担任辩护人的，有权持律师执业证书、律师事务所证明和委托书或者法律援助公函，依照刑事诉讼法的规定会见在押或者被监视居住的犯罪嫌疑人、被告人。辩护律师会见犯罪嫌疑人、被告人时不被监听。"上述法律规定从实体和程序两个方面对律师同犯罪嫌疑人、被告人会见和通信的权利作了明确具体规定。

据此，律师会见犯罪嫌疑人、被告人原则上不需要经过有关机关批准，只需持"三证"（律师执业证书、律师事务所证明和委托书或者法律援助公函）即可，而且没有会见次数限制。律师可以直接地、充分地、不受任何限制地行使自己依法享有的会见权，这有利于律师方便快捷地了解案情，顺利开展辩护工作。同时体现了对犯罪嫌疑人、被告人人权的尊重和保障，有利于无罪推定原则的贯彻执行。

根据律师法及律师执业规范的要求，律师在行使会见权时应当注意：（1）遵守看管场所的规定，严防犯罪嫌疑人、被告人逃跑、行凶、自杀等事件的发生；（2）会见时，律师不能向犯罪嫌疑人、被告人做任何违反政策、法规的约定或承诺，不能对犯罪嫌疑人、被告人指供或诱供；（3）不能携带犯罪嫌疑人、被告人家属会见或私自携带钱物；（4）会见结束后，严格按看管场所的规定将犯罪嫌疑人、被告人交看管场所收监。

（四）诉讼参与权

出席法庭、参加庭审是律师执业的重要环节，也是检验律师办案质量、展现律师办案技能的重要时刻。为适应律师在不同诉讼阶段执业的需要，我国三大诉讼法赋予律师在不同诉讼阶段享有不同的诉讼权利。这主要表现在：律师有权在民事案件开庭前三日得到人民法院开庭通知的权利；法庭审理中，经审判长许可，律师享有向刑事案件被告人、证人、鉴定人等发问的权利；有出示证据、对控方证据发表质证意见的权利；有申请法庭调取新证据、申请重新鉴定或勘验的权利；辩论的权利；对法庭的不当询问有拒绝回答的权利；等等。

（五）代行起诉或上诉权

律师根据当事人的授权，可以代当事人提交起诉状、提起诉讼；在当事人不服一审法院的裁判时，经当事人同意或授权，可以代为向上一级人民法院提起上诉。

（六）获得合理报酬权

律师承办业务由律师事务所统一收取费用，律师对自己的执业活动，享有取得合理报酬的权利。

（七）获取诉讼文书副本权

律师承办诉讼案件，有权得到法院的判决书、裁定书、调解书以及人民检察院的起诉书副本。律师参加仲裁活动，有权获得仲裁机构的裁决书副本。

（八）不受地域限制执业权

《律师法》第十条第二款规定"律师执业不受地域限制"，这表明了我国律师享有在中华人民共和国境内任何区域执业的权利，该规定有利于打破地域垄断、克服地方保护主义，避免地域因素对权利维护的影响。

四、我国律师执业权利体系的完善

律师执业权利体系的完整性与合理性是保障律师顺利执业、提供合格有效法律服务、实现律师执业使命的基本前提。律师权利体系的完整性，是指有关律师的权利的规定应该涵盖律师执业活动中的各项权能，并细化权利的实现途径与保障机制；律师权利体系的合理性，是指律师权利在专门律师法与诉讼法以及其他有关律师执业的法律规范中应当协调设置，以达到最优效果。我国律师制度起步较晚，律师权利体系的完整性和合理性尚需进一步完善。

（一）完善律师执业豁免权制度

尽管我国现行《律师法》第三十七条确立了律师执业豁免权，但该条将律师职业豁免权限定在"法庭上"，时空范围有限。为切实保障律师执业权利的行使，促进司法公正，建议适时扩大律师执业豁免权的时空范围：不仅律师在法庭上发表的代理、辩护意见不受法律追究，而且律师在调查取证、诉前准备、侦查阶段、审查起诉阶段的执业行为均不受法律追究。

（二）建立律师拒绝作证和拒绝扣押、搜查权制度

拒绝作证是律师保密义务的当然之意。这来源于律师与当事人之间的特殊信任关系，即律师与当事人之间的交流应当是在保密的情况下进行，只有如此才能在律师与当事人之间建立起信任关系，而这种信任关系是辩护、代理制度得以存在的前提。律师对当事人告知的有关事项具有保密义务。这就赋予了律师对其与委托人之间的交流事项享有免于作证的权利。为进一步保证律师与当事人之间交流的安全性、保密性，建议赋予律师的工作场所免受有关搜查、律师与当事人之间的交流物品和文件享有免受扣押的权利，或者规定对律师事务所的搜查适用相对严格的诉讼程序，以尽量控制对律师工作场所的无理、恣意搜查与扣押。

（三）建立辩护律师与当事人之间的自由交流权制度

律师与当事人（特别是犯罪嫌疑人、被告人）之间的自由交流是律师为当事人提供法律服务、履行自身职责的重要条件。律师与当事人之间的自由交流权在刑事诉讼中主要表现为自由会见与通信权。该权利要求在刑事辩护中，律师有权自由地、完全保密地与限制人身自由的当事人进行沟通，会见应当在有关主管机关看得见但听不见的情形下进行，主管机关更不得对会见内容、会见时间、会见次数加以限制或监听。会见权应当自当事人被采取强制措施之日起即可行使；通信方式包括书信、电话等，通信内容不受监听或截取。相比之下，我国现行律师会见与通信权还有较大完善空间，如取消批准制（特殊案件除外）、明确会见时准许谈案情，赋予律师与当事人通过电话进行联络的权利等。

（四）完善辩护律师证据知悉权制度

在民事诉讼案件和行政诉讼案件中，律师的证据知悉权可以通过阅卷权或证据交换制度实现。但根据现行《律师法》《刑事诉讼法》规定，辩护律师在刑事案件侦查阶段没有阅卷权，侦查机关也不可能向犯罪嫌疑人或其辩护律师出示证据。而辩护职责的实现主要围绕证据问题展开，因此有必要设立辩护律师证据知悉权制度。辩护律师证据知悉权制度是指在刑事案件侦查阶段，辩护律师为有效行使辩护职能，有权从侦查机关知悉犯罪嫌疑人涉嫌犯罪的罪名及被指控犯罪的主要证据内容，侦查机关应当如实告知的制度。

（五）增设辩护律师在场权

为有效防止刑讯逼供或变相刑讯逼供发生，切实保护刑事案件犯罪嫌疑人、被告人的合法权益，辩护律师在刑事诉讼中还应当享有在场权，即在公安机关、检察机关与法院进行讯

问、强制措施等诉讼行为时，律师有权在场了解有关取证行为或监督公权力机关诉讼行为的合法性。西方国家律师在场权最为典型的体现就是警察讯问犯罪嫌疑人时律师的在场权，此外，在搜查、对质、辨认等措施与侦查行为进行时律师也有权在场。我国《刑事诉讼法》中没有规定律师在场权，在警察讯问犯罪嫌疑人时律师也无权在场，建议未来法律修改时应当考虑增加这方面的规定。[1]

第二节　律师义务

律师的义务是指律师在提供法律服务时应当作出或不应当作出一定行为的限制性规定或禁止性规定，是律师执业中为一定行为或不为一定行为的范围和限度。有关律师义务的规范规定在法律法规、律师执业规范、律师执业道德中，这些义务性规范是确保律师依法履行职务、实现法律职业者使命的根本保障，也是赋予律师执业权利的必然要求。

根据律师义务是由法律规定还是由职业规范、职业道德所要求，可将律师义务分为法定义务和执业规范与职业道德义务。违反法定义务的律师将可能承担民事、行政与刑事责任，而违反执业规范与职业道德义务的律师将要承担纪律制裁的责任。目前有关律师法定义务的规定主要体现在《律师和律师事务所违法行为处罚办法》（2010）中，规范我国律师执业规范与职业道德义务的法律文件主要是全国律师协会2014年颁布的《律师职业道德基本准则》与2018年颁布的《律师执业行为规范（试行）》，以及《司法部关于进一步加强律师职业道德建设的意见》等。下文着重论述律师的法定义务。

一、律师对当事人的义务

（一）保密的义务

《律师法》第三十八条规定："律师应当保守在执业活动中知悉的国家秘密、商业秘密，不得泄露当事人的隐私。　　　律师对在执业活动中知悉的委托人和其他人不愿泄露的有关情况和信息，应当予以保密。但是，委托人或者其他人准备或者正在实施危害国家安全、公共安全以及严重危害他人人身安全的犯罪事实和信息除外。"律师对执业活动中获知的当事人的个人隐私、商业秘密与案件事实情况负有保密义务。这种保密义务是当事人信任律师并委托其提供法律服务的基本条件，律师与当事人之间如果缺乏信任，委托关系将难以存在，律师将难以继续履行职责。

（二）忠实维护当事人合法权益的义务

律师作为法律服务者，接受当事人的委托履行职责，全力维护当事人的合法权益是律师的主要任务。根据《律师法》第二十九条至第三十一条的规定，律师担任法律顾问、诉讼或非诉讼法律事务代理人、刑事辩护人时均应当维护当事人的合法权益。为此，《律师法》第四十条第二款规定：律师不得在执业活动中"利用提供法律服务的便利牟取当事人争议的权益"。

---

① 参见陈卫东主编：《中国律师学》（第四版），中国人民大学出版社2014年版，第35页。

（三）避免利益冲突的义务

律师接受一方当事人委托，就负有忠实维护委托人合法权益的义务，不得同时接受诉讼立场、利益相互冲突的对方当事人的委托，以防止损害本方当事人的合法权益。《律师法》第四十七条、《律师和律师事务所违法行为处罚办法》第七条分别规定律师严禁从事以下行为："在同一案件中为双方当事人担任代理人，或者代理与本人及其近亲属有利益冲突的法律事务"；"在同一民事诉讼、行政诉讼或者非诉讼法律事务中同时为有利益冲突的当事人担任代理人或者提供相关法律服务"；"在同一刑事案件中同时为被告人和被害人担任辩护人、代理人，或者同时为二名以上的犯罪嫌疑人、被告人担任辩护人"；"担任法律顾问期间，为与顾问单位有利益冲突的当事人提供法律服务"；"曾担任法官、检察官的律师，以代理人、辩护人的身份承办原任职法院、检察院办理过的案件"；"曾经担任仲裁员或者仍在担任仲裁员的律师，以代理人身份承办本人原任职或者现任职的仲裁机构办理的案件"。

（四）合理收费义务

律师为当事人提供法律服务时享有收取合理报酬的权利，同时承担着合理收费的义务。律师应当依照《律师服务收费管理办法》的规定和委托代理合同的约定收取费用，不得在合同之外向当事人索要规定或约定之外的费用或财物。《律师和律师事务所违法行为处罚办法》第十条明确规定了这一义务。

二、律师对司法机关的义务

作为法律职业共同体的一员，律师负有维护司法公正、促进法律公正实施的职责，这些职责主要通过律师对司法机关的义务体现出来。

（一）维护司法公正与司法秩序的义务

律师作为法律工作者，为当事人提供法律服务时，其行为不得损害司法的纯洁性，不得妨害司法秩序的正常进行，即律师具有维护司法公正的义务。根据《律师法》第四十条、第四十九条与《律师和律师事务所违法行为处罚办法》第十四条、第十五条之规定，律师不得作出以下行为：在承办代理、辩护业务期间，以影响案件办理结果为目的，在非工作时间、非工作场所会见法官、检察官、仲裁员或者其他有关工作人员；利用与法官、检察官、仲裁员或者其他有关工作人员的特殊关系，影响依法办理案件；以对案件进行歪曲、不实、有误导性的宣传或者诋毁有关办案机关和工作人员以及对方当事人声誉等方式，影响依法办理案件；利用承办案件的法官、检察官、仲裁员以及其他工作人员或者其近亲属举办婚丧喜庆事宜等时机，以向其馈赠礼品、金钱、有价证券等方式行贿；以装修住宅、报销个人费用、资助旅游娱乐等方式向法官、检察官、仲裁员以及其他工作人员行贿；以提供交通工具、通讯工具、住房或者其他物品等方式向法官、检察官、仲裁员以及其他工作人员行贿；以影响案件办理结果为目的，直接向法官、检察官、仲裁员以及其他工作人员行贿、介绍贿赂或者指使、诱导当事人行贿。

（二）律师的真实义务

律师为当事人提供法律服务，必须坚持以事实为依据、以法律为准绳原则，坚持实事求是的工作作风。《律师法》第四十条明确规定：律师在执业活动中不得"故意提供虚假证据或者威胁、利诱他人提供虚假证据，妨碍对方当事人合法取得证据"。此外，我国《刑事诉讼法》《民事诉讼法》《行政诉讼法》均规定，律师不得帮助犯罪嫌疑人、被告人隐匿、毁灭、伪造证据或者串供，不得威胁、引诱证人改变证言或者作伪证，以及进行其他干扰诉讼活动的行为。不仅如此，《刑法》明确规定了律师违反真实义务应承担的刑事责任。

值得注意的是，律师的真实义务有时与律师的保密义务、忠实维护当事人合法权益的义务存在一定矛盾和冲突。比如，当律师在执业中获知当事人的其他犯罪事实时，是要求律师根据真实义务揭发罪行还是根据保密义务保守秘密，以维护当事人的权益。这一两难问题是各国律师法上面临的难题，通常做法是将律师的真实义务界定为一种不作为，即律师不得通过积极的作为诱导法庭、提出虚假证据，并不要求律师积极主动揭发当事人的其他罪行，律师对因执业获知的案件真实情况有权保持沉默，这应是我国律师法赋予律师执业豁免权的应有之意。

（三）提供法律援助的义务

律师作为为社会提供法律服务的职业人员，应当积极承担相应社会义务，法律援助是全社会实现司法公正的重要内容和体现，律师具有承担法律援助义务的条件和必要性，也是律师的社会职责使然。为此，《律师法》第四十二条规定："律师、律师事务所应当按照国家规定履行法律援助义务，为受援人提供符合标准的法律服务，维护受援人的合法权益。"《律师和律师事务所违法行为处罚办法》第九条明确规定，律师不得无正当理由拒绝接受律师事务所或者法律援助机构指派的法律援助案件，亦不得接受指派后，懈怠履行或者擅自停止履行法律援助职责。实践中应当注意处理好律师提供法律援助与律师自身发展的关系。

（四）执业禁止义务

为保证司法公正，在律师曾经担任过可能影响有关案件处理的某些先前职务或者律师与案件处理人员具有其他关系可能影响案件公正处理时，律师不得参与有关诉讼程序。这就是律师的执业禁止义务。《律师法》第四十一条规定："曾经担任法官、检察官的律师，从人民法院、人民检察院离任后二年内，不得担任诉讼代理人或者辩护人"。

三、律师对同行的义务

律师行业与纯粹的商业运作存在巨大差异，律师在提供法律服务时应当与其他律师同行之间保持良好的合作关系，避免纯商业化的运作，避免开展恶性竞争。《律师和律师事务所违法行为处罚办法》第六条规定，律师不得作出以下不正当手段承揽业务："以误导、利诱、威胁或者作虚假承诺等方式承揽业务；以支付介绍费、给予回扣、许诺提供利益等方式承揽业务；以对本人及所在律师事务所进行不真实、不适当宣传或者诋毁其他律师、律师事务所声誉等方式承揽业务；在律师事务所住所以外设立办公室、接待室承揽业务。"

第三节　律师职业规范

一、律师职业道德

律师职业道德，是从事律师职业者所应信奉的道德，以及在执行职务、履行职责时所应遵循的行为规范。律师职业道德产生于律师长期的法律实践，是对律师和律师事务所具有约束力的行为规范。我国《律师法》第三条第一款明确规定："律师执业必须遵守宪法和法律，恪守律师职业道德和执业纪律。"早在 1996 年，中华全国律师协会便通过了《律师职业道德和执业纪律规范》，该规范于 1997 年 1 月 1 日起施行，并于 2001 年 11 月 26 日作了部分修订，是我国律师管理体制改革的里程碑。[①]2014 年 5 月，司法部出台《关于进一步加强律师职业道德建设的意见》。同年 6 月，中华全国律师协会印发《律师职业道德基本准则》。2018 年 12 月中华全国律师协会通过《律师执业行为规范（试行）》，由此构建了较为完整的律师管理体系，有利于维护律师的职业声誉、提高律师的职业素养、规范律师的执业行为、保障律师切实履行对国家法治建设以及对社会和公众所承担的责任与使命。

（一）律师职业道德的特点

1. 律师的职业特性决定了律师职业道德具有强烈的阶级性

律师作为社会主义国家法律工作者，在执行职务过程中，要遵守法律，维护国家法律的尊严，最终目的是使法律得以实现。

2. 律师职业道德具有较大的强制性

律师违反执业规范与职业道德，不仅会给国家或者当事人带来损失，同时也会损害律师职业整体的荣誉，进而危及律师职业的前途，律师职业道德的执行具有较大强制性和明确后果。

3. 律师职业道德与当事人合法权益实现的密切相关

维护当事人合法权益是律师的"天职"，一旦与当事人建立起服务关系，律师便成为当事人最信赖的人，倘若律师不忠于职守，违反职业道德，将会使得当事人遭受某些难以预见的损失，从而影响当事人合法权益的实现。

（二）律师职业道德的内容

自古以来，中华民族就有着优秀的法律精神和传统的法律美德，如伸张正义、执法如山、威武不屈、刚正不阿等。这些精神和美德对于当代律师职业道德的形成与确定有深刻影响。总体而言，律师的职业道德规范的内容主要有以下几个方面：

1. 忠于法律，尊重事实

忠于法律和尊重事实是律师首要的职业道德，律师只有忠于法律，才能使自己的执业活动有法可依，也才能符合一个法律工作者的本质要求。与此同时，尊重事实，就是要在律师办案的过程中，以客观事实为依据，不偏听偏信、臆断猜测，将自己的执业活动完全建立在充分可靠的证据上。

2. 尽忠职守，维护正义

"律师是社会的良心""律师是正义的守护神"。我国宪法、法律都明确或较为间接地规定

---

① 经过 20 多年的建设，我国关于律师职业行为形成了多层次的规范体系。第一，国家法律规范中的律师行为规范。有些职业行为规范上升为国家法律规范层面，成为法律。如在我国的三大诉讼法律规范中，都有涉及律师在诉讼中的代理行为的规则。第二，司法行政机关制定和发布的有关律师管理规范中的行为规范。第三，地方司法行政机关和律师协会制定的相关律师职业行为规范。如许多地方已经认识到了加强律师职业行为规范建设的重要意义，均制定了大量关于律师职业行为规范的规范性文件。

了律师应当坚持真理，尽忠职守，实现社会正义。这是律师职业道德的基本要求，也是衡量律师职业道德的一个重要标志。它要求律师在具体司法实践中，要敢于维护法律的原则，不畏权势，要明辨是非、善恶、正义与非正义。当对立两面发生冲突的时候，要毫不犹豫地站在正义一边，并拿起法律武器向违法现象和社会丑恶现象展开坚持不懈的斗争，以树立人民律师的良好形象。律师决不能屈从权势、徇私枉法，甚至为了一己之利而奴颜婢膝、趋炎附势。这样就有愧于"社会良心"的称号。

3. 诚实守信，勤勉尽责

律师应当始终坚持以服务为中心，以维护委托人的合法权益为其本质和天职，倘若背离了这一点，便是对律师制度的彻底否定。众所周知，当事人在遇到纠纷时，往往会寻求律师帮助。因此，律师与当事人之间一旦签订委托协议，律师就应当急当事人之所急、想当事人之所想，把当事人的事情当作自己的事情来办。在为当事人提供帮助时，要积极、热情、真诚、主动，而不敷衍塞责、轻易拒绝。在具体办案过程中，要认真仔细、一丝不苟、诚实守信、勤勉尽责。

4. 勤业钻研，提高技能

律师是当事人最信赖的人，当事人一旦选择律师作为其法律咨询者与合法利益维护者，那么他必然会对律师的表现充满着期待，并相信律师有能力在最大程度上维护其合法权益。这就必然要求律师提供高质量的法律服务。因此，律师对法律知识的理解、掌握和学习是必须的，不仅如此，还要提高自己的服务技能和业务水平。而这一系列能力的提升，只有通过律师自己勤业钻研、虚心学习才能达到。

5. 维护声誉，注重修养

律师要履行神圣的使命，不仅需要娴熟的法律专业知识和高超的业务能力，而且还需要高尚的道德品质、优雅的言谈举止和良好的个人修养，洁身自爱、清正廉洁、不谋私利。这样不仅能较好地维护律师职业的声誉，而且惟有如此才能成为一个有素养、有内涵、有魅力的大律师。

6. 严守机密，保守隐私

律师作为专门的法律执业人员，享有比普通诉讼参与人更加广泛的诉讼权利，如：辩护律师可以查阅案卷材料，了解案情；可以同在押的犯罪嫌疑人、被告人进行会见和通信；甚至有可能接触部分国家机密文件和材料。因此，律师必须要特别小心谨慎，若疏忽大意，极有可能造成失密或泄密，给国家带来意想不到的损失。同时，对于在办案过程中律师获知的与当事人相关的商业秘密或个人隐私，有义务保密，如果律师不遵守职业道德规范，随意泄露个人商业秘密或个人隐私，将会使当事人蒙受巨大损失。

7. 尊重互助，公平竞争

这是律师在处理同行业关系时必须遵守的重要职业道德。现实生活中，一少部分律师或律师事务所为了案源，为了多挣钱，存在公然诋毁与之相竞争的律师或者律师事务所的不合理行径。由于思维方式各异、考虑问题的侧重点不同，律师间的意见分歧是很正常的现象。其实，在法律执业过程中，律师与同行之间是竞争与合作的关系，需要按照道德要求正确处理好这种关系。每一个律师都应该尊重同行，而不能轻视、贬损同行。这是处理律师同行之间关系的基础。而处理律师之间关系最理想的方式便是公平竞争。这不仅与我国社会主义市场经济体制相适应，而且还有利于提高律师的整体素质。因为有竞争才会有压力，才会促使律师不断地学习、钻研，使律师这种职业能够实现良性循环。

8. 爱心相帮，积极援助

律师援助不仅是政府的责任，也是律师的法定义务和应遵循的职业道德要求。一个职业道德高尚的律师应该担当起一定的社会责任，在法律援助中积极参与、不计报酬，将自己的爱心献给那些无经济能力但又确实需要法律帮助的人们，让律师真正成为"社会的良心"。

9. 遵守章程，履行义务

律师协会是律师行业自律管理的组织，协会章程是协会活动的准则，其对于加入协会的律师都有约束力。一旦成为律师协会的会员，在享受章程所规定的相关权利的同时，更要严格遵守中华全国律师协会和所加入的地方律师协会章程的规定，积极履行章程所规定的各项义务。

10. 热心公益，奉献社会

律师作为法律职业人员，其主要从事的是为委托人提供有偿的法律服务活动，这是律师正常的谋生手段。但是，鉴于律师行业的特殊性，其作为"社会正义的守护神"，应承担更多的社会责任，这里面最主要的就是社会公益活动。在让社会更加和谐、稳定和繁荣方面，律师可谓大有用武之地。如法律义务咨询、送法下乡、帮困募捐、关爱残疾人、农民工维权等等，这些方面都需要律师无偿地奉献自己的智慧和爱心。这样也有利于在人们心目中树立起良好的律师形象。①

二、律师执业纪律

律师执业纪律是指律师在执业过程中应该遵守的行为规则。我国从 1996 年开始，陆续出台了一系列规范性文件，这些文件涵盖了：律师在执业机构中的纪律；律师在诉讼、仲裁活动中的纪律；律师与委托人、对方当事人关系的纪律；律师与同行之间的纪律。②

根据《律师职业道德和执业纪律规范》的规定，律师执业纪律具体有以下几个方面的内容：

---

① 参见胡志民主编：《律师制度与律师实务》，华东理工大学出版社 2013 年版。

② 如：《律师执业证管理办法》（司法部令第 46 号 1996 年 11 月 25 日）；《司法部律师司关于部直属律师事务所领取律师执业证及有关问题的通知》（1997 年 6 月 5 日〔97〕司律字 45 号）；《律师协会维护律师执业合法权益委员会规则》（1997 年 11 月 20 日第三届全国律协常务理事会第八次会议通过）；司法部《关于律师执业年龄问题的批复》（1999 年 4 月 1 日司复〔1999〕4号）；《司法部关于建立健全律师执业社会监督制度的通知》（1999 年 5 月 10 日）；《律师职业道德和执业纪律规范》（2001 年 11 月 26 日中华全国律师协会修订）；《司法部关于公安机关辞退人员能否申请律师执业 161 题的批复》（司复〔2002〕9 号）；《司法部关于进一步加强律师执业管理若干问题的通知》（2003 年 5 月 30 日）；《律师执业行为规范（试行）》（2004 年 3 月20 日第五届中华全国律师协会第九次常务理事会通过，自 2004 年 3 月 20 日起施行）；《最高人民检察院关于进一步加强律师执业权利保障工作的通知》（高检发诉字〔2006〕13 号）；《律师执业管理办法》（2008 年 7 月 18 日司法部第 112 号令）；《司法部关于进一步加强律师职业道德建设的意见》（2014 年 5 月 23 日司发〔2014〕8 号）；《律师执业行为规范（试行）》（2017年 1 月 8 日第九届全国律协常务理事会第二次会议审议通过）。

（一）律师在执业机构中的纪律

律师事务所是律师的执业机构，律师执业活动必须接受律师事务所的监督和管理。律师除了要在执业活动中模范遵守法律以外，还必须遵守律师事务所的工作纪律和各项规章制度，受律师事务所的监督和管理。主要有：律师不得同时在两个或两个以上律师事务所执业，同时在一个律师事务所和一个法律服务所执业的视同在两个律师事务所执业；律师不得以个人名义私自接受委托，不得私自收取费用，必须由律师事务所统一接受委托，并按照国家的规定统一收取诉讼费；律师不得违反律师事务所收费制度和财务纪律，不得挪用、私分、侵占业务收费。律师因执业过错给律师事务所造成损失的，应当承担相应责任。律师在执业中因过错而给当事人造成损失的，当事人请求赔偿的，以律师所在的律师事务所为民事责任承担主体。律师事务所对当事人进行赔偿后，有权向有故意或重大过失的律师进行追偿。

（二）律师在诉讼、仲裁活动中的纪律

司法机关和仲裁机关是维护社会正义、捍卫社会公正、实现社会公平的机构，律师作为专门为社会提供法律服务的执业人员，其应当对这些机构及其工作人员予以足够尊重。律师在诉讼、仲裁活动中的纪律主要有：律师应当遵守法庭和仲裁庭纪律，尊重法官、仲裁员，按时提交法律文件、按时出庭；律师出庭时按规定着装，举止文明礼貌，不得使用侮辱、谩骂或诽谤性语言；律师不得以影响案件的审理和裁决为目的，与本案审判人员、检察人员、仲裁员在非办公场所接触，不得向上述人员馈赠钱物，也不得以许诺、回报或提供其他便利等方式与承办案件的执法人员进行交易；律师不得向委托人宣传自己与有管辖权的执法人员及有关人员有亲朋关系，不能利用这种关系招揽业务；律师应依法取证，不得伪造证据，不得怂恿委托人伪造证据、提供虚假证词，不得暗示、诱导、威胁他人提供虚假证据；律师不得携带犯罪嫌疑人、被告人的亲属或者其他人会见在押犯罪嫌疑人、被告人，或者借职务之便违反规定为被告人传递信件、钱物或与案情有关的信息。

（三）律师与当事人之间的纪律

委托人是律师代理法律关系的重要当事人，律师应当充分运用自己的专业知识和技能，尽心尽职地根据法律的规定完成委托事项，最大限度地维护委托人的合法利益。律师与委托人或对方当事人相处，应当遵守以下执业纪律：律师不应接受自己不能办理的法律事务；律师应当遵循诚实守信的原则，客观地告知委托人所委托事项可能出现的法律风险，不得故意对可能出现的风险做不恰当的表述或做虚假承诺；为维护委托人的合法权益，律师有权根据法律的要求和道德的标准，选择完成或实现委托目的的方法；对委托人拟委托的事项或者要求属于法律或律师执业规范所禁止的，律师应告知委托人，并提出修改建议或予以拒绝；律师不得在同一案件中为双方当事人担任代理人；同一律师事务所不得代理诉讼案件的双方当事人，偏远地区只有一个律师事务所的除外；律师应当合理开支办案费用，注意节约；律师不得超越委托人委托的代理权限，不得利用委托关系从事与委托代理的法律事务无关的活动；律师接受委托后无正当理由不得拒绝为委托人代理；律师接受委托后未经委托人同意，不得擅自转委托他人代理；律师应当谨慎保管委托人提供的证据和其他法律文件，保证其不丢失或毁损；律师不得挪用或者侵占代委托人保管的财物；律师不得从对方当事人处接受利益或向其要求或约定利益；律师不得与对方当事人或第三人恶意串通，侵害委托人的权益；律师不得非法阻止和干预对方当事人及其代理人进行的活动；律师对与委托事项有关的保密信息，委托代理关系结束后仍有保密义务；律师应当恪守独立履行职责的原则，不因迎合委托人或满足委托人的不当要求，丧失客观、公正的立场，不得协助委托人实施非法的或具有欺诈性的行为。

（四）律师与同行之间的纪律

律师与同行之间应当尊重互助、公平竞争。律师与同行之间的纪律主要有：律师应当遵守行业竞争规范，公平竞争，自觉维护执业秩序，维护律师行业的荣誉和社会形象；律师应当尊重同行，相互学习，相互帮助，共同提高执业水平，不应诋毁、损害其他律师的威信和声誉。

律师、律师事务所可以通过以下方式介绍自己的业务领域和专业特长：通过文字作品、研讨会、简介等方式以普及法律，宣传自己的专业领域，推荐自己的专业特长；提倡、鼓励律师、律师事务所参加社会公益活动。

禁止律师以下列方式进行不正当竞争：（1）贬损或诋毁其他律师和律师事务所；（2）给委托人或介绍人各种名义的财、物和利益许诺；（3）利用新闻媒介或其他手段炫耀自己、招揽业务、排斥同行；（4）利用与行政机关、社会团体以及经济组织的关系进行业务垄断；（5）其他不正当的竞争手段。

三、律师法律责任

律师法律责任是指律师在执业活动中，因故意或过失，违反法律法规和律师职业道德执业纪律，依法应当承担的责任。[①]律师工作涉及维护法律的正确实施，严肃而神圣，律师在执业中依法享有广泛权利，同时也应遵守执业行为规范。按照责任主体不同，律师法律责任可以分为律师的法律责任和律师事务所的法律责任；按照责任性质不同，律师法律责任可以分为律师行政法律责任、律师民事法律责任和律师刑事法律责任。

（一）律师行政法律责任

律师行政法律责任，也称律师惩戒，是指律师或者律师事务所在执业过程中违反法律、法规或者职业道德和执业纪律时所应当承担的行政法律后果。它包括律师的行政法律责任和律师事务所的行政法律责任。根据《律师法》《律师和律师事务所违法行为处罚办法》与《律师协会会员违规行为处分规则》的规定，律师和律师事务所承担行政法律责任有：

1. 律师承担行政法律责任的方式

（1）警告。主要适用于情节轻微的行政违法行为。这种处罚方式通过对违法律师予以警示和告诫，使律师认识其行为的违法性。

（2）没收违法所得。这是一种经济性的行政处罚，常附加适用。

（3）停止执业。停止执业是禁止律师在特定时间内从事执业活动的行政处罚。这种行政处罚是暂时性的，有特定时间区间限制。根据《律师法》的规定，停止执业的时间一般为 1 年以下，适用于律师情节严重的违法行为。律师受停止执业处罚的，司法行政机关应收回其律师执业证，于处罚期满后发还。

---

① 参见《律师法》第四十七条至第五十六条和《律师职业道德和执业纪律规范》第四十五条的规定。

（4）吊销执业证书。吊销执业证书是对律师最严厉的行政处罚。根据《律师法》的规定，吊销律师执业证书意味着被处罚者不能再取得律师执业证书，即永远不能再从事律师工作。鉴于吊销律师执业证书的严厉性，《律师法》对应处以吊销执业证书的违法情形进行了严格、明确的规定。律师被吊销律师执业证的，司法行政机关应收缴其律师执业证予以注销。

2. 律师事务所承担行政法律责任的方式

（1）警告。警告适用于律师事务所的轻微违法行为。

（2）没收违法所得。这是对律师事务所予以经济制裁的行政处罚方式。没收违法所得是一种独立适用的处罚方式。

（3）停业整顿，可并处罚款。停业整顿是责令律师事务所停止执业活动予以内部整顿的处罚方式，适用于律师事务所情节严重的违法行为。在处以停业整顿处罚时，可以同时处十万元以下的罚款。

（4）吊销执业证书。吊销执业证书是通过吊销律师事务所执业证书的手段取消律师事务所执业资格的行政处罚方式。这种处罚方式是对律师事务所最严厉的处罚，适用于律师事务所情节严重的违法行为。

根据《律师和律师事务所违法行为处罚办法》的规定，律师、律师事务所实施《律师法》和本办法规定的违法行为的，司法行政机关一经发现或者收到有关投诉，应当立案调查，全面、客观、公正地查明事实，收集证据。被调查的律师、律师事务所应当向调查机关如实陈述事实，提供有关材料。司法行政机关可以委托律师协会对律师、律师事务所的违法行为进行调查。接受委托的律师协会应当全面、客观、公正地查明事实，收集证据，并对司法行政机关实施行政处罚提出建议。

司法行政机关在对律师、律师事务所拟作出行政处罚决定之前，应当告知其查明的违法行为事实、处罚的理由及依据，并告知当事人依法享有的权利。口头告知的，应当制作笔录。律师、律师事务所有权进行陈述和申辩，有权依法申请听证。

律师、律师事务所对行政处罚不服的，有权依法申请行政复议或者提起行政诉讼。

（二）律师民事法律责任

律师民事法律责任，也称律师的赔偿责任，是指律师在执业过程中，因违法执业或者因过错给当事人的合法权益造成损害而应承担的民事赔偿责任。

1. 律师民事责任的构成要件

（1）行为要件。这是构成律师执业损害赔偿责任的首要条件，否则就谈不上律师民事赔偿责任问题。从性质上看，该行为可能是侵权行为，也可能是违约行为；从行为方式上看，既可能是积极作为，也可能是消极不作为。

（2）损害事实。律师违法执业或过错行为造成的人身或财产上的不利益状态，其既可表现为现有财产的减损，也可表现为将要取得财产或利益的丧失。

（3）不法行为与损害结果之间具有因果关系。因果关系是指律师的过错行为与委托人或第三人所受到的损失之间存在一定联系。是否具有因果关系将会影响到律师承担赔偿责任的范围及数额，因此具有相当重要的地位与作用。判断律师执业民事责任中的因果关系，可以考虑以相当因果关系说为主导，同时针对个案的特殊性，进行综合分析。认定律师民事责任中的因果关系，可以采取如下具体方式或步骤：如果没有律师的某一行为，则不会发生这种损害后果；如果存在律师的某一行为，则在通常情况下足以产生这种损害后果。满足这两个阶段的，就可以认定该行为与损害后果之间存在因果关系。

（4）存在过错。过错分为两大类，即故意和过失。律师的注意义务与一般人的注意义务有所不同，律师民事责任针对的是特定范围的职业群体——律师，可以说是一种职业责任，而一般民事责任针对的是不特定的普通个体。律师民事责任是一种专家责任，对于拥有特殊知识和技能的专业人员，立法和判例采取了专业行为标准，即该行业普通专业人员通常能够达到的水平。

2. 律师民事责任主体

律师民事责任主体包括律师民事责任的行为主体和律师民事责任的承担主体。所谓律师民事责任的行为主体，是指律师在执业过程中，由于过错而致他人合法权益遭受损害的行为实施者；所谓律师民事责任的承担主体，是指律师在执业过程中，由于过错而致他人合法权益遭受损害的，对这种损害结果应当承担民事责任的责任承担者。根据《律师法》第五十四条的规定，"律师违法执业或者因过错给当事人造成损失的，由其所在的律师事务所承担赔偿责任。律师事务所赔偿后，可以向有故意或者重大过失行为的律师追偿"，律师民事责任的行为主体只能是执业律师，律师事务所应是律师民事责任的承担主体。

律师事务所行使追偿权的基本条件有二：一是律师事务所向受害人实际上已经支付损害赔偿费；二是执业律师须有故意或者重大过失。律师事务所对于有故意或者重大过失的律师行使追偿权时，还须受到以下一些限制：（1）遵守律师事务所的决定而为的行为造成损害的，律师事务所不得对该律师追偿。（2）律师事务所未能及时行使抗辩权（如应予减免的赔偿责任未能减免）而向受害人已进行赔偿的，律师可以以此为由主张免责，不承担被追偿的责任。（3）律师事务所不当支付过多的损害赔偿金时，致害律师仅在正当的损害赔偿限度内承担被追偿责任。（4）律师事务所行使追偿权应当考虑到致害律师的经济情况。在致害律师无力负担被追偿的费用时，律师事务所应当放弃或暂缓行使追偿权。

（三）律师刑事法律责任

律师刑事法律责任是律师法律责任中最严重的一种，是指律师在执业过程中违反刑事法律规范构成犯罪所应承担的法律后果。它包括以下三个方面的含义：第一，律师刑事法律责任的主体，既包括律师，也包括律师事务所。第二，律师或律师事务所实施的行为必须违反了律师法、刑法所规定的刑事法律规范，而且已经构成犯罪。第三，律师或律师事务所实施的犯罪行为必须与其执业行为相关。如果律师或律师事务所实施的犯罪行为与执业无关，因此而产生的刑事责任就属于一般主体的刑事责任。

根据《律师法》规定，并结合我国近年来律师受到刑事责任追究的情况分析，以下几种罪名在律师执业中较为常见：

1. 行贿罪或介绍行贿罪

律师在执业中特别是在诉讼案件的代理中，由于司法活动的复杂性和律师自身原因，一些律师基于当事人请托对司法人员进行贿赂的行为时有发生，严重影响了律师的职业形象。《刑法》明确规定了行贿罪和介绍行贿罪的情形和处罚。《刑法》第三百九十条规定："对犯行贿罪的，处五年以下有期徒刑或者拘役，并处罚金；因行贿谋取不正当利益，情节严重的，或者使国家利益遭受重大损失的，处五年以上十年以下有期徒刑，并处罚金；情节特别严重的，或者使国家利益遭受特别重大损失的，处十年以上有期徒刑或者无期徒刑，并处罚金或者没收财产。   行贿人在被追诉前主动交待行贿行为的，可以从轻或者减轻处罚。其中，犯罪较轻的，对侦破重大案件起关键作用的，或者有重大立功表现的，可以减轻或者免除处罚。"

2. 辩护人、诉讼代理人毁灭证据、伪造证据、妨害作证罪

《刑法》第三百零六条第一款规定："在刑事诉讼中，辩护人、诉讼代理人毁灭、伪造证据，帮助当事人毁灭、伪造证据，威胁、引诱证人违背事实改变证言或者作伪证的，处三年以下有期徒刑或者拘役；情节严重的，处三年以上七年以下有期徒刑。"《律师法》规定，律师不得故意提供虚假证据或者威胁、利诱他人提供虚假证据，妨碍对方当事人合法取得证据。根据《律师法》的规定，律师因伪证罪受到刑事法律追究的，应当吊销执业证书。

3. 故意或过失泄露国家秘密罪

我国《刑法》第三百九十八条规定："国家机关工作人员违反国家保密法的规定，故意或过失泄露国家秘密，情节严重的，处三年以下有期徒刑或者拘役；情节特别严重的，处三年以上七年以下有期徒刑。   非国家机关工作人员犯前款罪的，依照前款的规定酌情处罚。"我国《律师法》第三十八条第一款规定："律师应当保守在执业活动中知悉的国家秘密、商业秘密，不得泄露当事人的隐私。"本罪在主观方面，既可以是故意，也可以是过失。根据《律师法》，律师因泄漏国家机密罪受到刑事追究的，应当吊销执业证书。

4. 故意或过失提供虚假证明文件罪

此罪主体包括个人与单位。我国《刑法》第二百二十九条中规定："承担资产评估、验资、验证、会计、审计、法律服务、保荐、安全评价、环境影响评价、环境监测等职责的中介组织的人员故意提供虚假证明文件，情节严重的，处五年以下有期徒刑或者拘役，并处罚金；情节严重的，处五年以上十年以下有期徒刑，并处罚金。"另外，我国《刑法》第二百三十一条规定："单位犯本节第二百二十一条至第二百三十条规定之罪的，对单位判处罚金，并对其直接负责的主管人员和其他直接责任人员，依照本节各该条的规定处罚。"[①]

问题与思考

1. 律师人身保障权的意义何在？
2. 什么是律师执业豁免权？律师执业豁免权包括哪些内容？
3. 律师执业权利包括哪些内容？
4. 谈谈你对完善我国律师执业权利体系的看法。
5. 律师在执业过程中应该遵守哪些执业纪律？
6. 律师执业道德和执业纪律之间有何区别？
7. 我国《律师法》对律师的法律责任是如何规定的？

[①] 以上律师法律责任部分，笔者综合参考了以下资料中的相关章节：石茂生主编，《中国律师法学》，郑州大学出版社 2020 年版；胡志民主编，《律师制度与律师实务》，华东理工大学出版社 2013 年版；谭世贵主编，《律师法学》（第四版），法律出版社 2013 年版；陈卫东主编，《中国律师学》（第四版），中国人民大学出版社 2014 年版。

第四章　律师收费与法律援助

【本章概要】

律师收费制度和法律援助是律师制度的重要组成部分。本章介绍了律师收费的范围、项目、标准等内容；介绍了法律援助的对象、范围和程序以及其基本要求。通过对本章的学习，明晰律师收费与法律援助的适用条件及相互关系。

【关键术语】

律师　收费制度　法律援助

【重难点提示】

本章重点在于掌握律师收费和法律援助的条件、范围，律师收费制度的基本内容；难点在于法律援助与律师义务的关系。

第一节　律师收费

一、律师收费制度概述

（一）律师收费依据

律师收费制度自新中国成立以来，特别是近二十年来，得到了很大发展[①]。1997 年 3 月 3 日国家计划委员会、司法部发布的《律师服务收费管理暂行办法》对律师收费制度作出了具体规定。2006 年 4 月 13 日，国家发展和改革委员会和司法部联合发布了《律师服务收费管理办法》，该办法自 2006 年 12 月 1 日起执行，它的出台进一步完善了我国律师收费制度，确立了我国律师收费制度的基本原则和基本内容。2021 年 12 月 28 日，司法部、国家发展和改革委员会、国家市场监督管理总局联合发布的《关于进一步规范律师服务收费的意见》，进一步规范律师服务收费行为，健全律师事务所收费管理制度，强化律师服务收费监管，引导广大律师认真履行社会责任。该意见明确了律师服务收费的合理化水平、公开化程度以及普惠化

[①] 我国先后多次颁布律师收费方面的规定，主要有：（1）1956 年 5 月 25 日国务院全体会议第二十九次会议通过《律师收费暂行办法》，由司法部于 1956 年 7 月 20 日颁布；（2）1981 年 12 月 9 日，司法部、财政部联合颁布《律师收费试行办法》；（3）1990 年 2 月 15 日，司法部、财政部、国家物价局联合颁布《律师业务收费管理办法》和《律师业务收费标准》；（4）1997 年 3 月 3 日，国家计委、司法部联合颁布《律师收费管理暂行办法》；（5）2004 年 3 月 16 日由司法部发布《律师事务所收费程序规则》；（6）2006 年 4 月 13 日国家发展改革委、司法部联合颁布《律师服务收费管理办法》；（7）2021 年 12 月 28 日司法部、国家发展改革委、国家市场监督管理总局联合颁布《关于进一步规范律师服务收费的意见》。

范围。这对于贯彻以人民为中心的发展思想，提升律师服务质量和行业信誉，将产生积极而重要的作用。同时，该意见严格限制风险代理的律师服务收费，从适用范围、约定事项、收费金额、风险告知和提示等方面规范律师风险代理收费。

（二）律师收费原则

根据 2006 年《律师服务收费管理办法》以及 2021 年《关于进一步规范律师服务收费的意见》的规定，律师收费必须遵循公开公平、平等自愿、诚实信用、规范公正的原则。

1. 公开公平原则

公开原则要求律师事务所对外收费应当明确公开收费的标准，收费标准要与律师付出的工作时间、难易程度、标的大小、办案效果等因素相当。公开收费标准，可以有效地防止律师事务所收费的随意性，有利于维护当事人的合法权益。

2. 平等自愿原则

律师与委托人具有平等的法律地位，律师为委托人提供法律服务采取自愿原则，当事人可以自由选择服务内容，不受强迫。

3. 诚实信用原则

律师事务所与委托人签订合同后，不得单方变更收费项目或者提高收费数额。确需变更的，律师事务所必须事先征得委托人的书面同意。

4. 规范公正原则

《关于进一步规范律师服务收费的意见》规定，律师事务所向委托人收取律师服务费时，不得作出违背社会公序良俗或者显失公平的约定，不得采取欺骗、诱导等方式促使当事人接受律师服务价格，不得相互串通、操纵价格。律师事务所不得在协商收费时向当事人明示或者暗示与司法机关、仲裁机构及其工作人员有特殊关系，不得以签订"阴阳合同"等方式规避律师服务收费限制性规定。

二、律师收费范围和标准

律师收费作为一项制度，由收费范围、收费项目、收费标准、收费方式、收费程序以及收费争议解决机制等部分构成。

（一）律师收费范围

律师收费范围是指律师要针对哪些法律服务项目收费。根据《律师服务收费管理办法》第五条之规定，律师办理以下法律事务有权收费：

（1）律师代理民事、行政案件、刑事案件辩护；

（2）为刑事案件犯罪嫌疑人提供法律咨询、代理申诉和控告、申请取保候审，担任被告人的辩护人或自诉人、被害人的代理人；

（3）代理各类诉讼案件的申诉；

（4）代理仲裁案件；

（5）律师担任法律顾问，办理当事人委托的法律咨询、代书、资信调查、律师见证等非诉讼法律事务；

（6）当事人委托的其他法律事务。

根据《律师法》《法律援助法》和《法律援助条例》的规定，律师在办理上述业务时，若符合法律援助条件，应当减免律师费。

（二）律师收费项目

律师收费项目又称收费名目，是指律师办理不同法律事务而收取的不同费用，其名称各有不同。根据《关于进一步规范律师服务收费的意见》规定，律师服务收费合同或者委托代理合同中收费条款的项目包括律师服务费、代委托人支付的费用、异地办案差旅费。其中，律师服务费是律师事务所指派律师为委托人提供法律服务的劳动报酬，具体形式有代理费、法律顾问费、咨询费等，是律师收费的主要组成部分。代委托人支付的费用是律师事务所在提供法律服务过程中代委托人支付的诉讼费、仲裁费、鉴定费、公证费、查档费、保全费、翻译费等费用，这部分费用不属于律师服务费，由委托人另行支付。异地办案差旅费是律师至异地办案支出的差旅费、伙食费等费用。

严禁律师以向司法人员、仲裁员疏通关系等为由收取所谓的"办案费""顾问费"等任何其他费用。律师事务所应当向委托人提供律师服务收费清单，包括律师服务费、代委托人支付的费用以及异地办案差旅费，其中，代委托人支付的费用及异地办案差旅费应当提供有效凭证。

（三）律师收费标准

1. 实行政府指导价和市场调节价相结合

根据《律师服务收费管理办法》第四、五条之规定，律师服务收费实行政府指导价和市场调节价相结合的价格标准。

（1）律师事务所依法提供下列法律服务实行政府指导价：代理民事诉讼案件；代理行政诉讼案件；代理国家赔偿案件；为刑事案件犯罪嫌疑人提供法律咨询、代理申诉和控告、申请取保候审，担任被告人的辩护人或自诉人、被害人的诉讼代理人；代理各类诉讼案件的申诉。

（2）律师事务所提供其他法律服务的收费实行市场调节价。实行市场调节的律师服务收费，由律师事务所与委托人协商确定。律师事务所与委托人协商律师服务收费应当统筹考虑以下因素：律师提供服务耗费的工作时间；法律事务的难易程度；委托人的承受能力；律师可能承担的风险和责任；律师的社会信誉和工作水平等。

2. 具体收费标准的制定

由于我国各地经济发展水平和律师业的发展状况差异较大，律师服务成本和群众承受能力也有较大差异，因此制定全国统一的律师服务收费标准有一定困难。2000 年 4 月 4 日，国家计委联合司法部发布了《关于暂由各地制定律师服务收费临时标准的通知》，随后，我国绝大多数省份均先后制定了本省范围内的律师服务收费标准。[①]《律师服务收费管理办法》第六条规定政府指导价的基准价和浮动幅度由各省、自治区、直辖市人民政府价格主管部门会同

---

① 北京、上海、四川、重庆、湖南、湖北、山东、山西、江苏、安徽、陕西、广东、福建、贵州、河北、河南、浙江等已制定本省（市）律师服务收费管理办法。

同级司法行政部门制定。因此，律师收费标准实际上主要参照律师事务所所在省份的标准具体实施。[①]

3. 严格限制风险代理适用范围及收费比例

风险收费一般要比同类法律服务非风险收费高，律师在承担高风险的同时也可能获得高收益，风险收费因高收益受到追捧；实践中，个别律师片面追求风险代理以获取高回报，采取不正当手段盲目追求诉讼结果，甚至在一定程度上侵犯了当事人的合法利益。因此，《关于进一步规范律师服务收费的意见》明确禁止刑事诉讼案件、行政诉讼案件、国家赔偿案件、群体性诉讼案件、婚姻继承案件，以及请求给予社会保险待遇、最低生活保障待遇、赡养费、抚养费、扶养费、抚恤金、救济金、工伤赔偿、劳动报酬的案件实行或者变相实行风险代理。针对可实行风险代理的案件，《关于进一步规范律师服务收费的意见》明确要求，律师事务所在风险代理各个环节收取的律师服务费合计最高金额应当符合下列规定：标的额不足人民币100万元的部分，不得超过标的额的18%；标的额在人民币100万元以上不足500万元的部分，不得超过标的额的15%；标的额在人民币500万元以上不足1 000万元的部分，不得超过标的额的12%；标的额在人民币1 000万元以上不足5 000万元的部分，不得超过标的额的9%；标的额在人民币5 000万元以上的部分，不得超过标的额的6%。

（四）律师收费的方式

根据不同服务内容，律师可采取计件收费、按标的额比例收费和计时收费等方式收取律师服务费。计件收费一般适用于不涉及财产关系的法律事务；计时收费可适用于全部法律事务；按标的额比例收费适用于涉及财产关系的法律事务。

律师费必须由律师事务所统一收取，律师事务所应当建立健全收案管理、收费管理、财务管理、专用业务文书管理、档案管理等内部管理制度，确保律师业务全面登记、全程留痕。建立律师业务统一登记编码制度，加快推进律师管理信息系统业务数据采集，按照统一规则对律师事务所受理的案件进行编号，做到案件编号与收费合同、收费票据一一对应，杜绝私自收案收费。律师服务收费应当由财务人员统一收取、统一入账、统一结算，并及时出具合法票据，不得用内部收据等代替合法票据，不得由律师直接向当事人收取律师服务费。

[①] 如，根据《四川省律师法律服务收费行业指导标准》（川发改价格〔2018〕93号）规定，（一）办理刑事案件：侦查阶段（含检察院自侦阶段）2 000～15 000元/件；审查起诉阶段 2 000～12 000元/件；审判阶段3 000～30 000元/件。担任刑事案件自诉人、被害人的代理人：2 000～15 000元/件。（二）担任公民请求支付劳动报酬、工伤赔偿，请求给付赡养费、抚养费、扶养费，请求发给抚恤金、救济金，请求给予社会保险待遇或最低生活保障待遇的民事诉讼、行政诉讼的代理人，以及担任涉及安全事故、环境污染、征地拆迁赔偿（补偿）等公共利益的群体性诉讼案件代理人的服务收费标准，不涉及财产关系的，每件收取1 000～10 000元人民币；涉及财产关系的，实行按标的额比例收费，具体依照以下比例分档、累计收取：10万元以下（含10万元）的部分6%，10万元以上至50万元（含50万元）的部分5.5%，50万元以上至100万元（含100万元）的部分5%，100万元以上至500万元（含500万元）的部分4%，500万元以上至1 000万元（含1 000万元）的部分3%，1 000万元以上的部分2%。（三）代理国家赔偿案件实行计件收费，每件收取1 000～10 000元。

（五）监督检查

根据《律师服务收费管理办法》与《关于进一步规范律师服务收费的意见》的规定，市场监管部门、司法行政部门、律师协会应对律师服务收费进行监督检查，将其作为律师事务所年度检查考核和律师执业年度考核的重要内容。律师事务所、律师存在不按规定明码标价、价格欺诈等违反价格法律法规的行为，由市场监管部门依法作出行政处罚。

第二节　法律援助

法律援助是指国家建立的为经济困难公民和符合法定条件的其他当事人无偿提供法律咨询、代理、刑事辩护等法律服务的制度，是公共法律服务体系的组成部分。

一、法律援助范围

法律援助的范围，是指法律援助的事项，即对于哪些案件、哪些情况可以提供法律援助。根据 2021 年 8 月 20 日颁布的《中华人民共和国法律援助法》（以下简称《法律援助法》）的规定，我国法律援助的范围为：

（一）可以申请法律援助的情形

（1）刑事案件的犯罪嫌疑人、被告人因经济困难或者其他原因没有委托辩护人的，本人及其近亲属可以向法律援助机构申请法律援助。

（2）刑事公诉案件的被害人及其法定代理人或者近亲属，刑事自诉案件的自诉人及其法定代理人，刑事附带民事诉讼案件的原告人及其法定代理人，因经济困难没有委托诉讼代理人的，可以向法律援助机构申请法律援助。

（3）适用普通程序审理的刑事案件，被告人没有委托辩护人的，人民法院可以通知法律援助机构指派律师担任辩护人。

（4）下列事项的当事人，因经济困难没有委托代理人的，可以向法律援助机构申请法律援助：

① 依法请求国家赔偿；

② 请求给予社会保险待遇或者社会救助；

③ 请求发给抚恤金；

④ 请求给付赡养费、抚养费、扶养费；

⑤ 请求确认劳动关系或者支付劳动报酬；

⑥ 请求认定公民无民事行为能力或者限制民事行为能力；

⑦ 请求工伤事故、交通事故、食品药品安全事故、医疗事故人身损害赔偿；

⑧ 请求环境污染、生态破坏损害赔偿；

⑨ 法律、法规、规章规定的其他情形。

（5）当事人不服司法机关生效裁判或者决定提出申诉或者申请再审，人民法院决定、裁定再审或者人民检察院提出抗诉，因经济困难没有委托辩护人或者诉讼代理人的，本人及其近亲属可以向法律援助机构申请法律援助。

经济困难的标准，由省、自治区、直辖市人民政府根据本行政区域经济发展状况和法律援助工作需要确定，并实行动态调整。

（二）应当提供法律援助的情形

（1）刑事案件的犯罪嫌疑人、被告人属于下列人员之一，没有委托辩护人的，人民法院、人民检察院、公安机关应当通知法律援助机构指派律师担任辩护人：

① 未成年人；

② 视力、听力、言语残疾人；

③ 不能完全辨认自己行为的成年人；

④ 可能被判处无期徒刑、死刑的人；

⑤ 申请法律援助的死刑复核案件被告人；

⑥ 缺席审判案件的被告人；

⑦ 法律法规规定的其他人员。

（2）对可能被判处无期徒刑、死刑的人，以及死刑复核案件的被告人，法律援助机构收到人民法院、人民检察院、公安机关通知后，应当指派具有三年以上相关执业经历的律师担任辩护人。

（3）强制医疗案件的被申请人或者被告人没有委托诉讼代理人的，人民法院应当通知法律援助机构指派律师为其提供法律援助。

（三）不受经济困难条件的限制的法律援助案件

有下列情形之一，当事人申请法律援助的，不受经济困难条件的限制：

（1）英雄烈士近亲属为维护英雄烈士的人格权益；

（2）因见义勇为行为主张相关民事权益；

（3）再审改判无罪请求国家赔偿；

（4）遭受虐待、遗弃或者家庭暴力的受害人主张相关权益；

（5）法律、法规、规章规定的其他情形。

二、法律援助机构和人员

（一）主管机关

国务院司法行政部门指导、监督全国的法律援助工作。县级以上地方人民政府司法行政部门指导、监督本行政区域的法律援助工作。

（二）法律援助机构

在我国，法律援助机构主要包括国家（政府）法律援助机构与社会法律援助机构。国家（政府）法律援助机构主要是各级司法行政机关设立的法律援助中心。

1. 司法部法律援助中心

司法部法律援助中心作为司法部直属事业单位，在司法部领导下，代表司法部具体负责指导、监督全国的法律援助工作。司法部法律援助中心的主要职能有[①]：研究起草有关法律援

[①]《司法部关于进一步明确部法律援助中心职能的决定》（司发通〔2003〕30号），2003年4月11日。

助工作的政策和法律、法规、规章及规范性文件；指导、监督地方法律援助工作及其开展情况；组织宣传法律援助制度；管理法律援助经费；组织法律援助制度和理论研究；组织法律援助工作的对外交流与合作；承办司法部交办的其他有关事项。

2. 县级以上人民政府司法行政部门设立的法律援助机构

法律援助机构负责组织实施法律援助工作，受理、审查法律援助申请，指派律师、基层法律服务工作者、法律援助志愿者等法律援助人员提供法律援助，支付法律援助补贴。

（三）法律援助人员

法律援助人员，是指具体履行法律援助职能，直接承办法律援助事项和案件并且享有法律援助权利和承担法律援助义务的服务人员。根据《法律援助法》的规定，法律援助人员主要有：

1. 法律援助中心工作人员

法律援助机构根据工作需要，可以安排本机构具有律师资格或者法律职业资格的工作人员提供法律援助，可以设置法律援助工作站或者联络点，就近受理法律援助申请。

2. 律师、基层法律服务工作者

根据《律师法》《法律援助法》《基层法律服务工作者管理办法（2017修订）》的规定，律师事务所、基层法律服务所、律师、基层法律服务工作者负有依法提供法律援助的义务。法律援助机构可以在人民法院、人民检察院和看守所等场所派驻值班律师，依法为没有辩护人的犯罪嫌疑人、被告人提供法律援助；司法行政部门可以通过政府采购等方式，择优选择律师事务所等法律服务机构为受援人提供法律援助。

3. 法律援助志愿者

国家鼓励和规范法律援助志愿服务，支持符合条件的个人作为法律援助志愿者，依法提供法律援助。高等院校、科研机构可以组织从事法学教育、研究工作的人员和法学专业学生作为法律援助志愿者，在司法行政部门指导下，为当事人提供法律咨询、代拟法律文书等法律援助。

（四）法律援助人员的权利义务

1. 法律援助人员的权利

（1）获得法律援助机构支持和帮助的权利。在法律援助实施过程中，由于实施主体与责任主体相分离，法律援助人员代表政府和法律援助机构具体承担对受援人的法律援助义务。法律援助人员有权为援助义务的全面履行要求法律援助机构给予支持帮助。

（2）获得补贴的权利。《法律援助法》第五十二条规定，法律援助机构应当依照有关规定及时向法律援助人员支付法律援助补贴。法律援助补贴的标准，由省、自治区、直辖市人民政府司法行政部门会同同级财政部门，根据当地经济发展水平和法律援助的服务类型、承办成本、基本劳务费用等确定，并实行动态调整。由法律援助机构支付办案补贴，体现了我国法律援助中政府责任与律师义务的关系，有利于调动法律援助人员办理法律援助案件的积极性，更好地维护受援人的合法权益和更广泛地满足困难群众的法律援助要求。

2. 法律援助人员的义务

（1）尽职尽责地维护受援人的合法权益。尽职尽责地维护受援人合法权益的义务，是法律援助人员所承担的全部义务的核心。法律援助案件中的受援人，由于贫困或羸弱，其合法权益往往容易受到侵害，加之为其提供的法律服务是无偿的，如果不加以严格要求，将有可能使法律援助变成一种随意的、不合格的服务，受援人的合法权益就得不到切实保障。

（2）接受指派后，无正当理由不得拒绝、拖延或者终止提供法律援助服务的义务。

（3）办理进度通报的义务。法律援助人员应当按照规定向受援人通报法律援助事项的进展情况。

三、法律援助程序

（一）法律援助形式

法律援助形式是指通过什么样的方式实施法律援助。具体有六种形式：法律咨询、代拟法律文书；刑事辩护和代理；民事案件、行政案件、国家赔偿案件的诉讼代理及非诉讼代理；值班律师法律帮助；劳动争议调解与仲裁代理；其他形式。

（二）申请

（1）诉讼事项法律援助的申请，由申请人向办案机关所在地的法律援助机构提出；非诉讼事项法律援助的申请，由申请人向争议处理机关所在地或者事由发生地的法律援助机构提出。

（2）被羁押的犯罪嫌疑人、被告人、服刑人员，以及强制隔离戒毒人员等提出法律援助申请的，办案机关、监管场所应当在二十四小时内将申请转交法律援助机构。

（3）犯罪嫌疑人、被告人通过值班律师提出代理、刑事辩护等法律援助申请的，值班律师应当在二十四小时内将申请转交法律援助机构。

（4）无民事行为能力人或者限制民事行为能力人需要法律援助的，可以由其法定代理人代为提出申请。法定代理人侵犯无民事行为能力人、限制民事行为能力人合法权益的，其他法定代理人或者近亲属可以代为提出法律援助申请。

（5）被羁押的犯罪嫌疑人、被告人、服刑人员，以及强制隔离戒毒人员，可以由其法定代理人或者近亲属代为提出法律援助申请。

（三）审核

《法律援助法》第四十三条规定：法律援助机构应当自收到法律援助申请之日起七日内进行审查，作出是否给予法律援助的决定。决定给予法律援助的，应当自作出决定之日起三日内指派法律援助人员为受援人提供法律援助；决定不给予法律援助的，应当书面告知申请人，并说明理由。申请人提交的申请材料不齐全的，法律援助机构应当一次性告知申请人需要补充的材料或者要求申请人作出说明。申请人未按要求补充材料或者作出说明的，视为撤回申请。

法律援助机构收到法律援助申请后，发现有下列情形之一的，可以决定先行提供法律援助：① 距法定时效或者期限届满不足七日，需要及时提起诉讼或者申请仲裁、行政复议；② 需要立即申请财产保全、证据保全或者先予执行；③ 法律、法规、规章规定的其他情形。法律援助机构先行提供法律援助的，受援人应当及时补办有关手续，补充有关材料。

申请人、受援人对法律援助机构不予法律援助、终止法律援助的决定有异议的，可以向设立该法律援助机构的司法行政部门提出。司法行政部门应当自收到异议之日起五日内进行审查，作出维持法律援助机构决定或者责令法律援助机构改正的决定。申请人、受援人对司法行政部门维持法律援助机构决定不服的，可以依法申请行政复议或者提起行政诉讼。

（四）实施

法律援助机构可以指派律师事务所安排律师或者安排本机构的工作人员办理法律援助案件；也可以根据其他社会组织的要求，安排其所属人员办理法律援助案件。对人民法院、人民检察院、公安机关指定辩护的刑事案件，法律援助机构收到通知后，应当在三日内指派律师并通知人民法院、人民检察院、公安机关。

法律援助事项办理结束后，法律援助人员应当及时向法律援助机构报告，提交有关法律文书的副本或者复印件、办理情况报告等材料。

四、法律援助法律责任

（一）法律援助机构及其工作人员的法律责任

根据《法律援助法》第六十一条的规定，法律援助机构及其工作人员有下列情形之一的，由设立该法律援助机构的司法行政部门责令限期改正；有违法所得的，责令退还或者没收违法所得；对直接负责的主管人员和其他直接责任人员，依法给予处分：① 拒绝为符合法律援助条件的人员提供法律援助，或者故意为不符合法律援助条件的人员提供法律援助；② 指派不符合本法规定的人员提供法律援助；③ 收取受援人财物；④ 从事有偿法律服务；⑤ 侵占、私分、挪用法律援助经费；⑥ 泄露法律援助过程中知悉的国家秘密、商业秘密和个人隐私；⑦ 法律法规规定的其他情形。

（二）律师事务所、基层法律服务所的法律责任

根据《法律援助法》第六十二条的规定，律师事务所、基层法律服务所无正当理由拒绝接受法律援助机构指派；接受指派后，不及时安排本所律师、基层法律服务工作者办理法律援助事项或者拒绝为本所律师、基层法律服务工作者办理法律援助事项提供支持和保障；纵容或者放任本所律师、基层法律服务工作者怠于履行法律援助义务或者擅自终止提供法律援助，由司法行政部门依法给予处罚。

（三）律师、基层法律服务工作者的责任

根据《法律援助法》第六十三条的规定，律师、基层法律服务工作者有下列情形之一的，由司法行政部门依法给予处罚：① 无正当理由拒绝履行法律援助义务或者怠于履行法律援助义务；② 擅自终止提供法律援助；③ 收取受援人财物；④ 泄露法律援助过程中知悉的国家秘密、商业秘密和个人隐私；⑤ 法律法规规定的其他情形。

问题与思考

1. 律师收费制度的主要内容有哪些？
2. 律师在收费过程中应该坚持哪些基本原则？

3. 律师收费标准是全国统一吗？

4. 律师在收费过程中与对方发生纠纷了该如何处理？

5. 为什么需要法律援助制度？其有何重要意义？

6. 法律援助的对象、范围和条件是什么？

第五章　律师刑事诉讼业务

【本章概要】

刑事诉讼业务是律师的主要业务之一。本章介绍律师刑事辩护和刑事代理的职责、范围、主要工作内容以及基本执业技能。通过对本章的学习，掌握律师在刑事诉讼各阶段的辩护工作内容，以及律师代理的种类和工作要点，增强实际操作能力。

【关键术语】

刑事诉讼　辩护　代理　职责　地位

【重难点提示】

本章重点在于掌握辩护律师在不同诉讼阶段的作用及主要工作，律师代理刑事公诉案件被害人的地位和作用；难点在于律师办理刑事诉讼案件的权利保障。

第一节　律师刑事诉讼业务概述

律师作为法律职业者，在具体业务办理过程中总是要扮演特定诉讼角色，基于自身职业素质、职业伦理要求，自然是有着不同于公检法机关及其从业人员的思维、目的和行为规范。

一、我国刑事诉讼程序制度基本结构

根据起诉权主体身份不同，我国把刑事案件分为公诉与自诉两种。公诉案件是指应当由检察机关依法向人民法院提出指控，要求追究被告人刑事责任的案件。自诉案件是指可以由自诉人以自己名义向人民法院起诉，要求追究被告人刑事责任的案件。从刑事诉讼法的规定来看，自诉案件范围受到严格限制，即绝大多数刑事案件都属于公诉案件。公诉案件与自诉案件分别有不同的处理流程。公诉案件程序形式上最为完整，包括（刑事/监察）立案、监察调查/刑事侦查、起诉、审判、执行等五个前后相继的阶段。而自诉案件一般说来，只有（起诉）审判、执行两个阶段，其处理程序比较类似于民事诉讼案件，不存在庞大且复杂的审判前程序。

现行《刑事诉讼法》大致采取了"刑事诉讼程序"与"特别程序"并列的二元构造。该法第五编"特别程序"包括：未成年人刑事案件诉讼程序，当事人和解的公诉案件程序，缺席审判程序，犯罪嫌疑人、被告人逃匿、死亡案件违法所得的没收程序和依法不负刑事责任的精神病人的强制医疗程序。从所处理的案件性质上看，前三者应属于刑事诉讼程序，但较之"普通"刑事诉讼程序确有诸多特殊之处，这些程序规定事实上是脱胎于或依附于普通诉讼案件处理程序，还称不上具有完全独立性。而后两者并非以追究刑事责任为核心的活动，其性质与前三种程序类型明显有别。

二、律师刑事诉讼业务的范围

根据《刑事诉讼法》《律师法》的相关规定，中华全国律师协会于 2017 年 9 月 20 日印发的《律师办理刑事案件规范》第八条中明确了律师在刑事诉讼中的业务范围：

（1）接受犯罪嫌疑人、被告人的委托，担任辩护人。犯罪嫌疑人、被告人的近亲属、其他亲友或其所在单位代为委托的，须经犯罪嫌疑人、被告人确认；

（2）接受涉嫌犯罪的未成年人或精神病人的监护人、近亲属的委托，担任辩护人；

（3）接受公诉案件的被害人、其法定代理人或者近亲属的委托，接受自诉案件的自诉人、其法定代理人的委托，接受刑事附带民事诉讼的当事人、其法定代理人的委托，担任诉讼代理人；

（4）接受刑事案件当事人、其法定代理人、近亲属的委托，接受被刑事判决或裁定侵犯合法权益的案外人的委托，担任申诉案件的代理人；

（5）接受被不起诉人、其法定代理人、近亲属的委托，代为申诉、控告；

（6）在公安机关、人民检察院作出不立案或撤销案件或不起诉的决定后，接受被害人、其法定代理人、近亲属的委托，代为申请复议或起诉；

（7）在违法所得没收程序中，接受犯罪嫌疑人、被告人、其近亲属或其他利害关系人的委托，担任诉讼代理人；

（8）在强制医疗程序中，接受被申请人或被告人的委托，担任诉讼代理人；在复议程序中，接受被决定强制医疗的人、被害人、其法定代理人、近亲属的委托，担任诉讼代理人；

（9）其他刑事诉讼活动中的相关业务。

第二节　律师刑事辩护业务

一、律师辩护概述

（一）辩护、辩护权与辩护制度

在我国，辩护是一个专门刑事法律术语，辩护一定是与控诉相对应，没有控诉就没有辩护，也不需要辩护。二者是一种相互依存关系。具体而言，辩护是指犯罪嫌疑人、被告人及其辩护人针对指控，依据事实和法律，提出证明犯罪嫌疑人、被告人无罪、罪轻、减轻或者免除其刑事责任的材料和意见，以维护其合法权益的一种诉讼活动。

辩护权，通常有广义和狭义两种理解。狭义辩护权是指被追诉人针对指控进行反驳、辩解以及获得辩护人帮助的权利。它通过陈述权、提供证据权、提问权、获得辩护人帮助权等得以具体化。广义辩护权除了包括狭义辩护权之外，还包括其延伸部分，如证据调查请求权、上诉权、申诉权等等，甚至可以说辩护权是被追诉人所有诉讼权利的总和。因为被追诉人各项诉讼权利的行使，其总体目的均在于对刑事追诉进行防御，维护自身合法权益。[1]在不少国家的宪法中，辩护权还被规定为被追诉人的一项宪法性权利。

---

[1] 参见熊秋红：《刑事辩护论》，法律出版社 1998 年版，第 6-7 页。

辩护制度则是法律规定关于被追诉人行使辩护权和公检法机关有义务保障其行使辩护权的一系列规则所形成的有机整体。它包括辩护权、辩护种类、辩护方式、辩护人的范围、辩护人的责任、辩护人的权利和义务等。辩护制度是围绕犯罪嫌疑人、被告人合法权益的保障而设立的法律制度，它是刑事诉讼制度的重要组成部分，刑事辩护制度完善与否，是衡量一国刑事诉讼制度科学、民主程度的重要标志。[①]

辩护、辩护权和辩护制度三者之间的关系在于：辩护权是辩护制度产生的基础，辩护制度是辩护权的保障，辩护是辩护权的外在表现形式。

（二）辩护制度历史沿革

在我国，虽然早在春秋战国时期就有了律师制度的萌芽，但是由于奴隶社会和封建社会一直盛行纠问式诉讼，被告人完全客体化，因此我国古代并没有建立起辩护制度。现代意义上的辩护制度系清末变法时从西方引进、移植。新中国的辩护制度是在对旧中国辩护制度进行扬弃的过程中，历尽艰辛才逐步建立发展起来。1978年《宪法》重新确立了刑事辩护制度。1979年《刑事诉讼法》明确规定了辩护制度，确立了辩护制度的基本原则和地位，并对辩护活动做出了专章规定。其后又由有关部门通过大量司法解释、批复、通知等文件进一步明确和具体化，增强了可操作性。我国刑事辩护制度亦从此逐步发展起来。

1996年，全国人民代表大会总结刑事诉讼的实践经验对原有规定进行了大幅度修改，其中对辩护制度做出了重大变革，进一步扩大了犯罪嫌疑人的辩护权，提前了律师介入刑事诉讼的时间，明确了辩护人的诉讼资格，扩大了指定辩护的范围，扩大了律师和其他辩护人的诉讼权利。同年，全国人大常委会第十九次会议又审议通过了《中华人民共和国律师法》，确认和巩固了律师工作改革的成果。两部法律的颁布与实施，成为我国辩护制度进一步健全和完善的重要标志。2007年全国人大常委会对《律师法》的部分修订，更是对律师执业权利保障、律师行业组织建设、规范执业行为等重要问题进行了改革。2012年10月，全国人大常委会又主要根据2012年《刑事诉讼法》的相关规定，对辩护、代理以及保密等诸多问题进行了修正。2017年9月，全国人大常委会根据统一法律职业资格考试的要求，再次修正了关于律师执业资格的规定。2021年8月20日第十三届全国人民代表大会常务委员会第三十次会议通过了《法律援助法》，该法对法律援助的范围、形式、质量等进行了规定，我国辩护制度得到了进一步发展。

（三）律师辩护的种类

根据现行《刑事诉讼法》《律师法》《法律援助法》的相关规定，我国律师刑事辩护的方式有委托辩护与指派辩护两种。就律师的辩护业务范围和种类而言，委托辩护较之指派辩护在数量上占有绝对优势，指派辩护则受到了较多限制。

1. 委托辩护

委托辩护是律师接受犯罪嫌疑人、被告人或者是其法定代理人、近亲属委托担任辩护人的一种辩护方式。实践中律师接受委托辩护时的一般程序为：

（1）初步了解案情。通过询问犯罪嫌疑人、被告人或者是其法定代理人、近亲属，确定

---

① 参见熊秋红：《刑事辩护论》，法律出版社1998年版，第12页。

案件是否属于刑事案件。这是律师决定是否接受委托进行辩护的前提；了解案件进展情况。要求委托人提供相应资料，如拘留通知书、逮捕通知书等，确定案件所处具体诉讼程序阶段；了解委托人的要求及相关依据或理由。

（2）接受委托。与委托人协商确定具体委托事项；办理受案审批、登记、委托手续及收取相关费用。

2. 指派辩护

指派辩护是指律师根据法律援助机构和律师事务所指派，为特定刑事案件中的犯罪嫌疑人、被告人提供法律援助，进行刑事辩护的制度。其不同于其他刑事辩护的最大特点是法律义务援助性。指派辩护的直接法律依据在于《刑事诉讼法》第三十五条、第二百七十八条。根据这些相关规定，如果犯罪嫌疑人、被告人符合下列情形之一，而又没有委托辩护人的，公安机关、人民检察院、人民法院应当自发现该情形之日起 3 日内，通知所在地同级司法行政机关所属法律援助机构指派律师为其提供辩护：未成年人；盲、聋、哑人；尚未完全丧失辨认或者控制自己行为能力的精神病人；可能被判处无期徒刑、死刑。鉴于律师接受指派后的工作流程与委托辩护基本相同，不再单独介绍。

（四）辩护律师责任与诉讼地位

律师作为最为重要的辩护人，理所当然应当是辩护职能的主要承担者，明确辩护律师的责任与诉讼地位，对于掌握律师刑事诉讼业务具有重要意义。

1. 辩护律师职责

根据《刑事诉讼法》第三十七条、《律师法》第三十一条之规定，辩护律师的责任是："根据事实和法律，提出证明犯罪嫌疑人、被告人无罪、罪轻或者减轻、免除其刑事责任的材料和意见，维护犯罪嫌疑人、被告人的诉讼权利和其他合法权益"。

2. 辩护律师诉讼地位

由于辩护律师是最为重要也是最为常见的辩护人，考察辩护律师的诉讼地位，实际上就是考察辩护人的诉讼地位。

根据《刑事诉讼法》第一百零八条的规定，辩护人属于其他诉讼参与人之一。但法律并未言明诉讼参与人究竟是什么地位。对此，理论上的解释是"其他诉讼参与人与案件没有直接的利害关系，其实体权益并没有因诉讼的进行而处于待判定状态，也不会因为诉讼结束而受到有利或者不利影响。他们参加刑事诉讼活动，要么旨在协助一方当事人充分有效地承担诉讼职能，行使诉讼权利，要么旨在为诉讼各方提供证据材料或为诉讼的顺利进行提供服务和帮助。这些诉讼参与人既不承担独立的诉讼职能，也不会对诉讼的启动、进展和终结发挥较大的影响和推动作用"。[①]对辩护律师在刑事诉讼中的法律地位，可以从以下两个方面进行理解：

（1）辩护律师是具有独立诉讼地位的诉讼参与人。第一，辩护律师独立地参与刑事诉讼。这主要是指辩护律师根据事实和法律独立发表辩护意见，不受被追诉人观点影响或左右。比如，被告人做有罪供述或辩护，辩护人可以根据案件事实和法律做无罪辩护；被告人做无罪

---

① 陈光中主编：《刑事诉讼法》（第七版），北京大学出版社、高等教育出版社 2021 年版，第 74 页。

辩护的，辩护人仍可以做有罪辩护。但是，法律明确规定了被告人有权拒绝辩护人继续为其辩护，如果辩护人的意见和活动损害了被告人的利益，被告人有权拒绝该辩护人，重新委托辩护人或者要求重新为其指派辩护人。如果被告人拒绝辩护的次数已经用尽，而导致只能由该律师继续进行辩护的，则在法庭上各自陈述自己的意见。[①]第二，辩护律师依照法定程序进行的活动，不受公检法机关和其他部门或者个人非法干涉。这决定了辩护律师决不是被追诉的"代言人"或"传声筒"，也不是公安司法机关或其他部门的附属品。辩护律师的独立诉讼地位主要表现在：法律赋予其广泛的独立于被追诉人的诉讼权利，律师不仅可以了解案情，而且有权阅卷、调查乃至同在押的犯罪嫌疑人、被告人会见和通信，这就为其进行有力、有效辩护创造了被追诉人所不具有的条件，从而使其能够发挥相应作用。

2. 辩护律师具有相对独立的诉讼地位

值得注意的是，目前学术界主流观点一直比较强调辩护律师的独立诉讼地位，[②]但笔者认为辩护律师的独立诉讼地位实际上具有相对性。

第一，辩护人在法律上不承担案件的处理结果。辩护人作为被追诉人的帮助者而履行辩护职能，在一定程度上虽能够影响审判进程和结果，然而其与案件的最终处理结果无法律上的利害关系，被追诉人无论最终被认定为有罪还是无罪、罪轻还是罪重，均不对其产生法律上的后果。

第二，辩护人对能否参加、继续参加刑事诉讼没有决定权。从程序上看，辩护人（律师）只有接受被追诉人委托，或者法律援助机构指派才能参与刑事诉讼；辩护人能否继续参加诉讼也不由自己决定，而是受被追诉人意志约束。一旦被追诉人拒绝其继续辩护，辩护律师即失去辩护人资格，只能退出刑事诉讼程序。有学者对此指出：辩护律师之所以能参与刑事诉讼，是基于被追诉人自身辩护困境和控诉平衡需要。这就决定了，在刑事诉讼中赋予律师享有什么权利，首先要从被追诉人自身的诉讼地位、自行辩护困境、现实需要和主观意愿来考量，不能脱离自身需要，违背被追诉人的主观意愿给律师设定权利，刑事诉讼中律师所享有的大多数权利，实际上都是源于被追诉人自身享有权利的派生性权利；律师在行使这些权利时，必须充分考虑犯罪嫌疑人、被告人的意愿和利益，而不能自行其是，为所欲为。[③]其次，刑事诉讼中赋予律师享有什么权利，还必须考虑控辩平衡的需要。总之，辩护律师在刑事诉讼中与案件处理结果没有法律关系，又无法自行决定是否参与刑事诉讼，故不能称其为完全独立的"诉讼主体"。[④]

如前所言，辩护律师要实现自己的任务与职责需要享有相应权利，根据权利义务相一致原则，也应当承担相应义务。目前，辩护律师权利义务的来源主要有《刑事诉讼法》《律师法》，以及相关律师执业规范。具体介绍详见本书第三章律师权利义务与律师职业规范相关内容，这里不再累述。

① 郑旭：《刑事诉讼法》（第六版），中国人民大学出版社 2018 年版，第 118 页。

② 即只强调辩护律师的独立性，而对其受制约的一面一笔带过。对此可参见《刑事诉讼法学》编写组：《刑事诉讼法学》（第四版），高等教育出版社 2022 年版，第 119-120 页。

③ 参见顾永忠、程滔等：《刑事诉讼法治化与律师的权利及其保障》，中国人民公安大学出版社 2010 年版，第 11-12 页。

④ 参见龙宗智、杨建广主编：《刑事诉讼法》（第六版），高等教育出版社 2021 年版，第 159-160 页。

（五）律师刑事辩护意义

如果将刑事司法制度比作一台机器，律师辩护则是该机器中最重要的、不可或缺的组成部分，"事实上，没有刑事辩护律师的作用，该机器便无法运转"[①]。毋庸置疑，律师刑事辩护具有非常重要的意义，这主要表现在：

1. 刑事辩护能够弥补被追诉人辩护能力的不足，维护其合法权益

众所周知，被追诉人在刑事诉讼中处于弱势地位，他们往往因本身欠缺法律知识，或者因人身自由受到限制而不能调查取证等诸多方面限制，难以反驳或对抗指控。比较起来，辩护律师能够有效弥补其辩护能力的不足，以维护他们的合法权益，从而在一定程度上实现控辩平等对抗。

2. 律师刑事辩护有助于公检法机关正确处理案件，实现法律的公平正义

客观说来，刑事追究的对象绝大多数都是犯罪人，打击犯罪的需要和对罪犯的愤恨，容易导致公安司法人员滥用权力，而使刑事追究行为显失公正和侵犯被追究人的合法权益，造成冤假错案，更主要的是使司法活动失去了正义性和高尚性，甚至导致司法犯罪。被追诉人的地位决定了仅仅依靠其自身力量难以对抗司法人员的错误行为，只有在辩护人帮助下，才能有效地防止司法人员在追诉过程中滥用权力。近代文明国家设置辩护制度的目的之一，就是从程序上约束国家权力，以维护刑事司法活动的正当性。

3. 律师刑事辩护有利于法治宣传与教育

在法庭上，通过控、辩双方的辩论，可以使旁听群众全面了解案情，明辨是非，加强法治观念，发挥同犯罪作斗争的积极性；诉讼过程中司法行为的高尚性有助于树立和宣传控诉与辩护平等的诉讼价值观，增强人们认同司法公正观。这对于人们积极维护司法权威、协助司法都有极大价值。

二、侦查阶段律师辩护业务

现行《刑事诉讼法》（2018修正）第三十四条规定，犯罪嫌疑人自被侦查机关第一次讯问或者采取强制措施之日起，有权委托辩护人；在侦查期间，只能委托律师作为辩护人。被告人有权随时委托辩护人。辩护律师在侦查阶段介入后的主要工作有：提供法律咨询、代理申诉、控告，犯罪嫌疑人被逮捕的，可以代为申请取保候审等。归纳起来，其工作流程主要是：

（1）向侦查机关递交委托手续。委托手续包括委托书、律师事务所指派函等。如犯罪嫌疑人被羁押，则应向有关部门办理会见手续。

（2）会见犯罪嫌疑人。这是律师充分了解案情、建立信任关系，为犯罪嫌疑人提供有效辩护的重要途径，也是律师在侦查阶段的主要权利。尤其是第一次会见，对案件办理的全过程具有重要影响，需要提前做好充分准备。[②]律师可以自由会见非在押的犯罪嫌疑人。辩护律师持律师执业证书、律师事务所证明和委托书或法律援助公函要求会见在押的犯罪嫌疑人、被告人的，看守所应当及时安排会见，至迟不得超过四十八小时。危害国家安全犯罪、恐怖

[①] 参见[英]加瑞·斯拉泊：《刑事辩护律师与英国法律制度》，王秀梅译，载陈卫东主编：《司法公正与律师辩护》，中国检察出版社2002年版，第1页。

[②] 具体介绍参见刘绍奎：《刑事辩护的专业化与精细化》，中国政法大学出版社2018年版，第59-62页。

活动犯罪案件，在侦查期间辩护律师会见在押的犯罪嫌疑人，应当经侦查机关许可。上述案件，侦查机关应当事先通知看守所。

（3）为犯罪嫌疑人提供法律咨询。绝大多数犯罪嫌疑人对法律知之甚少，急需律师解答相关问题。律师提供法律咨询，主要针对关于犯罪嫌疑人所涉嫌罪名、犯罪性质、量刑标准以及是否属于自首、立功等问题进行解释。同时，律师还应根据法律规定，为犯罪嫌疑人解答有关诉讼程序和诉讼权利的问题，比如，有关立案、侦查、审查起诉、审判、执行等诉讼不同程序阶段，特别是目前认罪认罚从宽制度的相关规定与实际适用情况；犯罪嫌疑人享有辩护权、申诉权、控告权以及其他有关权利等等。提供法律咨询，不仅限于犯罪嫌疑人提出的法律问题，对与犯罪嫌疑人有关的其他法律问题，不论其是否向律师提出，律师都有责任提供帮助。

（4）代理申诉、控告。犯罪嫌疑人认为自己没有实施侦查机关指控的犯罪行为，或者其人身权利、诉讼权利、财产权利等遭到侦查人员及有关人员的侵犯，可以请律师代理申诉、控告。律师认为内容属实时，应向有关机关提出。

（5）在检察机关负责捕诉的部门审查批准逮捕时提出意见，并为被逮捕的犯罪嫌疑人申请变更、解除强制措施。①

（6）在侦查终结时向侦查机关提出意见。

三、审查起诉阶段律师辩护业务

审查起诉，是指人民检察院对侦查机关（部门）侦查终结或监察机关调查终结后移送起诉的案件，依法进行全面审查，并作出相应处理决定的一项诉讼活动。公诉案件到了审查起诉阶段，表明侦查机关（部门）或监察机关的工作已宣告终结，犯罪嫌疑人所涉罪名、犯罪事实等基本情况已经落实。根据相关法律规定，人民检察院对移送起诉的案件，都必须严肃认真地进行审查并依法提起公诉或者决定不起诉。

在这个阶段，辩护律师除遵循一般委托辩护程序外，其主要辩护工作有：

（一）审查委托是否是犯罪嫌疑人的真实意思表示

审查该委托是否经犯罪嫌疑人或其法定代理人同意。如果嫌疑人的意见与其亲属意见不一致，律师应尊重嫌疑人的意见。

审查委托人是否提出影响律师依法执行职务的不合理要求。如果委托人在办理委托手续时，对律师隐瞒事实真相，或者提出一些不合理要求让律师去做违背法律、执业纪律和职业伦理的事，如必须作无罪辩护、让律师伪造证据、要律师向办案人员请客送礼或行贿等，律师不能接受其委托，即使接受了委托，也有权拒绝辩护。

（二）审阅案卷材料

查阅所承办的本案材料是辩护律师的一项权利，也是律师进行辩护准备工作的重要环节。《刑事诉讼法》第四十条中规定："辩护律师自人民检察院对案件审查起诉之日起，可以查阅、

---

① 2019 年《人民检察院刑事诉讼规则》中明确规定了"捕诉一体化"的组织工作原则。从案件范围看，包括两种情况，一是其他侦查机关办理的公诉案件，侦查终结后提请审查批准逮捕的案件；二是由检察机关（侦查部门）自行侦查的职务犯罪案件。

摘抄、复制本案的案卷材料。"此时，律师应当着重审阅侦查机关（监察机关/侦查部门）的起诉意见书，尤其要注意：犯罪嫌疑人被控的犯罪事实是否成立，证据是否确实充分，犯罪情节、手段、后果是否可信；对犯罪行为定性是否正确，犯罪嫌疑人有无自首、立功、坦白等法定从轻、减轻或免除刑罚的情节；在共同犯罪中本委托人所处地位，所起作用；指控适用的法律是否适当；等等。

（三）会见犯罪嫌疑人

此时，辩护律师会见犯罪嫌疑人的目的在于进一步确认委托关系，亲自听取犯罪嫌疑人对指控罪名的意见，询问、查找有关能证明犯罪嫌疑人无罪、罪轻减轻或免除其刑事责任的材料和意见，给犯罪嫌疑人提供法律上的帮助。律师会见在押犯罪嫌疑人，要遵守检察机关、看守部门的规定，按照法律规定的程序和手续进行。

具体而言，辩护律师会见犯罪嫌疑人时应做好以下工作：

（1）进一步确定委托关系。向犯罪嫌疑人说明律师身份、所在律师事务所的名称，征询犯罪嫌疑人的意见。如果律师发现存在拒绝辩护的情况，可向犯罪嫌疑人说明；经进一步调查，这种情况不能消除的，应拒绝辩护。

（2）向犯罪嫌疑人说明辩护律师的责任和律师辩护的意义，促使其消除顾虑、信任律师、如实陈述案情。

（3）听取犯罪嫌疑人对被控罪行的意见，听取犯罪嫌疑人的辩解和说明，询问有无能够证明其无罪、罪轻、减轻或免除其刑事责任的证据或线索，为调查取证、核实案情作准备。

（4）给犯罪嫌疑人以法律上的帮助，向犯罪嫌疑人交待他在诉讼中享有的诉讼权利，如申请取保候审、申请回避、自行辩护、超期羁押要求立即释放等。了解在诉讼过程中办案人员有无侵犯其诉讼权利和人身侮辱的行为。

需要着重指出的是，鉴于认罪认罚案件在司法实践中占比已经超过85%，辩护律师尤其应向犯罪嫌疑人详细告知、解释认罪认罚从宽制度的基本规定，确保其认罪的自愿性，并在充分尊重本人意愿基础上，提出自己的辩护意见和策略。

（四）调查取证

辩护律师在刑事诉讼业务中的调查取证问题比较复杂，尤其是侦查阶段能否进行，理论界与实务界存在不少争议。客观说来，在现有司法环境下，辩护律师要在侦查阶段进行调查取证，确实会面临相当风险，应谨慎从之。不过从法律规定看，当案件到了审查起诉阶段后，辩护律师的调查取证权应当没有问题，关键是要合法取证。具体说来，律师在调查取证时应当注意以下事项：

（1）辩护律师调查时需要出示律师事务所的调查证明和律师执业证书，并经有关单位和个人的同意。由于律师调查不具有司法调查性质，一些单位和个人对律师调查访问存在偏见，不愿意提供证据材料。因此，律师调查访问时，应注意取得当地政府和有关单位的支持，必要时请有关单位的干部、群众协助调查，通过正常渠道，合法地收集证据，确保证据材料真实、可靠。对于有关单位和个人拒绝会见或拒绝提供材料的，辩护律师有权申请人民检察院收集调取。辩护律师认为必要时，也可以直接申请人民检察院调取。

（2）律师调查时应注意全面收集证据材料，切忌先入为主。律师在调查时不能只注意有利于犯罪嫌疑人的证据，更不允许为了收集有利于犯罪嫌疑人的材料而唆使他人作伪证，或对被害人加以威胁引诱；调查访问的笔录应制作规范；对书证、物证以及现场周围的环境还可以采取拍照方法提取、固定，必要时还可以到现场实地考察，进行必要的试验，取得准确的数据资料。律师调查取证若发现新的证据、新的问题，应及时同检察院联系，使律师的意见在检察院审查案件时得以充分考虑，以利于案件正确处理。

（五）向审查起诉机关提出辩护意见

《刑事诉讼法》第一百七十三条规定："人民检察院审查案件，应当讯问犯罪嫌疑人，听取辩护人或者值班律师、被害人及其诉讼代理人的意见，并记录在案。辩护人或者值班律师、被害人及其诉讼代理人提出书面意见的，应当附卷。"根据这一规定，辩护律师经过会见犯罪嫌疑人并进行必要的调查核实后，有权从案件事实和法律适用角度，及时向检察机关提出自己的辩护意见。这种辩护意见有两个主要特点：

（1）其重心不在于通过反驳指控方的证据来否定对犯罪嫌疑人的指控，重点在于提出对嫌疑人有利的事实和情节，提出证明这些事实和情节的证据或证据线索或寻找证据的思路（如建议进行司法鉴定等），或者通过法律论证阐述被指控的行为不是起诉意见书认定的重罪，而是一个较轻罪名，甚至根本就不构成犯罪。

（2）除了要求检察院作出不起诉决定外，不在于追求直接获得一个无罪或罪轻的司法裁判，而在于促使负责捕诉的部门以比之起诉意见书较轻的罪名和较轻的犯罪情节和犯罪性质向法院提起公诉。换言之，审查起诉阶段的辩护意见带有中间性质。

应当指出的是，在认罪认罚从宽制度背景下，审查起诉是决定案件走向的关键阶段。辩护律师应在与犯罪嫌疑人充分沟通并达成一致意见的基础上，及时与办案人员沟通，所提辩护意见主要应围绕可能判处的刑罚轻重、种类、幅度等展开，旨在争取对犯罪嫌疑人最有利的量刑建议结果。[①]

四、第一审程序律师辩护业务

第一审程序是各级人民法院审理第一审刑事案件时所适用的程序，是决定被告人的行为为是否构成犯罪、构成什么罪，以及应否承担刑事责任，应承担何种刑事责任的关键性阶段。开庭审判是审判活动的重心，也是辩护律师的工作重点。开庭前的准备工作，是"决战前夜"，律师一定要做好充分准备。[②]

律师在接受委托后，应当及时与管辖法院取得联系，及时提交律师事务所指派函、《委托书》等委托手续，及时以刑事辩护人身份展开工作。律师在第一审程序中的辩护工作主要有：

（一）庭前阅卷

根据《刑事诉讼法》的相关规定，检察机关应向人民法院移送全部有关被告人有罪、无罪的证据。辩护律师应当充分运用这一条件，及时查阅全部案件材料，以全面获取案件信息。

---

① 详见刘绍奎：《刑事辩护的专业化与精细化》，中国政法大学出版社 2018 年版，第 197-199 页。
② 李贵方主编：《刑事辩护指南》，吉林人民出版社 2003 年版，第 77 页。

1. 认真阅读起诉书和量刑建议书

起诉书是人民检察院代表国家向人民法院提起诉讼的正式法律文书，是人民检察院对犯罪事实、犯罪性质、被告人在犯罪中的地位、所起作用以及应受刑罚等一系列问题的法律意见。它是人民法院审判活动的重要依据，也是律师辩护活动的主要对象。律师应对起诉书认真地进行分析研究，从中发现问题，以便确定辩护方案。

量刑建议是检察机关行使"求刑权"的标志。一般来说，起诉书中主要涉及定罪事实以及自首、立功、（是否）认罪认罚等典型量刑情节问题，而量刑建议书则表明了检察机关对被告人刑事责任大小的详细意见，全面考虑检察机关在定罪与量刑方面的意见，对于后续辩护活动至关重要。法律明确规定，在认罪认罚案件中，被追诉人签署认罪认罚具结书后，检察机关应当就主刑、附加刑、是否适用缓刑等提出量刑建议。因此辩护律师在办理此类案件时，尤其应将其与起诉书结合起来分析。

2. 仔细查阅案卷

阅卷时，辩护律师应重点审查：起诉书所指控的犯罪事实是否存在；控诉认定的犯罪证据是否确凿充分；证据与案情、证据与证据之间有无矛盾；如果被告人无罪，何以被起诉；如果被告人有罪，其犯罪行为的性质和罪名是什么；犯罪动机、目的、手段、情节、危害后果如何；被告人犯罪的主客观因素是什么；被告人犯罪后的表现如何，是否投案自首；认罪认罚是否真实、合法；犯罪后是否积极消除或减少危害结果；有无揭发、检举的立功表现，有无时供时翻，否认犯罪的情形；对于共同犯罪案件，各犯罪人在犯罪过程中所处的地位和所起的作用如何，起诉书认定主犯、从犯、胁从犯的根据是什么；在侦查、审查起诉过程中，有无非法搜查、关押或者刑讯逼供、诱供等。

另外，在检察机关提交了量刑建议书的情况下，还应结合本案证据，以及最高人民法院、最高人民检察院《关于常见犯罪的量刑指导意见（试行）》（2021）的相关规定，对辩护思路进行合理安排。

（二）会见被告人

辩护律师在案件尚未开庭审理时会见被告人，是核实案件事实和证据材料，确立最终辩护思路最为核心、最为关键的阶段。此时律师会见的目的主要在于，听取被告人对起诉书指控事实与罪名的意见，构思初步辩护思路；同时，需要再次核实起诉书中指控犯罪事实的证据，并尽可能对被告人进行开庭前辅导等。[①]

（三）庭审辩护

第一审程序作为一个独立完整的阶段，它包括庭前审查、开庭前准备和法庭审判三个相互关联的诉讼活动。在第一审程序中，法庭审判是刑事诉讼中最基本的、具有决定意义的阶段，法庭审判将对起诉和辩护的有效性作出结论性评断，因而庭审在司法行为链条中发挥着"定纷止争"的功能。[②]对辩护律师来说，能否在庭前做好认真充分准备、准时出庭、沉着冷

---

① 详见林东品主编：《刑事辩护进阶律师实务》，法律出版社 2020 年版，第 51-54 页。
② 参见龙宗智：《刑事庭审制度研究》，中国政法大学出版社 2001 年版，第 19-20 页。

静地应对法庭出现的种种变化，将直接反映一个执业律师综合素质的水平。[①]

1. 法庭准备阶段

在法庭准备阶段，辩护律师的任务是协助被告人正确行使各种诉讼权利。辩护律师应重点审查的事项有：合议庭的组成人员是否符合法律规定，有无法律规定应回避的情形；被告人提出回避的申请有正当理由的，辩护律师应予支持，并给予帮助；出庭公诉人是否符合法律规定；是否需要申请新的证人、新的证据出庭；对查清案件事实和处理结果有重大影响或者辩护律师怀疑其书面证言、鉴定意见证明力的证人、鉴定人没有到庭的，应向法庭提出传唤他们到庭的申请；对审判长应告知而未告知被告人享有的诉讼权利的，辩护律师应及时提出纠正；对于不公开审理的案件，有其他人员旁听的，辩护律师应建议法庭采取措施。

2. 庭审调查阶段

法庭调查是法庭审理的中心环节，这一阶段合议庭要在公诉人、当事人以及其他诉讼参与人的参加下，对案件事实情节进行全面调查核实。一切证据材料都必须在这一阶段审查核实以后，才能作为定案根据。在这一阶段，辩护律师的主要任务是：对公诉人提交的证据逐一进行质证，有理有据地提出质证意见；重点出示、质证有利证据。通过质证，查清有利于被告人的事实、情节，核实能够证明被告人无罪、罪轻、减轻或免除刑事责任的证据。必要时，通过发问查清有疑问而审判人员发问又未涉及的问题，依据法庭调查的情况。同时对拟订的辩护意见加以充实、修改，为法庭辩论做好准备。

3. 法庭辩论阶段

法庭辩论是刑事辩护活动中最重要的内容，是辩护活动的精华，因而成为控、辩、审三方，以及被告人乃至旁听人员关注的焦点。[②]这一阶段辩护律师的任务是：通过与公诉人互相辩驳、论证，依据法庭调查中查证核实的证据和查明的案件事实，对被告人是否构成犯罪、犯罪性质和情节、证据采信、法律适用，提出全面、鲜明的、有证据支持的观点和意见。

首先，辩护律师应认真听取公诉人、被害人发言，尤其应仔细听取公诉词的观点和论据，并与起诉书相对照，看有什么变化，对有分歧的地方，要随时记录，以备答辩；并针对公诉人的发言，及时对辩护词进行修改，使之更臻完善、更具有针对性。

其次，应认真听取被告人本人的陈述和辩护，对正确部分应予肯定，并可在辩护词意见中采纳。

最后，辩护律师通过发表辩护意见，全面阐述自己对案件事实认定、适用法律的基本观点，以维护被告人的合法权益。

需要注意的是，除适用刑事速裁程序的案件，法律规定应当当庭宣判外，对适用普通程序、简易程序审理的案件，在目前的司法实践中，法院一般不会当庭宣判，在法院决定休庭后，辩护律师还应当做到：

（1）仔细阅读法庭笔录，发现有遗漏或者差错的，可以请求补充或更正，经确认无误后在法庭笔录上签名或盖章。

---

① 参见李贵方主编：《刑事辩护指南》，吉林人民出版社 2003 年版，第 87 页。
② 参见李贵方主编：《刑事辩护指南》，吉林人民出版社 2003 年版，第 138 页。

（2）整理证据和辩论意见，将在法庭审理过程中出示的证据和书面辩护意见提交法庭审判人员。

4. 评议和宣判阶段

在此阶段，辩护律师的主要工作有：参加法庭宣判，听取判决内容，注意审判长是否向被告人交待清楚上诉权利、上诉方式和上诉期限；及时会见被告人，询问其对判决的意见；如果被告人认为判决不当，律师可协助被告人提出上诉。

五、第二审程序律师辩护业务

第二审程序又称上诉审程序，是指第一审人民法院的上一级人民法院根据上诉人的上诉或者人民检察院的抗诉，依法对下一级人民法院未生效裁判进行重新审判的诉讼程序。第二审程序可以因检察机关抗诉或被告人上诉而启动。对后者而言，被告人通过上诉来获取对一审不当判决的救济，既是刑事被告人的法定诉讼权利，又是保证司法公正的要求。律师接受委托或者指派，担任公诉案件的二审辩护人，其职责与担任公诉案件的一审辩护人相同，主要是维护原审被告人的合法权益，同时负有要求二审人民法院纠正一审判决、裁定不当之处，以维护法律公正的责任。律师在第二审程序中的主要工作有：

（1）办理委托手续或指定辩护手续，明确律师在刑事案件二审程序中的辩护人身份。

（2）原审被告人请求律师代为上诉的，律师应当在法定上诉期限内代其撰写刑事上诉状，经原审被告人签名后送交原审人民法院。

（3）一审案卷移送二审人民法院后，律师应当及时与二审人民法院审判人员联系，提交二审辩护委托书、律师事务所出具的指派函等有关文书，确定律师在二审程序中的资格和身份。

（4）做好庭前的阅卷、会见被告人、调查取证等工作，基本要求与一审工作要求相同。

（5）参加法庭审理，工作内容和要求与一审基本相同。二审人民法院如决定对案件不开庭审理，律师应及时向二审人民法院提交新收集的证据和书面辩护意见，但如果发现新的关键性证据，或者有证据证明作为一审判决依据的主要证据不可靠，或者主要证人改变原来的证言，以及出现其他可能直接影响案件结果的情况，律师应当建议二审法院开庭审理。

六、死刑复核程序律师辩护业务

死刑复核程序是人民法院对判处死刑的判决或裁定进行复查和核准的一种特殊程序，在范围上包括高级人民法院复核死刑缓期二年执行案件和最高人民法院复核死刑立即执行案件两种。死刑复核程序只适用于死刑案件，只有经过核准的死刑案件裁判才能最终发生法律效力。该程序为我国特有，其设立目的是贯彻少杀、慎杀的刑事政策，防止冤假错案发生，避免无法挽回的后果。律师进行死刑复核程序的辩护具有重大意义，因为死刑属于最严厉的刑罚措施，一旦施行就不可能挽回；律师的死刑复核辩护有助于法院全面审查案件，保证死刑裁判的准确性。《刑事诉讼法》第二百五十一条规定："最高人民法院复核死刑案件，应当讯问被告人，辩护律师提出要求的，应当听取辩护律师的意见。　在复核死刑案件过程中，最高人民检察院可以向最高人民法院提出意见。最高人民法院应当将死刑复核结果通报最高人民检察院。"这一规定改变了以前死刑复核程序的诸多弊端，使得复核结果更加公正准确。

2019年4月，最高人民法院发布了《关于死刑复核及执行程序中保障当事人合法权益的若干规定》。其第二条规定："最高人民法院复核死刑案件，辩护律师应当自接受委托或者接受指派之日起十日内向最高人民法院提交有关手续，并自接受委托或者指派之日起一个月内提交辩护意见。"该规定率先以"辩护律师应当自接受委托或者接受指派"的表述，明确复核程序中的辩护律师包含法律援助机构指派的律师。《法律援助法》第二十五条明确规定：死刑复核案件的被告人没有委托辩护人，申请法律援助的，应当为其提供法律援助。为贯彻落实《法律援助法》的上述规定，最高人民法院、司法部于 2021 年 12 月 31 日联合印发了《关于为死刑复核案件被告人依法提供法律援助的规定（试行）》。同日，最高人民法院还向相关业务庭专门印发相关实施办法。理论界和实务界期待已久的死刑复核程序法律援助，自 2022 年起在司法实践中得到了实行。[①]

七、自诉案件律师辩护业务

前述介绍的律师辩护业务主要集中于公诉案件各个阶段。而自诉案件采取的是私人追诉主义，不经受害人或者其近亲属（特殊情况下可能是人民检察院）提起控告，对被告人的追诉程序就不得启动。因此，自诉案件中不存在侦查和起诉阶段，只有法院的立案、审判、执行等三个阶段。综合《刑事诉讼法》的相关规定看，在自诉案件中，律师有可能接受自诉案件中被告人委托或法律援助机构指派担任其辩护人。自诉案件被告人的辩护律师与公诉案件被告人的辩护律师在案件处理过程中享有同样的诉讼权利，履行同样的辩护职责，应完成基本相同的工作。[②]

八、再审程序律师辩护业务

再审程序，一般也称审判监督程序，是人民法院、人民检察院对已经发生法律效力的判决、裁定，发现确有错误，依法提出对该案进行重新审判，以及人民法院对该案进行重新审判时所必须遵循的步骤、方式、方法。再审程序是整个审判程序体系中的事后救济程序，但并不是每一个刑事案件的必经程序，它只是在判决、裁定已经发生法律效力而又确有错误时才适用的一种审判程序。需要注意的是，律师参与再审案件的辩护活动在法律规定上尚需完善。因为《刑事诉讼法》以及其他法律都未明文规定律师可以参加申诉案件的辩护工作，不过《律师法》第二十八条规定了律师可以代理各类诉讼案件的申诉，但对律师在代理申诉过程中享有的权利并未作出规定。2014 年《中共中央关于全面推进依法治国若干重大问题的决定》中明确提出："对不服司法机关生效裁判、决定的申诉，逐步实行由律师代理制度。对聘不起律师的申诉人，纳入法律援助范围。"2017 年最高人民法院、最高人民检察院、司法部在《关于逐步实行律师代理申诉制度的意见》中，进一步细化了律师代理申诉的适用案件、工作范围、权利保障等内容。

申诉是再审启动的前提，此时律师的法律地位尚不明确，而再审程序启动后，律师在诉讼中的地位则非常明确。由于申诉人范围较小，申诉案件难度较大和律师的特殊职能，更多

---

① 详见罗智勇：《关于死刑复核程序中引入法律援助的若干思考》，载《中国审判》2022 年第 10 期。

② 由于自诉案件和公诉案件性质毕竟有别，其处理程序存在较大差异。比如自诉案件中，被告人一般都没有被采取强制措施，因此辩护律师一般都不存在会见被告人的问题，而是直接与其联系。另外，自诉中除了公诉转自诉的案件外，自诉人与被告人之间还可能自行和解，法院也有权进行调解，这些都是使得律师的自诉案件业务呈现出一定民事诉讼化倾向。

申诉人寻找专业律师代理申诉。一旦当事人申诉成功，再审程序得以启动，代理当事人申诉的律师一般而言自然取得辩护人身份。辩护律师参加再审案件的诉讼工作，包括会见申诉人、查阅案卷材料、调查取证、参与法庭审理、发表质证、辩论意见等等，都与一审、二审中的辩护工作基本相同，这里就不再赘述了。

第三节　律师刑事代理业务

刑事代理是律师在刑事诉讼中的一项重要业务。它是指律师接受自诉案件自诉人、公诉案件被害人及其近亲属、附带民事诉讼当事人以及其他相关人员委托，担任代理人代为参加诉讼，维护被代理人合法权益的诉讼活动。

一、律师代理概述

（一）意义

刑事案件的处理结果与自诉人、公诉案件被害人、附带民事诉讼当事人等有比较密切的关系，因此法律赋予其一定诉讼权利，律师代理他们参加诉讼，有重要意义。这主要表现在：

（1）有利于司法机关及时、准确查明案情，正确处理案件。

（2）有利于保护当事人的合法权益。

（3）有利于刑事诉讼活动的顺利进行。

（二）种类

根据被代理人在（广义）刑事诉讼程序中诉讼地位的不同，律师的代理活动有如下几种：

（1）公诉案件中被害人的代理人。

（2）自诉案件中自诉人以及反诉人的代理人。

（3）刑事附带民事诉讼案件中原告人和被告人的代理人。

（4）违法所得没收案件中犯罪嫌疑人、被告人、其近亲属或其他利害关系人的诉讼代理人。

（5）强制医疗案件中，被申请人或被告人的诉讼代理人；在复议程序中，被决定强制医疗的人、被害人、其法定代理人、近亲属的诉讼代理人。

（6）对发生法律效力的判决、裁定和决定不服，申诉人的代理人。

二、律师代理刑事被害人

长期以来，被害人在刑事诉讼中占有关键地位，对司法程序（包括惩罚）有着重要影响。但随着"公诉"兴起，刑事诉讼制度基本上是围绕被追诉人展开，被害人的角色一度变得模糊。

针对国际上对于刑事被害人的保护趋势，我国在立法上也与时俱进。1979年《刑事诉讼法》中，被害人属于一般诉讼参与人，被害人虽然同案件具有切身利害关系，案件处理结果也对其有直接影响，但不能独立地行使控诉职能，法律并没有赋予其当事人地位。1996年修订后的《刑事诉讼法》，则明确将被害人界定为"当事人"。这强化了被害人追究犯罪的权利，从而将被害人与被告人二者的诉讼权利置于同等地位，由《刑事诉讼法》加以保障，使得刑事诉讼人权保障的内涵更加全面完善。

（一）被害人代理律师的法律地位

律师担任被害人代理人，首先应当清楚认识其在刑事诉讼中的地位和作用。1996 年《刑事诉讼法》施行后，被害人已经取得了当事人地位，被害人的代理律师也随之取得了当事人诉讼代理人资格。被害人及其代理律师在公诉案件中具有一定控诉职能，但与公诉人的控诉职能不尽相同。公诉人的控诉是为了维护国家利益和社会整体性利益，不仅为了被害人，还要履行法律监督职能，故不可能对被害人的利益考虑得那么周全。而代理律师主要基于被害人授权参与刑事诉讼，应当最大限度维护其合法权益，代理律师根据自己对案件的认识独立发表意见，并可以同辩护人、公诉人进行辩论。[①]应当注意到，在公诉案件中，被害人虽是一方当事人，但其没有撤诉、上诉等权利。律师一旦接受委托进行代理，就应独立地开展工作，这一点同辩护律师接受委托开始独立辩护一样。

（二）被害人代理律师的主要工作

刑事公诉案件被害人的代理律师所要从事的工作主要有：

（1）提供法律咨询。就案件基本情况为被害人提供法律咨询，告之其应享有的各项诉讼权利，以及诉讼过程的相关规定。

（2）调查取证。代理律师可以向有关的人员和单位就案件基本情况进行调查，收集证明被告人犯罪、侵犯被害人的相关证据。

（3）与人民检察院、人民法院联系沟通，查阅案卷材料。代理律师应全面、仔细地查阅案卷材料，客观、真实地做好阅卷笔录，重点注意审查被告人及其辩护人所提出的证明被告人无罪、罪轻或可以从轻处理的证据或理由。

（4）开庭审理前要做好各项充分的准备工作。如案件涉及被害人隐私，要请求法院不公开审理，并且在具备法定条件下申请合议庭组成人员以及公诉人、鉴定人等回避，同时提前准备好代理意见。

（5）参加法庭审理。参加法庭调查，指导、协助或代理委托人陈述案情、举证和质证、参加法庭辩论、发表代理意见等。庭审结束后，委托人不服一审判决的，代理律师可协助或代理委托人在其收到判决书后的五日内请求人民检察院抗诉。

随着相对独立量刑程序的引入，被害人在量刑程序中的实际地位有所提高。《最高人民法院、最高人民检察院、公安部、国家安全部、司法部关于规范量刑程序若干问题的意见》(2020)第十条规定："在刑事诉讼中，自诉人、被告人及其辩护人、被害人及其诉讼代理人可以提出量刑意见，并说明理由，人民检察院、人民法院应当记录在案并附卷。"这就要求律师在代理被害人时，同样需要全面考虑起诉书、量刑建议书，并尽可能搜集相关量刑信息，如有必要，则应当申请人民法院调取在侦查、审查起诉中收集的量刑证据材料，以最大限度维护当事人的合法权益。

三、律师代理自诉人（反诉人）

自诉案件是相对公诉案件而言，我国《刑事诉讼法》确立刑事自诉制度，有力地保障了

[①] 参见陈光中主编：《刑事诉讼法》(第七版)，北京大学出版社、高等教育出版社 2021 年版，第 163 页。

被害人的诉讼权利，对于全面地保障自诉人的合法权益，杜绝犯罪分子逃避法律惩罚，都有重要意义。自诉案件中除公诉转自诉以外，都是相对轻微的刑事案件。因此，法律赋予了被害人作为自诉人自行起诉的权利。

（一）律师代理自诉人的法律地位

在自诉案件中，律师既可以接受自诉人委托，也可以接受反诉人委托担任代理人参加诉讼。而且，在这两种诉讼代理中，律师都要履行控诉职能，协助或代理委托人要求法院追究对方当事人的刑事责任，即律师是向委托人提供法律上的帮助，以被代理人名义参与诉讼的，目的在于保障被害人的合法权益。从这一点看，其法律地位具有依附性，当然，代理律师并非完全依附于被代理人，而是有一定独立地位，比如有权在法定情形下，拒绝代理。[①]

（二）律师代理自诉人的主要工作

（1）审查案件性质。接受委托前，代理律师应当对案件性质进行认真审查，确认其是否属于自诉案件范围、是否符合立案条件等。

（2）办理委托代理手续。律师应当与委托人签订《委托代理合同》，出具《授权书》。

（3）调查取证。接受委托后，代理律师应当进行广泛、深入、仔细的调查取证工作，以便在法庭审理时掌握主动权。由于自诉案件绝大多数情况下是不经公安机关侦查的轻微刑事案件，因此，自诉人的代理律师要全面收集证据，以证明被告人的行为构成犯罪。经过调查，如果代理律师认为被告人的行为不构成犯罪或者缺乏罪证的，应说服委托人不起诉；认为属于民事案件的，应告知委托人单独提起民事诉讼；认为属于公诉案件的，应告知委托人向公安机关或人民检察院提出控告。

（4）撰写诉讼文书。制作刑事自诉状；同时要求民事赔偿的，则要制作刑事附带民事自诉状。

（5）起诉。向法院提起刑事自诉，当法院要求自诉人补充证据或撤回自诉的，要协助自诉人对证据进行补充以及判断是否撤回自诉。

（6）庭前准备。做好开庭前的准备工作。必要时，申请法院对自己无法取得的证据进行调查收集。当被告人提起反诉时可接受委托担任反诉被告人的辩护人。

在被告人提起反诉的情况下，帮助自诉人做好准备工作，对被告人的反诉进行辩护。被告人在自诉案件审判过程中提起反诉的，作为自诉人的代理律师，经自诉人（被反诉人）委托，可以担任其辩护人。这时，该律师身兼二职，既是代理人，又是辩护人，在诉讼中既代理自诉人在自诉中履行控诉职能，又作为自诉人的辩护律师在反诉中履行辩护职能。

（7）参与庭审。庭审中，代理律师的工作有：代为宣读自诉状，控诉被告人的犯罪行为；参加法庭调查，进行举证、质证；进行法庭辩论，与被告人进行辩论。自诉案件的审理与公诉案件的审理相比有其特点，如可以调解、和解、撤诉、反诉等，律师要针对自诉案件的特点，适当调整工作侧重点，特别要重视以下三点：

第一，积极配合法院做好对当事人的调解工作，促成控辩双方达成调解协议；

第二，对当事人进行法治教育，化解矛盾，相互谅解，增进团结，促成当事人和解和撤诉，防止矛盾激化；

① 参见陈卫东主编：《中国律师学》（第四版），中国人民大学出版社2014年版，第205-206页。

第三，作为被告人辩护人时，如果具备反诉条件，应当积极支持被告人提起反诉，维护被告人的合法权益。

（8）参加法庭调解。对于告诉才处理和被害人有证据证明的轻微刑事案件，在判决宣告前可以与被告人自行和解或撤回自诉。根据《刑事诉讼法》第二百一十二条的规定，自诉人在宣告判决前，可以同被告人自行和解或者撤回起诉。自诉人起诉后，如果被告人已对自己行为的危害性有所认识并愿意承担赔偿责任的，自诉人可以同被告人进行和解。若双方达成和解协议的，自诉人可以向人民法院申请撤诉。代理律师应当帮助自诉人决定是否与被告人和解、起草、审查和解协议。

（9）宣判及上诉。在自诉案件作出一审判决或裁定后，代理律师应征求被代理的自诉人的意见。如果自诉人不服，且一审判决裁定确有错误，代理律师可协助或代理自诉人提出上诉。

四、律师代理刑事附带民事诉讼

（一）刑事附带民事诉讼的性质

理论上多认为，刑事附带民事诉讼本质属于一种特殊的民事诉讼。在刑事附带民事诉讼中，存在着两种不同的诉讼法律关系，即刑事诉讼法律关系和民事诉讼法律关系。前者是基于对犯罪人追究刑事责任而产生的，后者是基于损害赔偿的请求而产生的。在刑事附带民事诉讼中，刑事诉讼法律关系居于主导和支配地位，而民事诉讼法律关系则处于附属和依从地位。这是因为犯罪行为对统治关系的侵害严重，而侵权行为对统治关系的侵害相对要轻。首先要打击犯罪，追究犯罪分子的刑事责任。然而刑事附带民事诉讼同样不容忽视，其根本目的在于解决损害赔偿问题，依据的不仅是刑事诉讼法，还有民事实体法与民事诉讼法。尽管这种诉讼是在刑事诉讼过程中提起的，但附带民事诉讼在诉讼性质、审理程序、适用法律、诉权行使方式、上诉权行使等方面均有不同于刑事诉讼之处，具有相对独立性。其根本性质仍旧属于民事诉讼。所以，刑事附带民事诉讼在本质上是一种特殊的民事诉讼。[①]

（二）律师代理刑事附带民事诉讼的主要工作

鉴于刑事附带民事诉讼属于一种特殊的民事诉讼。仅就民事部分而言，律师代理此类案件实际上属于民事代理范畴，这与一般民事诉讼代理活动并无太大差别。律师代理刑事附带民事诉讼案件时的主要工作有：

（1）接受委托前审查。律师审查的重点内容是：当事人的诉讼请求是否合理合法；有无证据材料或证据线索。值得注意的是，2021年《最高人民法院关于适用〈中华人民共和国刑事诉讼法〉的解释》规定，因受到犯罪侵犯，提起附带民事诉讼或者单独提起民事诉讼要求赔偿精神损失的，人民法院一般不予受理。被告人非法占有、处置被害人财产的，应当依法予以追缴或者责令退赔。被害人提起附带民事诉讼的，人民法院不予受理。追缴、退赔的情况，可以作为量刑情节考虑。

（2）建立委托代理关系。律师接受附带民事诉讼委托的，应与当事人签订委托代理合同。如果接受自诉案件自诉人或公诉案件被害人委托代理附带民事诉讼的，则律师既是自诉案件

---

① 较为详尽的分析可参见邵世星、刘选：《刑事附带民事诉讼疑难问题研究》，中国检察出版社2002年版，第3页。

自诉人或公诉案件被害人的代理人，又是附带民事诉讼原告的代理人，具有双重代理身份，宜分别签订委托代理协议，明确律师在这两种诉讼中不同的代理权限；如果接受自诉、公诉案件被告人的委托进行附带民事诉讼代理，则律师既是刑事案件被告人的辩护人，又是附带民事诉讼被告人的代理人。由于诉讼职能截然不同，律师应与委托人分别办理法律手续。[①]

（3）撰写附带民事诉讼文书。

（4）指导、协助委托人收集证据，展开调查，申请鉴定。

（5）建议或协助委托人申请人民法院对被告人的财产予以扣押或查封。

（6）参与庭审，指导委托人参加调解，准备调解方案。律师代理中，应当注意人民法院在审理刑事附带民事部分时适用的民事诉讼原则和程序，如举证责任分配、人民法院可以调解、当事人可以和解、原告人有权申请撤诉等。

（7）协助委托人提起上诉。

五、律师代理没收违法所得案件与强制医疗案件

根据《刑事诉讼法》的相关规定，在贪污贿赂犯罪、恐怖活动犯罪等重大犯罪案件中，犯罪嫌疑人、被告人逃匿，在通缉一年后不能到案，或者犯罪嫌疑人、被告人死亡，依照刑法规定应当追缴其违法所得及其他涉案财产的，人民检察院可以向人民法院提出没收违法所得的申请。没收违法所得案件程序并非一种纯粹行政的处理程序，而是在基本结构上具有一定司法要素性质的特别程序，是一种不定罪的财产没收程序。[②]律师在该种案件中，可以担任犯罪嫌疑人、被告人、其近亲属或其他利害关系人的诉讼代理人，参与开庭审理、出示证据、进行质证，发表辩论意见等，以维护各该主体的合法权益。

对实施暴力行为、危害公共安全或者严重危害公民人身安全，经法定程序鉴定依法不负刑事责任的精神病人，有继续危害社会可能的，应当由人民法院决定是否予以强制医疗。强制医疗程序属于一种兼具医疗救助与社会防卫功能的特别程序，[③]律师可以担任被申请人或被告人的诉讼代理人，参与开庭审理、出示证据、进行质证，发表辩论意见等，以维护各该主体的合法权益。

问题与思考

1. 律师刑事辩护与刑事案件中被追诉人客观上有罪无罪、罪轻罪重的关系如何理解？

2. 如何理解《律师法》第三十八条所规定的律师保密义务的例外情形？

3. 律师刑事代理与《刑事诉讼法》相关规定中提到的法定代理人的代理有何异同？

4. 刑事诉讼制度与律师制度如何协调？试结合法律规定以及社会发展情况进行分析。

---

① 参见程荣斌、王新清主编：《刑事诉讼法》(第八版)，中国人民大学出版社 2021 年版，第 141 页。

② 详见宋英辉主编：《刑事诉讼法学》(第七版)，中国人民大学出版社 2021 年版，第 528-529 页。

③ 详见宋英辉主编：《刑事诉讼法学》(第七版)，中国人民大学出版社 2021 年版，第 542-543 页。

第六章　律师民事诉讼业务

【本章概要】

律师代理民事诉讼是律师的主要业务之一。本章着重介绍律师代理民事案件的主要职责、权限、主要工作，以及律师代理涉外民事案件应注意的重大事项。通过对本章的学习，掌握律师代理民事案件的主要工作流程和基本技能。

【关键术语】

律师　代理　民事诉讼　涉外民事诉讼

【重难点提示】

本章重点在于律师代理民事诉讼的主要职责和权限、工作内容；难点在于把握律师代理技能和代理涉外民事案件的特殊要求。

第一节　律师民事诉讼业务概述

一、律师民事诉讼业务的特征

律师代理民事诉讼是指律师接受民事诉讼当事人委托，受律师事务所指派，在代理权限内以被代理人名义代理当事人进行诉讼活动，并直接对当事人产生诉讼法律后果的行为。律师民事诉讼代理实际上是民事代理的一种类型，是民事代理制度在民事诉讼领域中的具体体现。随着我国民主法治建设进程的加快以及社会主义市场经济体制的快速发展，律师民事诉讼代理制度得到了长足发展，其作用日益得到重视。律师代理民事诉讼属于民事代理的范畴，但并不是一般意义上的民事代理，其具备以下法律特征：

（1）被代理人身份特定。根据我国《民事诉讼法》和《律师法》的规定，民事诉讼代理中，被代理人只能是民事诉讼案件的当事人，即原告、被告、共同诉讼人、第三人及其法定代表人。

（2）代理人身份特定。根据《民事诉讼法》第六十一条之规定，下列人员可以被委托为诉讼代理人：律师、基层法律服务工作者；当事人的近亲属或者工作人员；当事人所在社区、单位以及有关社会团体推荐的公民。在民事诉讼中，律师是为社会提供法律服务的执业人员，具有专业法律知识和职业技巧，其既肩负着有效维护当事人合法权益的责任，也肩负着促使法院查明事实、正确适用法律的责任。

（3）律师代理权来源于当事人授权。在民事诉讼中，代理权来自当事人委托授权，但又不事事听命于当事人；律师接受民事诉讼当事人委托后，必须以被代理人的名义进行诉讼活动，且其代理行为不得超越代理权限范围，被代理人对代理律师的代理行为承担法律后果。

（4）从性质上来说，律师代理的是一种诉讼行为。该代理行为必须发生在诉讼过程中，且受到民事诉讼法的调整和制约，具有强制性、稳定性和及时履行性。这是诉讼代理和实体代理、商务代理的根本区别。[①]

二、律师代理职责与权限

（一）律师代理职责

现行《律师法》第三十条规定："律师担任诉讼法律事务代理人或者非诉讼法律事务代理人的，应当在受委托的权限内，维护委托人的合法权益。"据此，律师在民事代理中应当履行以下职责：

（1）指导、协助或代理当事人行使诉讼权利。在民事诉讼中，法律赋予当事人十分广泛的诉讼权利。为更好地行使这些权利，当事人聘请律师作为代理人参加诉讼，其目的有两个：一是寻求律师的法律帮助；二是寻求律师运用诉讼技巧指导、协助或代理当事人实现诉讼权利。特别是在当事人不出庭参加庭审的案件中，具有特别授权的律师可以直接代理当事人行使诉讼权利。

（2）维护法律的公正实施，维护当事人的合法权益。作为专门的法律职业者，律师以代理人身份参加诉讼，肩负着寻求、促使法律公正实施的社会责任。只有法律得到公正实施，才能有效维护当事人的合法权益。体现在：代理律师参加民事诉讼，必须以事实为依据、以法律为准绳；代理律师应对人民法院审判活动的合法性、公正性予以监督，促使人民法院正确、合法、及时地审理案件，公正处理当事人之间的民事权益纠纷。

（二）律师代理权限

1. 代理权限来源

律师在民事诉讼中的代理权，来自当事人委托授权。我国《民事诉讼法》第六十二条规定："委托他人代为诉讼，必须向人民法院提交由委托人签名或者盖章的授权委托书。　授权委托书必须记明委托事项和权限。诉讼代理人代为承认、放弃、变更诉讼请求，进行和解，提起反诉或者上诉，必须有委托人的特别授权。"根据上述规定，当事人委托律师代理民事诉讼时，必须为代理律师出具书面授权委托书。

2. 律师代理权限种类

代理权限是代理人实施代理行为的权利范围，是代理权的具体体现。从上述规定来看，律师民事诉讼代理权限分为一般代理和特别代理。

（1）一般代理。一般代理是指当事人只授予律师程序性诉讼权利。在一般代理中，律师只能代为行使陈述事实、申请回避、管辖权异议等程序性诉讼行为，无权代为行使实体性诉讼行为。一般代理的权限包括：收集证据、举证质证、查阅案件材料、参与庭审活动、帮助当事人行使申请回避权、询问证人和鉴定人、进行辩论等。

（2）特别代理。特别代理是指当事人不仅将程序性诉讼权利授予律师，而且将实体诉讼权利一并委托律师代为行使。根据法律规定，特别授权的权限范围包括：代为承认、放弃、变更诉讼请求，代为进行和解，提起反诉或者上诉。凡律师涉及以上诉讼行为的，必须有委

---

① 参见陈卫东主编：《中国律师学》（第四版），中国人民大学出版社2014年版，第217页。

托人特别授权。需要说明的是，实践中有的当事人在委托授权书中写明"全权代理"，根据最高人民法院司法解释的规定，"全权代理"只能视为无具体授权内容，应认定为一般代理，代理律师无权处分当事人的实体权利。

3. 律师代理权变更与消灭

根据当事人授权，代理律师的代理权限可以从一般代理变更为特别授权代理，也可以由特别授权代理变更为一般代理。

代理权限也会因法定事由出现而消灭，法定事由包括：（1）诉讼结束。当事人针对特定审级委托律师代理进行诉讼的，该审级终结，代理权限因诉讼任务完成而消灭。如需委托律师继续进行诉讼，须另行委托授权。（2）代理律师死亡或丧失诉讼行为能力。（3）代理律师辞去委托或被代理人取消委托。

《民事诉讼法》第六十三条规定："诉讼代理人的权限如果变更或者解除，当事人应当书面告知人民法院，并由人民法院通知对方当事人。"

第二节　律师国内民事诉讼代理业务

一、第一审民事诉讼代理业务

（一）受案审查

接受委托是指律师事务所接受民事诉讼当事人委托，指派律师担任民事诉讼代理人。律师事务所接受委托后，应当指派 1~2 名律师作为诉讼代理人。律师事务所指派律师时应当向当事人介绍所指派律师的基本情况，并征得当事人同意。如果当事人指明要求某律师为其提供服务，律师事务所应当尽量满足。

接受委托前，律师应当对当事人的委托事项进行审查，以便决定是否接受委托。这种审查的主要内容有：当事人（委托人）是否具备民事诉讼主体资格，审查委托人是否是与本案具有直接利害关系的公民、法人、法定代表人、法定代理人或集团诉讼人；审查是否有明确的被告、具体的诉讼请求、事实根据和证据材料；审查委托人的诉讼请求是否合法、是否合理，是否超过诉讼时效；审查是否属于人民法院民事诉讼受案范围和受诉法院管辖；审查是否属于重复起诉以及在一定期限内不得起诉的案件；审查委托人是否具备民事诉讼行为能力；审查案件是否必须先经其他机构先行处理才能起诉；等等。经审查，只要具备民事诉讼起诉应诉条件，律师事务所可以决定接受委托作为民事诉讼代理人参加诉讼。

（二）建立委托代理关系

律师决定接受委托后，应当及时以律师事务所名义与委托人签订委托代理合同，并要求委托人出具相应授权委托书，建立委托代理关系。委托代理合同是委托人与律师事务所之间协商订立的、明确委托人与律师事务所在代理民事诉讼过程中相互权利和义务的书面合同，是律师代理民事诉讼活动的依据。

委托代理合同应包括以下主要内容：委托人的姓名、名称和住所地；委托事项或案由；律师事务所指派律师的姓名；委托代理权限和职责；双方的权利和义务；律师代理费的金额或计算办法，代理费支付办法；违约责任；双方约定的其他事项。委托代理合同经双方签字盖章即发生法律效力。

授权委托书是委托人向人民法院出具的委托律师代为诉讼并授予律师代理权及确定代理权限范围的法定诉讼文书，是委托实施授权行为的标志，是律师取得代理权的直接依据。在民事诉讼活动中，授权委托书必须提交人民法院，否则代理律师在民事诉讼中的代理权就无法成立。授权委托书应载明以下内容：委托人的姓名或名称、住所地、法定代表人姓名、职务；委托律师姓名、所在律师事务所；案由；委托事项和代理权限。若为特别授权，则在委托授权书中必须载明"代为承认、放弃、变更诉讼请求，进行和解，提起反诉或者上诉"等内容。授权委托书经委托人签名、盖章后即具有法律效力。

（三）诉前准备工作

接受委托后，律师应当根据自己的法律知识和诉讼技巧进入紧张的庭前准备阶段。

1. 熟悉案情

律师应当认真研究委托人提供的材料和证据，熟悉案情。具体工作有：审查当事人提供的证据和材料是否真实、合法，是否足以支持委托人提出的诉讼主张，证据是否形成锁链；找出本案对委托人有利和不利的因素，判断是否需要进一步收集证据，确定下一步调查取证的重点。

2. 调查收集证据

律师调查取证的途径和方法主要有：向委托人调查取证，律师可以要求委托人提供诸如合同、函电、书信、鉴定书、诊断书和其他证据；根据委托人提供证据和证据线索，律师进行调查取证；查阅卷宗材料；询问证人；等等。

根据《律师法》第三十五条规定："受委托的律师根据案情的需要，可以申请人民检察院、人民法院收集、调取证据或者申请人民法院通知证人出庭作证。　　律师自行调查取证的，凭律师执业证书和律师事务所证明，可以向有关单位或者个人调查与承办法律事务有关的情况"。律师执业过程中，有权向有关单位和个人调查收集证据，有关单位和个人应当协助。调查时，律师应当持有律师事务所调查专用证和律师执业证书。

3. 确定代理方案

律师在收集案件证据材料、了解案情后，不论是代理起诉或应诉，均应当对案件证据材料进行认真仔细的分析和研究，并结合相关法律法规规定，对案件所涉及的法律问题进行认真梳理。特别是一个案件同时涉及二个或二个以上法律关系时，律师除了应当在法律层面分析哪一种法律关系对己方当事人最为有利外，还必须集合调查了解到的对方当事人基本情况，在充分考虑诉讼成本、诉讼效果的基础上，拟定出最佳诉讼代理方案，供当事人决策。这是律师代理民事诉讼至关重要的一步。

4. 撰写诉讼文书

代理方案确定以后，律师应当根据实际情况撰写相关法律文书，包括起诉状、答辩状、申诉书等。

（1）撰写起诉状。这是律师代理当事人提起诉讼时必须向人民法院提交的最基本法律文书，是明确被告、诉讼请求和事实根据的书状。起诉书应当简明扼要、通俗易懂。

（2）撰写答辩状。答辩状是被告针对原告提出的诉讼请求、事实与理由进行辩驳的书状，要求具有较强的针对性和辩驳性，即针对原告的诉请及理由进行反驳和申辩。

（3）管辖权异议申请书。这是被告及其代理律师认为受诉法院无管辖权，要求驳回或移送其他有管辖权机关的法律文书。

（4）反诉状。这是本诉被告提出与本诉有牵连，以本诉原告为被告的反诉文书。如承包人诉开发商拖欠工程款，开发商反诉承包人工程质量不合格的案件。

（四）代办起诉或应诉手续

起诉状、答辩状、反诉状准备好后，经委托人签名盖章，由委托人或代理律师到人民法院办理起诉或应诉手续。办理起诉或应诉手续时应提交以下材料：起诉状、答辩状、反诉状及其副本。副本数量按对方当事人和第三人的数量提交；证明当事人主体身份、资格的文件。如身份证、企业法人营业执照等；能支持其诉讼请求的证据材料及副本；授权委托书及律师事务所函件、律师证（复印件）。

（五）采取诉讼保障措施

律师代理民事诉讼的过程中，为保障诉讼顺利进行、保障裁判结果顺利执行，切实维护和保障委托人的合法权益，必要时，可以采取以下诉讼保障措施：

1. 申请财产保全

财产保全是一种对民事案件当事人的财产或争议标的物采取的紧急强制措施，目的是禁止或限制被申请人对财产进行处分或转移。它关系到民事诉讼双方当事人的切身利益。代理律师在代理原告向人民法院提出财产保全申请时，应当慎重考虑以下问题：申请财产保全的案件，必须具有给付内容；财产保全只限于诉讼请求的范围，或与本案有关的财物，保全财产的价值不能超过诉讼请求的金额；紧急情况下的诉前财产保全可以向被保全财产所在地、被申请人住所地或者对案件有管辖权的人民法院申请；财产保全必须提供担保，且申请保全错误应承担赔偿责任。委托人确实需要进行财产保全的，应当在代理律师的帮助下，撰写好财产保全申请书，经当事人签字盖章后，连同相关证据材料一并提交人民法院，由人民法院审查后决定采取财产保全措施。

2. 申请行为保全

2012 年《民事诉讼法》修正时新增了行为保全制度。根据现行《民事诉讼法》第一百零三条的规定，法院可以根据当事人的申请，责令对方当事人作出一定行为或者禁止其作出一定行为。当然，当事人没有提出申请的，人民法院在必要时也可以裁定采取保全措施。行为保全适用于诉讼请求为非金钱请求的案件，保全对象为被申请人的行为。行为保全除了可以保障判决执行外，还可以避免造成损失或损失进一步扩大。[1]

3. 申请证据保全

根据《民事诉讼法》第八十四条的规定，为保证诉讼的顺利进行，在证据可能灭失或以后难以取得的情况下，律师可以帮助委托人申请证据保全。申请证据保全可以在起诉前，也

---

[1] 参见韩艳主编：《民事诉讼法原理与实务》（第二版），中国政法大学出版社 2021 年版，第 102 页。

可以在起诉后。提出申请时应提交书面的证据保全申请书和证据线索，必要时应当提供担保。是否准许，由人民法院审查决定。对人民法院作出不予保全裁定的，代理律师可以协助当事人向作出裁定的人民法院申请复议一次，但不得上诉。

4. 申请先予执行

先予执行是人民法院在案件审理终结前，根据当事人的申请，裁定义务人（被告）先行给付一定款项或特定物，并立即交付执行的制度。根据《民事诉讼法》第一百零九条之规定，律师代理以下民事案件可协助委托人申请先予执行：追索赡养费、扶养费、抚育费、抚恤金、医疗费用的；追索劳动报酬的；因情况紧急需要先予执行的。律师在接受原告的委托后，如发现当事人之间权利义务关系明确，不先予执行将严重影响委托人的生活或者生产经营，且被申请人有履行能力的，可协助委托人向法院提出先予执行申请。

（六）举证与证据交换

律师应当按法院确定的举证期限及时举证，并根据对方当事人人数提供副本。《最高人民法院关于民事诉讼证据的若干规定》（2019）第十九条规定，当事人应当对其提交的证据材料逐一分类编号，对证据材料的来源、证明对象和内容作简要说明，签名盖章，注明提交日期，并依照对方当事人人数提出副本。

证据交换，是指在开庭审理前由法院组织当事人对双方提交的证据进行质证，发表质证意见的诉讼活动。根据《民事诉讼法》第一百三十六条以及最高人民法院相关司法解释的规定，证据交换一般适用于重大疑难复杂案件和证据较多的案件。通过证据交换，有利于明确当事人之间有争议的事实和无争议的事实、归纳争议焦点，提高庭审效率和质量。

（七）参加法庭审理

法庭审理程序是审判活动的中心所在，一般包括审理前准备、法庭调查、法庭辩论、合议和宣判几个阶段。律师参加庭审活动时在每一个阶段工作重心均有所不同。

1. 庭前准备

这一阶段法庭的主要工作是：书记员宣读法庭纪律、审判人员入席、宣布开庭、宣布案由、核对各方当事人及到庭人员、告知诉讼权利和义务、告知合议庭组成人员及回避权的行使。作为代理律师，应当重点协助委托人行使以下权利：

（1）是否申请不公开审理。如所代理的案件涉及国家秘密、个人隐私或法律另有规定的，律师应当协助当事人申请不公开审理。

（2）是否申请追加当事人。如果律师发现与案件有直接利害关系的人没有参加诉讼，如共同继承人、共同侵权人等，代理律师可以向人民法院申请追加。

（3）是否申请延期审理。如代理律师发现需要通知新的证人到庭、需调取新的证据、重新鉴定勘验或补充调查等情形，可向法院申请延期审理。

（4）是否申请有关人员回避。当法庭宣布合议庭组成人员名单后，如发现审理本案的法院院长、合议庭组成人员、书记员、翻译人员、鉴定人、勘验人具有法定回避情形，律师可代理己方当事人向法院申请有关人员回避。

2. 法庭调查

当法庭宣布进入法庭调查阶段后，代理律师的主要工作是：

（1）陈述诉讼请求、答辩观点及事实与理由。这是法庭调查的首要任务，原告代理律师宣读《民事起诉状》，协助当事人向法庭准确陈述诉讼请求、事实与理由；被告代理律师宣读《民事答辩状》，协助当事人向法庭准确陈述答辩观点、事实与理由。

（2）协助当事人对法庭归纳的争议焦点发表意见。代理律师应当仔细听取法庭根据双方诉请、答辩意见所归纳的争议焦点，及时发表相应意见。如其归纳的争议焦点不完整或不准确，代理律师应及时要求补充完善。

（3）举证质证、协助当事人准确陈述案情。举证质证是法庭调查的主要活动和重心，对认定证据具有极其重要的作用，也是考验代理律师基本功的关键时刻。举证质证环节代理律师应注意：

① 围绕争议焦点举证质证。举证质证要围绕争议焦点进行，重点针对双方有争议的证据和事实进行举证、质证。

② 对己方当事人有利的证据，应重点就证据的真实性、合法性、关联性及证明力充分发表质证意见。

③ 质证中引导审判。民事案件的审判权虽然由审判人员行使，但代理律师可以通过诉讼技巧对审判活动进行适当引导。引导的最佳途径就是质证。律师可以通过直接询问、交叉询问强调案件重点、暴露证人证言的致命矛盾、适时展示证据、适当安排证据顺序、强硬的措辞和语气，来引起审判人员注意力和提高审判人员重视程度，从而达到引导审判的目的。

④ 申请重新勘验、鉴定和调查。代理律师在质证中应当特别注意有关勘验、鉴定和调查结论是否全面、是否有充分可靠的事实依据、有无违法情形等情况。如发现有不当情况可能影响勘验、鉴定和调查结论真实性的，应当及时向法庭提出重新勘验、鉴定和调查申请。

⑤ 协助当事人回答法庭提问。由具有法律知识和出庭经验的律师陈述案情，能准确回答审判人员提问，有利于查清案情。

3. 法庭辩论

在这一阶段，律师应当紧紧围绕争议焦点、经庭审质证的证据和法律适用问题发表代理意见。第一轮辩论可宣读事前准备好的《民事代理词》。代理词是代理律师在诉讼中根据事实和法律，在法庭辩论阶段发表的法律文书。代理词以维护委托人合法权益为目的，表明代理律师对案件处理意见。代理词要有事实和法律依据，应当观点鲜明、逻辑性强、语言文字简练、用词准确、论证有力。辩论中应当注意：（1）代理意见要具有系统性、总结性和针对性；（2）用语文明、尊重法庭和有关当事人；（3）表达清楚、注重语气；（4）重点突出证据的真实性、合法性、关联性和证明力的论证，以及法律法规的正确适用；（5）表明代理律师对案件处理的主要观点和主张，并进行充分论证。第二、三轮辩论应当针对对方提出的新观点进行，已发表的观点不宜重复。

4. 法庭调解

法庭辩论结束后，如案件属于可以调解范围，双方又有意愿调解，律师应当参加法庭调解，提出调解方案，促使双方达成调解协议。庭审结束后，律师还应当认真阅读庭审笔录，如有遗漏或差错，应及时进行补正。

5. 评议宣判

宣判后，律师应当基于法院裁判结果实事求是地向委托人解释，并就是否上诉、申诉、执行等问题向委托人提供参考意见。

二、第二审民事诉讼代理业务

（一）第二审审查

在决定代理第二审民事诉讼案件前，律师应重点审查以下事项：

1. 审查上诉人是否具有上诉权或依法行使上诉权

根据《民事诉讼法》的规定，第一审案件的原告、被告、共同诉讼人、有独立请求权的第三人、一审判决确定其承担义务的无独立请求权的第三人享有上诉权。

2. 审查上诉对象是否是依法允许上诉的判决、裁定

根据《民事诉讼法》的规定，一审民事案件（含重审一审）未生效判决和不予受理、管辖权异议、驳回起诉的裁定，依法可以上诉。对法院制作的调解书、依据特别程序审理案件的判决书、裁定书以及最高人民法院制作的判决书、裁定书、调解书均不得上诉。

3. 审查上诉是否超过法定期限

根据《民事诉讼法》规定，对判决提起上诉的期限是 15 日，对裁定提起上诉的期限是 10 日，这些期限均自一审判决书或裁定书送达之日起算。

4. 审查第一审判决、裁定是否有错误

律师主要审查以下内容：原判决、裁定适用法律是否错误；是否认定事实错误或认定事实不清、证据不足；原判决、裁定是否违反法定程序，可能影响案件公正处理。

（二）代理二审民事诉讼的主要工作

1. 撰写上诉状或答辩状

律师接受民事案件二审当事人的委托后，应当认真审阅一审民事判决书、裁定书，并对上述重点问题进行审查，找出二审上诉重点。在此基础上，如律师代理上诉人的，应当撰写二审上诉状；如代理被上诉人的，应当针对上诉状的有关内容，撰写答辩状。撰写上诉状应当重点突出上诉请求、事实与理由。上诉状原则上应当通过原审法院提出，并按照对方当事人或代表人人数提出副本。

2. 律师主要代理工作

律师代理二审民事诉讼案件时，在证据交换、庭前准备、庭审等主要流程及工作内容上与一审基本相同，这里不再赘述。在二审庭审法庭调查和法庭辩论过程中，律师应当重点围绕以下四个方面进行全面阐述或辩驳：

（1）是否有新证据提交。二审中，当事人如要提交新证据，则律师应当注意根据《民事诉讼法》的规定审查拟提交的证据是否属于新证据：第一审庭审结束后新发现的证据；当事人在第一审举证期限届满前，申请第一审法院调查取证未获准许，第二审人民法院经审查认为应当准许并经当事人申请调取的证据。新证据应当在第二审开庭前或开庭审理时提出，第二审不需开庭审理的，应当在人民法院指定期限内提出。

（2）原一审裁判认定事实是否清楚、证据是否充分，事实认定是否存在遗漏或错误。是否存在事实不清、证据不足的情形。

（3）原一审裁判适用法律是否正确。

（4）原一审程序是否合法。是否存在违反法定程序、可能影响案件公正判决的情形。

二审人民法院如决定对案件不开庭审理，律师应及时向二审人民法院提交新收集的证据（如有）和书面代理意见。但如果发现新的关键性证据，或者有证据证明作为一审裁判依据的主要证据不足，或者出现其他可能直接影响案件结果的情况，律师应当建议二审法院开庭审理。

三、再审民事诉讼代理业务

（一）再审审查

再审程序一般称为审判监督程序，它是人民法院针对生效裁判进行的特殊救济程序，因原审裁判已经生效，再审程序在启动、审理、裁判方面都有严格限制。在决定代理再审民事诉讼案件前，律师应重点审查以下事项：

1. 生效判决、裁定是否允许申请再审

在再审对象上，根据《民事诉讼法》第二百零六条、第二百零八条、第二百零九条的规定：当事人对已经发生法律效力的判决、裁定，认为有错误的，可以向上一级人民法院申请再审；当事人一方人数众多或者当事人双方为公民的案件，也可以向原审人民法院申请再审。当事人申请再审的，不停止判决、裁定的执行。同时，当事人对已经发生法律效力的调解书，提出证据证明调解违反自愿原则或者调解协议的内容违反法律的，可以申请再审。经人民法院审查属实的，应当再审。另外，当事人对已经发生法律效力的解除婚姻关系的判决、调解书，不得申请再审。

2. 是否具有法定再审理由

代理律师应当严格按照《民事诉讼法》第二百零七条之规定，审查拟申请再审的判决、裁定是否具有以下十三种法定情形之一：（1）有新的证据，足以推翻原判决、裁定的；（2）原判决、裁定认定的基本事实缺乏证据证明的；（3）原判决、裁定认定事实的主要证据是伪造的；（4）原判决、裁定认定事实的主要证据未经质证的；（5）对审理案件需要的主要证据，当事人因客观原因不能自行收集，书面申请人民法院调查收集，人民法院未调查收集的；（6）原判决、裁定适用法律确有错误的；（7）审判组织的组成不合法或者依法应当回避的审判人员没有回避的；（8）无诉讼行为能力人未经法定代理人代为诉讼或者应当参加诉讼的当事人，因不能归责于本人或者其诉讼代理人的事由，未参加诉讼的；（9）违反法律规定，剥夺当事人辩论权利的；（10）未经传票传唤，缺席判决的；（11）原判决、裁定遗漏或者超出诉讼请求的；（12）据以作出原判决、裁定的法律文书被撤销或者变更的；（13）审判人员审理该案件时有贪污受贿，徇私舞弊，枉法裁判行为的。

此外，律师在审查中还应当注意申请再审是否已过法定期限，申请再审应当在判决或裁定生效后六个月内提出。

（二）再审代理

再审程序中，律师代理的主要工作与前述一审、二审程序基本相同。需要注意的是，人民法院按照审判监督程序再审案件时，发生法律效力的判决、裁定是由第一审法院作出的，按照第一审程序审理，所作的判决、裁定，当事人可以上诉；发生法律效力的判决、裁定是由第二审法院作出的，按照第二审程序审理，所作的判决、裁定，是发生法律效力的判决、裁定；上级人民法院按照审判监督程序提审的，按照第二审程序审理，所作的判决、裁定是发生法律效力的判决、裁定。

四、民事执行代理业务

（一）执行审查

律师在决定接受民事执行案件委托时，应当着重审查以下事项：

（1）是否有生效的执行依据。据以执行的法律文书必须是生效的民事判决书、裁决书、调解书、仲裁裁决书、赋予强制执行力的公证书等法律文书。

（2）作为执行依据的法律文书是否具有给付内容。具有给付内容的生效法律文书才具有执行价值。

（3）委托人是否具有适格主体资格。委托人应当是生效法律文书确定的权利人。

（4）对方当事人是否具有故意拖延、逃避或拒绝履行义务的行为。

（5）代理执行事项是否在法律规定的执行期限内，是否存在执行时效中止中断的法定情形。

（二）执行代理工作

在民事诉讼执行程序中律师的主要代理工作有：

（1）调查收集取证，及时向法院提供可供执行的财产线索。

（2）申请执行。执行申请书应当阐明被申请人不履行生效法律文书的事实，并表明被执行人具备执行能力的依据。

（3）参与并监督执行标的物的评估、拍卖、折价变现过程，协助申请人办理执行款物交接手续。

执行过程中，如需和解，律师应当积极协助法院做好执行和解协议，切实维护申请人的合法权益。如遇法定情形，律师可根据实际情况，采取延期执行、提出执行异议、申请撤回执行等工作。[1]

第三节　律师涉外民事诉讼代理业务

涉外民事诉讼，也称国际民事诉讼，是指包含有涉外因素的民事诉讼。这些涉外因素包括：诉讼主体涉外，不同国籍或居住在不同国家当事人之间发生的民事诉讼；诉讼客体涉外，诉讼标的或法律关系发生在法院地国境外；准据法涉外，受诉法院按照国际条约或国内冲突法的规定应当适用外国法作为审理案件的准据法；证据来源涉外；诉讼程序涉及国际司法协助；国外判决、裁定在国内的承认和执行等。

涉外民事诉讼案件的审理和代理，必须考虑司法主权、管辖权、法律适用以及裁判的承认和执行等问题，适用民事诉讼法中有关涉外民事诉讼程序的专门规定。

---

① 参见王俊民主编：《律师与公证制度教程》，北京大学出版社 2009 年版，第 155-156 页。

一、律师代理涉外民事诉讼应遵循的基本原则

（一）国家主权原则

国家主权原则在涉外民事诉讼领域主要体现在立法、司法管辖权行使和豁免权享有方面。律师在代理涉外民事诉讼案件时应当注意：

1. 立法管辖权方面

一国有权通过立法对在该国境内进行的所有诉讼活动进行规定，外国人在法院地国进行诉讼时必须遵守该国的诉讼法律法规。

2. 司法管辖权方面

法院地国有权通过本国诉讼法进行规范，独立自主地行使司法管辖权。除非相关国际条约或该国法律有相反规定，否则外国人有义务接受法院地国的司法管辖。

3. 司法豁免权

一个国家及其财产在国外享有司法豁免权，非经该国明确表示放弃，其他国家的法院无权受理以外国国家为被告的诉讼，一国财产非经明确同意，不得被其他国家的法院施加以扣押、保全、强制措施等诉讼行为。

律师在代理涉外民事诉讼案件时应当牢记国家主权原则，这也是各国法院审理涉外民事案件时所坚持的原则。

（二）诉讼权利义务同等原则和对等原则

《民事诉讼法》第五条规定："外国人、无国籍人、外国企业和组织在人民法院起诉、应诉，同中华人民共和国公民、法人和其他组织有同等的诉讼权利义务。 外国法院对中华人民共和国公民、法人和其他组织的民事诉讼权利加以限制的，中华人民共和国人民法院对该国公民、企业和组织的民事诉讼权利，实行对等原则。"可见，诉讼权利义务同等原则是指涉外民事诉讼案件中的境外当事人，在我国法院参加民事诉讼，享有同我国国民同等的诉讼权利和义务，不得歧视。对等原则是指当外国法院对我国公民民事诉讼权利进行限制时，我国法院将对等地限制该国国民的民事诉讼权利。代理律师在代理涉外民事案件时应当了解该原则，并对涉外民事诉讼相关国家的有关规定进行调查了解，及时协助法院贯彻实行该原则，切实维护国家司法尊严，维护各方当事人的合法权益。

（三）信守国际条约、尊重国际惯例原则

该原则在涉外民事诉讼中主要体现在以下几个方面：

1. 司法方面

一国法院在审理涉外民事诉讼案件时，应当优先适用本国缔结或参加的国际条约的规定，即使该条约与本国国内立法规定存在冲突，也应当以国际条约为准，但本国申明保留的除外。其次，在没有国际条约或国内立法规定的情况下，应参照国际惯例处理。

2. 司法协助、承认与执行外国法院的判决与裁决方面

应依照本国所缔结或参加的国际条约规定的途径进行。这要求代理涉外民事案件的律师应当充分了解案件所涉及的国际条约，熟悉并运用国际私法中的冲突规则，正确地适用民事诉讼程序法和相关实体法律。

二、涉外民事诉讼主要代理工作

律师代理涉外民事诉讼案件，应当特别注意涉外民事诉讼中的特别规定。

（一）管辖法院的确定

在涉外民事诉讼中，确定管辖法院涉及国家司法主权的行使，直接影响到涉外民事诉讼法律的适用，意义十分重大。根据我国《民事诉讼法》及相关司法解释的规定，在涉外民事诉讼中，除适用《民事诉讼法》规定的一般管辖规则外，还应当考虑特殊管辖规则，代理律师应当进行认真审查。

1. 特殊地域管辖的规定

涉外民事诉讼特殊地域管辖由属地管辖原则确定，是对在我国境内没有住所的外国人、无国籍人提出的合同纠纷及其他财产权益纠纷案件的管辖规定。《民事诉讼法》第二百七十二条规定："因合同纠纷或者其他财产权益纠纷，对在中华人民共和国领域内没有住所的被告提起的诉讼，如果合同在中华人民共和国领域内签订或者履行，或者诉讼标的物在中华人民共和国领域内，或者被告在中华人民共和国领域内有可供扣押的财产，或者被告在中华人民共和国领域内设有代表机构，可以由合同签订地、合同履行地、诉讼标的物所在地、可供扣押财产所在地、侵权行为地或者代表机构住所地人民法院管辖。"

2. 特殊级别管辖的规定

自2023年1月1日起实施的《最高人民法院关于涉外民商事案件诉讼管辖若干问题的规定》，改变了以往实施多年的涉外民商事案件集中管辖机制。该规定以《民事诉讼法》为依据，明确第一审涉外民商事案件原则上由基层人民法院管辖。同时明确中级人民法院管辖第一审涉外民商事案件包括：争议标的额大的涉外民商事案件，案情复杂或者一方当事人人数众多的涉外民商事案件，其他在本辖区有重大影响的涉外民商事案件。这一规定出台后，将进一步优化涉外民商事案件管辖机制、便利中外当事人诉讼、维护中外当事人的合法权益、提升涉外民商事案件审判质效，实现涉外民商事审判"调结构""定职能"的作用。这一规定有利于：推动基层人民法院重在准确查明事实、实质化解纠纷；中级人民法院重在二审有效终审、精准定分止争；高级人民法院重在再审依法纠错、统一裁判尺度；最高人民法院监督指导全国涉外审判工作，确保法律正确统一适用。其第一条规定："第一审涉外民商事案件由下列人民法院管辖：（一）国务院批准设立的经济技术开发区人民法院；（二）省会、自治区首府、直辖市所在地的中级人民法院；（三）经济特区、计划单列市中级人民法院；（四）最高人民法院指定的其他中级人民法院；（五）高级人民法院。　　上述中级人民法院的区域管辖范围由所在地的高级人民法院确定。"

（二）委托关系的确定

在涉外民事诉讼中，律师代理本国当事人在本国进行诉讼时，办理委托代理手续同国内民事诉讼案件当事人委托律师进行代理的程序一致，只需当事人同律师事务所签订委托代理合同，对代理律师进行委托授权即可。侨居在国外的中华人民共和国公民从国外寄交或者托交的授权委托书，必须经中华人民共和国驻该国的使领馆证明；没有使领馆的，由与中华人民共和国有外交关系的第三国驻该国的使领馆证明，再转由中华人民共和国驻该第三国使领馆证明，或者由当地的爱国华侨团体证明。

中国律师如果接受外国人委托，代理其在中国法院进行诉讼，委托关系的确立则需要履行特别程序：在中华人民共和国领域内没有住所的外国人、无国籍人、外国企业和组织委托中华人民共和国律师或者其他人代理诉讼，从中华人民共和国领域外寄交或者托交的授权委托书，应当经所在国公证机关证明，并经中华人民共和国驻该国使领馆认证，或者履行中华人民共和国与该所在国订立的有关条约中规定的证明手续后，才具有效力。

（三）涉外民事诉讼期间的特别规定

鉴于涉外民事诉讼的特殊性，民事诉讼法对涉外民事诉讼活动规定了较为宽松的诉讼期间。比如：在涉外民事诉讼中，对在中国境内没有住所的被告答辩期间为30日，对判决、裁定的上诉期间为30日，公告送达的期间为3个月等。

（四）法律文书送达的特别规定

对在我国境内没有住所的外国当事人的法律文书送达，民事诉讼法作出了特别规定。我国《民事诉讼法》第二百七十四条规定："人民法院对在中华人民共和国领域内没有住所的当事人送达诉讼文书，可以采用下列方式：（一）依照受送达人所在国与中华人民共和国缔结或者共同参加的国际条约中规定的方式送达；（二）通过外交途径送达；（三）对具有中华人民共和国国籍的受送达人，可以委托中华人民共和国驻受送达人所在国的使领馆代为送达；（四）向受送达人委托的有权代其接受送达的诉讼代理人送达；（五）向受送达人在中华人民共和国领域内设立的代表机构或者有权接受送达的分支机构、业务代办人送达；（六）受送达人所在国的法律允许邮寄送达的，可以邮寄送达，自邮寄之日起满三个月，送达回证没有退回，但根据各种情况足以认定已经送达的，期间届满之日视为送达；（七）采用传真、电子邮件等能够确认受送达人收悉的方式送达；（八）不能用上述方式送达的，公告送达，自公告之日起满三个月，即视为送达。"此外，2020年修正的《最高人民法院关于涉外民事或商事案件司法文书送达问题的若干规定》中，对涉外民事诉讼案件中诉讼文书的种类、送达方式等进行了更加详尽的规定，为送达涉外诉讼案件司法文书提供了较为完备的依据。

特别应当注意，涉及港澳台地区当事人的民商事诉讼案件，参照涉外民事诉讼的有关规定处理。

问题与思考

1. 律师代理民事案件中确定代理方案时应当考虑哪些因素？
2. 律师代理涉外民事案件应当遵循哪些特殊原则？
3. 律师代理二审民事案件与再审案件有何不同？

第七章 律师行政诉讼代理业务

【本章概要】

行政诉讼代理业务是律师的三大诉讼业务之一。本章着重介绍律师代理行政诉讼的特点、审查重点、案件性质的甄别、主要代理工作内容等,以及其他类型的行政诉讼案件代理中应注意的主要问题。通过对本章的学习,掌握律师代理行政诉讼的主要工作流程和基本技能。

【关键术语】

行政诉讼 行政赔偿诉讼 行政附带民事诉讼 审查 代理

【重难点提示】

本章重点在于代理律师对行政诉讼案件进行庭前审查的主要内容,律师代理行政诉讼原告与被告的异同。难点在于分清律师代理行政诉讼案件与代理行政赔偿诉讼、行政附带民事诉讼案件的异同。

第一节 律师行政诉讼业务概述

一、律师行政诉讼业务的特征

律师行政诉讼业务是指律师受行政诉讼当事人委托,以被代理人名义,在代理权限范围内,代理当事人依法参加诉讼活动,维护其合法权益的活动的业务。它是律师代理的一种。本章所称行政诉讼案件,包括行政诉讼、行政赔偿诉讼、行政附带民事诉讼等。鉴于篇幅,以下重点介绍律师一审行政诉讼代理业务。

与民事诉讼案件相比,行政诉讼案件具有特殊性。代理行政诉讼案件对绝大多数律师而言是一个充满挑战的领域,因为行政诉讼案件往往涉及社会关系的矛盾焦点,涉及审判权与行政权的关系、政府与公民的关系,还可能涉及与民事、行政之间的交叉关系。这些关系往往新旧法交织,容易产生法律与政策之间的冲突与碰撞,这给行政诉讼案件代理带来了不小阻力。因此,理解行政诉讼案件的特殊性、把握诉讼的特殊规则、掌握行政法律规范、准确理解立法意图、正确运用诉权、排除阻力勇于代理,是律师代理行政诉讼案件的基本要求。与代理民事诉讼不同,律师代理行政诉讼具有以下特征:

1. 律师代理的当事人具有特定性

行政诉讼中原告与被告的诉讼地位是恒定的。行政诉讼原告是与行政行为有法律上利害关系的公民、法人和其他组织,被告是作出行政行为的行政主体,包括行政机关和法律授权的组织。律师无论是代理原告或被告,首先要审查当事人行政诉讼主体资格是否适格。

2. 诉讼权利义务不均衡性

在行政诉讼中，实行举证责任倒置原则，即被告对行政行为的合法性承担举证责任，举证责任较重。行政诉讼只允许"民告官"，实施了行政职权的行政主体诉讼地位恒定，只能是被告，其诉讼权利（如起诉权、调查取证权等）受到了较大限制。被告律师的调查取证权同样也受到限制。

3. 审查目标确定

与民事诉讼相比，行政诉讼的审查目标较为明确，即主要围绕行政行为的合法性进行审查。

4. 法律适用复杂性

行政诉讼法律适用较为复杂，适用法律、行政法规、地方性法规，参照部门规章和地方性规章。适用依据种类繁多、层级多样、不同层级之间冲突频现。代理律师只有具有扎实的法律功底、掌握丰富的行政法律法规知识，才能代理好行政诉讼案件，切实维护当事人的合法权益。

5. 工作环境具有多变性

律师代理行政诉讼原告，不仅将面对强势的被告，而且行政案件立案难、审判难、执行难的问题较为普遍。律师代理行政案件的申请人、原告参加行政诉讼的环境不理想，有时会遭受案外压力导致代理案件的可变性增强。[①]

二、行政诉讼代理律师的权利和义务

行政诉讼中，原被告双方的诉讼权利和义务并不相同，律师代理权限会因所代理当事人诉讼地位的不同而不同。

（一）代理律师的权利

当律师代理行政诉讼案件原告时，其与民事诉讼代理律师的诉讼权利基本相同。

当律师代理行政诉讼案件被告时，鉴于行政行为的预决效力及行政程序合法公正的要求，为保证行政行为的合法性、公正性，切实保护行政管理相对人的合法权益，维护行政审判的公正性，行政诉讼中被告的行政诉讼权利受到了一定程度的限制，被告代理律师的诉讼权利也受到相应限制。表现在：

1. 无权代为提起行政诉讼

由于行政诉讼只允许"民告官"而不允许"官告民"，诉权是行政诉讼原告所特有的权利，被告只能依法应诉，被告代理律师无权代为起诉。

2. 无权代为提起反诉

这是无起诉权的延伸，行政行为已经作出及推定合法有效、并具有执行力，被告不能提出与本诉有牵连的反请求（但某些特殊类型案件中可以主张抵销）。

3. 收集证据的权利受到限制

根据行政正当程序原则，行政主体应当遵循先调查收集确实充分的证据、再作出行政行为的基本要求。进入行政诉讼后，司法审查的对象之一就是赖以作出行政行为的证据是否确

---

① 参见陈宜、王进喜主编：《律师公证制度与实务》，中国政法大学出版社 2014 年版。

实充分。为防止行政主体"事后取证"，行政诉讼法不允许被告及其诉讼代理人自行向原告、第三人和证人收集证据。

4. 无权代为和解

行政主体享有的行政职权同时也是其行政职责，行政主体不得随意处分。作为被告的行政机关无权放弃国家权力或免除对方义务；因此，在行政诉讼中对行政行为的合法性、适当性，双方及其代理人不得和解。

（二）代理律师的义务

行政诉讼代理律师的义务与民事诉讼代理律师的义务基本相同，这主要表现在：不得滥用诉讼权利；遵守诉讼程序，服从法庭指挥，不得故意捏造或歪曲案件事实；尊重对方当事人和其他诉讼参与人的诉讼权利；保守国家秘密和个人隐私；不得复制、查阅法律禁止复制、查阅的案卷材料等。

第二节　律师一般行政诉讼代理业务

律师作为为社会提供法律服务的职业人员，无论是接受行政机关还是行政管理相对人、第三人的委托，都应当在坚持正义、以事实为依据以法律为准绳原则下，对基本案情进行审查。切不可不顾事实来者不拒，更不能挑词架讼，只追求经济利益而忽视社会效益。由于篇幅原因，本节重点介绍一审行政诉讼代理业务。

一、受案审查

一般情况下，律师在接受委托时应当对以下事项进行重点审查。

（一）审查案件性质

1. 审查争议事项的性质

对当事人委托的争议事项，律师首先应审查判断该争议的性质是属于民事争议还是行政争议。判断的基本标准是：该争议是平等主体之间发生的争议还是不平等主体之间发生的行政争议；一方当事人是否享有行政主体资格；一方是否运用了行政职权；是否有行政行为存在；是具体行政行为还是抽象行政行为。

2. 审查是否属于行政诉讼受案范围

审查确定案件性质属于行政争议后，律师应根据《行政诉讼法》和相关司法解释的规定，审查该行政争议是否属于行政诉讼受案范围。律师审查时应注意：

（1）该行政行为是否属于具体行政行为。若行政机关作出的是抽象行政行为，则不属于法院受案范围；如行政机关作出的是民事行为，则也不属于行政诉讼受案范围。

（2）应当审查争议的具体行政行为是否属于法院司法审查的范围。

（3）应当注意区分行政仲裁和行政调解后的案件，行政仲裁和行政调解属于准司法行为，当事人之间的民事纠纷并不因行政调解或行政仲裁而改变性质，仍属于民事诉讼处理范围。

（二）审查主体资格

1. 审查原告主体资格

根据《行政诉讼法》的规定，律师对原告资格的审查内容主要包括：原告与行政行为是否具有法律上的利害关系；原告是否是公民、法人或其他组织；有无明确的被告；有无起诉的意思表示；有无具体的诉讼请求；应由哪个法院管辖。

2. 审查被告主体资格

代理律师应当根据《行政诉讼法》之规定，审查被告主体的主体资格。

（1）审查被告是否具有行政主体资格。只有具有行政主体资格的行政机关或法律法规授权的组织才可能成为行政诉讼被告。

（2）审查被告是否为被诉行政行为的实施主体或不作为的主体。审查行政诉讼被告时应遵循以下规则：公民、法人或者其他组织直接向人民法院提起诉讼的，作出行政行为的行政机关是被告；经复议的案件，复议机关决定维持原行政行为的，作出原行政行为的行政机关和复议机关是共同被告；复议机关改变原行政行为的，复议机关是被告；复议机关在法定期限内未作出复议决定，公民、法人或者其他组织起诉原行政行为的，作出原行政行为的行政机关是被告；起诉复议机关不作为的，复议机关是被告；两个以上行政机关作出同一行政行为的，共同作出行政行为的行政机关是共同被告；行政机关委托的组织所作的行政行为，委托的行政机关是被告；行政机关被撤销或者职权变更的，继续行使其职权的行政机关是被告。

3. 审查第三人主体资格

行政诉讼的第三人是指同被诉行政行为有利害关系但没有提起诉讼，或者同案件处理结果有利害关系的公民、法人或者其他组织，为维护自己的合法权益而参加行政复议或行政诉讼。第三人参加行政诉讼的时间是行政诉讼已经开始、尚未裁决前，如果人民法院判决第三人承担义务或者减损第三人权益，第三人有权提起上诉。

（三）审查起诉期限

律师在审查行政案件是否具备起诉条件时，应当认真审查期限。根据《行政诉讼法》有关规定，律师应当充分注意行政诉讼时效的以下具体情形：

（1）公民、法人和其他组织直接向法院起诉的，应当自知道或者应当知道作出行政行为之日起六个月内提出。

（2）公民、法人或者其他组织不服复议决定的，可以在收到复议决定书之日起十五日内向人民法院提起诉讼。

（3）复议机关逾期不作决定的，申请人可以在复议期满之日起十五日内向人民法院提起诉讼。

（4）因不动产提起诉讼的案件自行政行为作出之日起超过二十年，其他案件自行政行为作出之日起超过五年提起诉讼的，人民法院不予受理。

（四）建立委托代理关系

律师经过对以上各方面的审查，如决定接受委托代理行政诉讼，则与民事诉讼代理业务一样，由律师事务所与委托人签订委托代理合同，并由委托人出具由其签名或盖章的委托授权书提交人民法院。委托书应当载明委托事项及具体权限。

三、诉前准备

（一）收集整理证据

在行政诉讼中，由于委托人的诉讼地位、举证责任不同，代理律师调查取证的侧重点有所不同。

1. 原告的代理律师的证据收集工作

作为原告的代理律师，应侧重调查并收集以下证据：证明起诉符合法定条件的证据，证明被诉行政行为存在；依法须经复议才能起诉的行政案件中，证明已经过复议程序的证据；在行政不作为案件中，证明原告提出过作为申请的事实证据；行政赔偿诉讼中，证明原告因受被诉行政行为侵害而造成损失的证据；对被诉行政行为提出反驳的其他证据。

2. 被告的代理律师的证据收集工作

作为被告的代理律师，应当协助被告对其作出的行政行为承担举证责任，并要求委托人提供其作出行政行为的证据和所依据的规范性文件。被告代理律师应注意收集下列证据和材料：证明其有权作出涉案行政行为的职权依据和法律依据；证明其执法的程序性规范依据和执法符合程序规范的证据；证明其作出行政行为所认定事实的证据；证明原告应复议前置而未申请复议的证据；证明原告超过申请、起诉期限的证据；在不作为案件中，证明不作为理由的事实证据和法律依据；其他相关证据资料。

（二）确定最佳救济途径

我国现行法律规定，行政争议发生后，行政相对人可以选择行政复议与行政诉讼两种救济途径，且绝大多数行政争议可以在两种救济途径中任选一种。两相比较，各自存在不同的特点：行政复议原则上实行书面审查而程序简便，不收取费用因而成本较低，审查范围包涵合法性、适当性审查，因而有利于争议的彻底解决。但绝大多数情况下行政复议决定并非终局裁决，对复议决定不服仍可起诉；行政诉讼程序规范但诉讼周期较长，法院诉讼裁判结果具有终局性、权威性。律师应将以上情况向相对人充分说明，协助委托人选择最佳救济途径。具体而言，律师在协助委托人确定行政争议救济途径时应当充分考虑以下因素：

1. 从受案范围角度考虑救济途径

鉴于行政复议的受案范围与行政诉讼的受案范围有一定差异，律师应根据行政争议的具体情形，充分考虑行政复议和行政诉讼受案范围的不同规定，协助委托人择优选择行政复议或行政诉讼解决行政争议。

2. 充分考虑复议前置的具体情形

根据《行政复议法》第十六条第一款以及目前其他相关法律法规的规定，属于复议前置的情形有：

（1）公民、法人或者其他组织认为行政机关的具体行政行为侵犯其已经依法取得的土地、矿藏、水流、森林、山岭、草原、荒地、滩涂、海域等自然资源的所有权或者使用权的，应当先申请行政复议；对行政复议决定不服的，可以依法向人民法院提起行政诉讼。

（2）纳税义务人同海关发生纳税争议时，应当缴纳税款，并可以依法申请行政复议；对复议决定仍不服的，可以依法向人民法院提起诉讼。

（3）纳税人、扣缴义务人、纳税担保人同税务机关在纳税上发生争议时，必须先依照税务机关的纳税决定缴纳或者解缴税款及滞纳金或者提供相应的担保，然后可以依法申请行政复议；对行政复议决定不服的，可以依法向人民法院起诉。

（4）专利申请人对国务院专利行政部门驳回申请的决定不服的，可以自收到通知之日起三个月内向国务院专利行政部门请求复审。国务院专利行政部门复审后，作出决定，并通知专利申请人。专利申请人对国务院专利行政部门的复审决定不服的，可以自收到通知之日起三个月内向人民法院起诉。

以上案件必须先行申请行政复议，对行政复议决定不服才能向法院提起行政诉讼。

3. 充分考虑复议终局的情形

根据《行政诉讼法》第十三条第四项的规定，"法律规定由行政机关最终裁决的行政行为"不属于人民法院的受案范围。这里的"法律"是指全国人民代表大会及其常务委员会制定、通过的规范性文件。目前有关行政终局裁决行为的法律规定有以下两种情形：

（1）复议后再选择终局裁决类案件。《行政复议法》第十四条规定："对国务院部门或者省、自治区、直辖市人民政府的具体行政行为不服的，向作出该具体行政行为的国务院部门或者省、自治区、直辖市人民政府申请行政复议。对行政复议决定不服的，可以向人民法院提起行政诉讼；也可以向国务院申请裁决，国务院依照本法的规定作出最终裁决。"

（2）复议终局类案件。《行政复议法》第三十条第二款规定，"根据国务院或者省、自治区、直辖市人民政府对行政区划的勘定、调整或者征收土地的决定，省、自治区、直辖市人民政府确认土地、矿藏、水流、森林、山岭、草原、荒地、滩涂、海域等自然资源的所有权或者使用权的行政复议决定为最终裁决"。此类案件复议决定是最终裁决，相对人不能提起行政诉讼。

三、律师代理行政诉讼原告

（一）起诉

1. 撰写并提交《行政起诉状》

接受委托后，代理律师在完成受案审查、调查收集证据的基础上，及时按规范格式撰写《行政起诉状》。行政起诉状的主要内容包括：原被告基本情况、诉讼请求、事实与理由、附件等部分。其中，原被告基本情况应当列明原告姓名、名称、住址，被告名称，法定代表人、住址，并由起诉人签字或盖章。

律师在撰写行政起诉状的过程中，准确确定诉讼请求至关重要。这是决定诉讼成败的重要环节。诉讼请求是否准确，不仅能反映代理律师行政法、行政诉讼法学方面功底的高低，而且关系着诉讼请求是否能受到法院支持，且直接影响委托人的切身利益。根据《行政诉讼法》之规定，行政诉讼的诉讼请求主要有以下四类：请求撤销或部分撤销被诉行政行为；请求变更显失公正、明显不当的行政处罚或请求变更款额、认定确有错误的其他行政行为；对被告不履行法定职责的，请求判决被告在法定期限内履行职责；请求判决被诉行政行为违法或无效，并可同时请求被告采取相应补救措施。律师在撰写行政起诉状时应当结合具体案情，认真研究以上请求适用的具体情形，准确确定诉讼请求。同时，代理律师可根据原告遭受损害的事实，一并请求判决被告承担行政赔偿责任。

2. 提交起诉材料

根据《最高人民法院关于适用〈中华人民共和国行政诉讼法〉的解释》第五十四条之规定，公民、法人或者其他组织提起诉讼时应当提交以下起诉材料：

（1）原告的身份证明材料以及有效联系方式；

（2）被诉行政行为或者不作为存在的材料；

（3）原告与被诉行政行为具有利害关系的材料；

（4）人民法院认为需要提交的其他材料。

由法定代理人或者委托代理人代为起诉的，还应当在起诉状中写明或者在口头起诉时向人民法院说明法定代理人或者委托代理人的基本情况，并提交法定代理人或者委托代理人的身份证明和代理权限证明等材料。

（二）庭前准备

1. 阅卷、审查被告证据

根据《行政诉讼法》的规定，人民法院应当在立案之日起五日内，将起诉状副本发送被告。被告应当在收到起诉状副本之日起十五日内向人民法院提交作出行政行为的证据和所依据的规范性文件，并提出答辩状。原告代理律师应当在被告提交证据的法定期限届满后及时到法院阅卷，复制或摘抄被告提交的所有证据、依据及有关案件材料，客观真实地制作阅卷笔录。

对被告提交的证据，原告律师应当着重审查以下内容：证据形成时间是否在作出被诉行政行为之前；证据来源是否真实、客观、合法；证据形式要件是否完备、合法；证据内容是否清晰无歧义，能否证明案件事实；证据之间是否相互印证，是否互相矛盾；等。

对被告提交的据以作出行政行为的规范性文件，原告律师应当着重审查以下内容：是否适用于本案；是否与法律、上位规范相冲突；是否超出法定权限；是否已明令废止或为新法所取代。

律师在审查以上证据过程中，对根据案情需要或委托人提出需要勘验物证或重新勘验物证现场，需要对专门性问题进行鉴定或重新鉴定的，应当向人民法院提出勘验申请或鉴定申请；需要证人或专家出庭作证的，律师可代理原告申请证人或专家出庭作证。

2. 举证与证据交换

行政诉讼案件受理后，人民法院组织庭前证据交换的，原告方应当在证据交换日提供证据；未组织庭前证据交换的，应当在开庭审理前提供证据。无正当理由逾期不提交的，视为放弃举证权利。这一阶段举证的基本内容，除起诉时提交的上述证据外，针对不同类型的行政诉讼案件，分别还应当提交以下证据：

（1）行政不作为案件。原告及代理律师还应当提交在行政程序中曾经向被告提出过申请的证据。但下列情形除外：原告申请的事项是被告应当依职权主动履行的法定职责；原告因正当理由不能提供证据。

（2）行政赔偿诉讼案件。原告及代理律师还应当提交被诉行政行为造成损害的事实证据。

当然，原告及其代理律师也可以提交证明被诉行政行为违法的证据，提供的证据不成立的，并不免除被告对被诉行政行为合法性承担的举证责任。根据《最高人民法院关于行政诉讼证据的若干规定》之规定，原告及代理律师向法院提交的证据应当分类编号，对证据的名称、证明对象和内容作简要说明，签名或盖章，注明提交日期，并依对方当事人人数制作证据清单副本。

3. 准备代理意见

通过上述证据收集、审查工作，原告代理律师应当在开庭审理前做好以下庭审准备工作：

（1）鉴于行政诉讼案件法律适用、法律冲突问题十分突出，律师在庭审前应当广泛查阅、收集与本案有关的法律、法规、规章，以备法庭调查和辩论时使用。

（2）制作法庭调查、质证和辩论提纲，其重点内容是：事实陈述、举证证明要点、质证意见要点、提问、辩论要点、综合陈述要点等。

（三）参加法庭审理

这是律师代理工作的重要阶段，也是充分展示律师专业技能和代理工作成果的重要舞台。律师代理原告参加法庭审理的主要工作有：

1. 代理原告申请回避

法庭核对出庭人员、宣布法庭组成人员后，如果认为审判人员与本案有利害关系或者有其他关系可能影响公正审判，律师应当代理原告当庭提出回避申请。

2. 法庭调查

（1）代理原告陈述诉讼请求、事实与理由；认真听取被告的答辩意见；聆听法庭归纳的争议焦点，并发表意见。

（2）围绕法庭归纳的争议焦点逐一进行举证质证。这一阶段代理律师的工作重点是就被告及其代理人出示的证据的真实性、关联性、合法性及其与所要证明事实的关系等发表质证意见。发表质证意见应当注意针对证据的"三性"和案件事实发表有针对性的质证意见。

（3）围绕争议焦点及时发问。在法庭调查过程中，经法庭许可，律师可向证人、鉴定人以及其他诉讼参与人发问。律师发问的内容应当围绕法庭调查内容进行，关键点是：被诉行政行为是否合法；该行政行为是否侵害原告或第三人合法权益。质证中发现证据有疑问，律师可以代理原告申请重新鉴定、勘验，要求补充证据，必要时可以申请中止审理或延期审理。

（4）注意庭审技巧。发问受到法庭制止时，律师应当冷静、尊重法庭的决定，并及时调整发问方式或表明发问的必要性和关联性。律师对涉及关键事实和问题的陈述、举证、质证、发问时，应该注意语言精练、重点突出、有理有据，注意语速适中，便于书记员记录。对十分关键的词句，必要时还可以特别提醒书记员记录在案。针对其他当事人或代理人威逼性、诱发性、带有前提的发问或者与本案无关的发问，律师有权提出反对意见。

3. 法庭辩论

法庭辩论阶段原告代理律师应当结合庭审查明的事实，根据国家有关法律法规，围绕法庭归纳的争议焦点，有重点地针对以下几个方面发表代理意见：（1）事实是否清楚，证据是否充分；（2）适用法律法规是否正确；（3）程序是否合法；（4）是否超越职权；（5）是否不履行或拖延履行法定职责。法庭辩论结束后，律师可代理当事人作最后陈述。

在法庭辩论过程中，如发现某些事实未查清的，律师可以申请恢复法庭调查；如发现审判程序违法的，律师应当当庭指出并要求立即纠正，以维护当事人的合法权益。

律师发表代理意见应当围绕庭审争议焦点，从事实和法律出发，尊重法庭，尊重对方当事人和代理律师人格，在庭审发言中应当做到有礼有节，时时体现律师的专业品质和良好的修养，不得讽刺、挖苦、谩骂、侮辱、嘲笑对方。

4. 认真阅读庭审笔录，及时提交代理词

庭审笔录是法庭审理过程的真实记载，也是法院裁判的重要依据之一。休庭后，律师应当认真阅读庭审笔录，如有遗漏或差错，应当立即申请法庭补正，并在每一页签名。同时，律师应当根据庭审实际情况，及时修改、补充、完善并提交代理词。

四、律师代理行政诉讼被告

（一）审查起诉是否符合法定条件

被告代理律师收到法院送达的行政起诉状副本后，应当根据《行政诉讼法》的规定审查起诉是否符合法定条件。具体审查内容包括：（1）发生的争议是否属于行政争议；（2）被诉行政行为是否客观存在；（3）被诉行政主体是否依法应被列为被告；（4）是否属于《行政诉讼法》及有关司法解释规定的受案范围；（5）受诉人民法院是否具有管辖权；（6）起诉案由是否属于复议前置或复议终局的事项；（7）原告诉讼主体资格是否适格；（8）是否超过诉讼时效；（9）是否遗漏诉讼当事人。

审查中，被告代理律师如果发现存在应当不予受理的情形，应当提请法院裁定驳回起诉。

（二）提出管辖权异议

被告代理律师如果发现案件不属于受诉人民法院管辖，应当在收到应诉通知之日起十日内，代理被告以书面形式向人民法院提出管辖权异议。

（三）全面履行举证责任

1. 按期提交证据

根据《行政诉讼法》之规定，被告应当在收到起诉状副本之日起十五日内向人民法院提交作出行政行为的证据和所依据的规范性文件。被告对作出的行政行为负有举证责任，应当提供作出该行政行为的证据和所依据的规范性文件。不提供或无正当理由逾期提交的，视为没有相应证据。但被诉行政行为涉及第三人合法权益，第三人提供证据的除外。为此，被告代理律师应当在法定期限内，协助被告严格按照行政诉讼证据规则的规定整理案件材料并提交人民法院。

2. 被告提交证据的种类

被告所需提交的证据材料一般应当包括以下内容：（1）证明被告有权作出被诉行政行为的职权依据；（2）证明被告的行为符合执法程序的事实证据和相应的程序性规范依据；（3）被告作出该行政行为所认定事实的证据；（4）被告作出该行政行为的法律依据；（5）认为被诉行政行为应复议前置而原告未申请行政复议，或起诉超过诉讼时效的证据；（6）在不作为案件中，主张不作为理由不成立的事实证据和法律依据；（7）其他与本案有关的证据和材料。

3. 被告提交证据的要求

提供证据时，被告代理律师应当特别注意行政诉讼证据规则的具体要求。从实质方面讲，根据《行政诉讼法》的相关规定，以下证据不能作为认定行政行为合法的依据：

（1）被告及其诉讼代理人在行政诉讼过程中自行收集的证据。但原告或第三人提出了其在行政处理程序中没有提出的理由或者证据的，经人民法院准许，被告可以补充证据。

（2）被告在行政程序中采取非法剥夺相对人依法享有的陈述、申辩或听证权利而获得的证据。

（3）在行政程序中未作为行政行为依据的证据。

（4）复议机关在复议程序中收集和补充的证据，或作出原行政行为的行政主体在行政复议中未向复议机关提交的证据。

从形式方面讲，根据《最高人民法院关于行政诉讼证据若干问题的规定》，被告及代理律师提交证据应当遵守以下具体要求：

（1）书证应当是原件，如提供复印件、影印件或抄录本，应当注明出处，经有关部门核对无误并加盖印章。

（2）提供报表、图纸，应附有说明材料。

（3）物证应尽量提供原物，只有在提供原物有困难时才可以提供与原物无误的复印件、照片或录像。

（4）所提交证据应当制作证据目录，写明证据种类、份数、证明对象等。

（四）参加法庭审理

在法庭审理中，被告代理律师除认真行使申请回避等法定诉讼权利外，其工作重点与原告代理律师有所区别。

（1）被告律师应当针对原告提出的诉讼请求、事实与理由，有针对性、条理清晰地发表答辩意见，表明被告的基本观点和意见。同时便于法庭归纳争议焦点，并对法庭归纳的争议焦点发表意见。

（2）法庭调查阶段，被告律师应当重点逐一出示庭前提交的所有证据，阐明证据名称、来源、证明对象等，认真听取并及时反驳原告及其代理律师的质证意见。对原告提交的不作为和赔偿方面的证据，认真审查并发表质证意见。

（3）法庭辩论阶段，被告律师应当根据庭审查明的事实和国家有关法律法规发表辩论意见。如果被告律师确认被诉行政行为合法、有效，应着重从以下方面发表辩论意见：作出被诉行政行为的行政主体资格适格；职权符合法定原则；适用法律法规正确；行政程序和形式合法；对相对人主体资格、行为事实的认定符合法律规定的条件；等等。如果被告代理律师认为被诉行政行为违法或不当，可建议被告在法庭宣判前自行撤销或变更被诉行政行为，并做好善后工作。

（4）宣判阶段。被告代理律师在宣判后，及时征求被告对一审裁判的意见，确定是否提起上诉。

第三节　律师其他行政案件代理业务

一、律师行政赔偿诉讼代理业务

行政侵权不同于民事侵权，行政侵权在赔偿主体、赔偿标准、赔偿程序、管辖等方面与民事赔偿均存在很大不同。律师在代理行政侵权案件时应当根据《国家赔偿法》和《行政诉讼法》的有关规定，重点审查并做好以下工作：

（一）确定提出行政侵权赔偿请求的方式

原告提出行政侵权赔偿请求的方式有二：一是在提出要求撤销或确认行政行为违法之诉时，一并提出行政赔偿请求，人民法院对此应在审理行政诉讼时一并审理，程序如前所述；二是单独提出行政赔偿请求。代理律师应当根据案件实际情况，审查并确定提出行政侵权赔偿请求的具体方式。下面重点论述单独提出行政侵权赔偿请求中代理律师的主要工作。

（二）审查行政侵权赔偿责任的构成要件

委托人提起的争议是否构成行政侵权赔偿责任，代理律师应当从以下几方面进行认真审查：

（1）被诉行政行为是否违法。根据《国家赔偿法》的规定，行政侵权赔偿的前提是行政机关及其工作人员在行使行政职权时侵犯当事人的人身权、财产权。如果是合法行政行为造成的损害，不能提起行政侵权赔偿请求，只能按照行政补偿处理。

（2）具有现实的损害事实。行政侵权赔偿的损害事实必须是现实的、客观的、直接的，如工资、停业损失、人身伤害、误工费、医疗费等。

（3）违法被诉行政行为与损害事实之间有因果关系。

经审查，同时符合以上条件即构成行政侵权赔偿。

（三）确定适格的赔偿义务机关

根据《国家赔偿法》的有关规定，代理律师应当按以下法律规定确定赔偿义务机关：

（1）行政机关及其工作人员行使行政职权侵犯公民、法人和其他组织的合法权益造成损害的，该行政机关为赔偿义务机关。

（2）两个以上行政机关共同行使行政职权时侵犯公民、法人和其他组织的合法权益造成损害的，共同行使行政职权的行政机关为共同赔偿义务机关。

（3）法律、法规授权的组织在行使授予的行政权力时侵犯公民、法人和其他组织的合法权益造成损害的，被授权的组织为赔偿义务机关。

（4）受行政机关委托的组织或者个人在行使受委托的行政权力时侵犯公民、法人和其他组织的合法权益造成损害的，委托的行政机关为赔偿义务机关。

（5）赔偿义务机关被撤销的，继续行使其职权的行政机关为赔偿义务机关；没有继续行使其职权的行政机关的，撤销该赔偿义务机关的行政机关为赔偿义务机关。

（6）经复议机关复议的，最初造成侵权行为的行政机关为赔偿义务机关，但复议机关的复议决定加重损害的，复议机关对加重的部分履行赔偿义务。

（四）协助委托人调查收集证据

收集证据的重点在于两个方面：一是证明涉案行政行为违法的证据；二是证明损害存在、损害程度的证据。

（五）撰写行政赔偿申请书，先向赔偿义务机关提出赔偿请求

代理律师应当撰写赔偿申请书，先向赔偿义务机关提出赔偿请求，也可以在申请行政复议或者提起行政诉讼时一并提出。

值得注意的是，《国家赔偿法》第三十九条规定："赔偿请求人请求国家赔偿的时效为两年，自其知道或者应当知道国家机关及其工作人员行使职权时的行为侵犯其人身权、财产权之日起计算，但被羁押等限制人身自由期间不计算在内。在申请行政复议或者提起行政诉讼时一并提出赔偿请求的，适用行政复议法、行政诉讼法有关时效的规定。　赔偿请求人在赔偿请求时效的最后六个月内，因不可抗力或者其他障碍不能行使请求权的，时效中止。从中止时效的原因消除之日起，赔偿请求时效期间继续计算。"

（六）提起国家赔偿诉讼

根据《国家赔偿法》第十三条、第十四条之规定，赔偿义务机关应当自收到申请之日起两个月内，作出是否赔偿的决定。赔偿义务机关在规定期限内未作出是否赔偿的决定，赔偿请求人可以自期限届满之日起三个月内，向人民法院提起诉讼。赔偿请求人对赔偿的方式、项目、数额有异议的，或者赔偿义务机关作出不予赔偿决定的，赔偿请求人可以自赔偿义务机关作出赔偿或者不予赔偿决定之日起三个月内，向人民法院提起诉讼。

二、律师行政附带民事诉讼代理业务

行政附带民事诉讼，是指人民法院在审理行政案件的同时，对引起行政争议的民事纠纷一并审理的诉讼活动。律师代理行政附带民事诉讼案件应当注意的主要问题有：

（一）明确行政附带民事诉讼的法律特征

（1）行政附带民事诉讼以行政诉讼成立为前提，只有在行政诉讼受理后才能附带提起民事诉讼。

（2）行政诉讼为主，附带民事诉讼为辅，二者关系不能颠倒。

（3）由同一审判组织进行审理。

（二）行政附带民事诉讼的范围

《行政诉讼法》对行政附带民事诉讼的范围作出了大致界定：在涉及行政许可、登记、征收、征用和行政机关对民事争议所作的裁决的行政诉讼中，当事人申请一并解决相关民事争议的，人民法院可以一并审理。在行政诉讼中，人民法院认为行政案件的审理需以民事诉讼的裁判为依据的，可以裁定中止行政诉讼。

公民、法人或者其他组织请求一并审理相关民事争议的，应当在第一审开庭审理前提出；有正当理由的，也可以在法庭调查中提出。

问题与思考

1. 律师代理行政案件做好庭前审查工作的意义何在？
2. 律师代理行政诉讼案件原告的工作重点有哪些？
3. 律师代理行政案件与民事案件应遵循的举证规则有何不同？

第八章 律师非诉讼业务

【本章概要】

随着社会的发展以及民众法律意识的增强，遇事找律师已成为人们的共识。本章介绍了律师担任法律顾问、代理仲裁、法律咨询、代书等非诉讼业务的相关内容。通过对本章的学习，了解律师非诉讼业务种类，理解律师职业的社会性。

【关键术语】

非诉讼业务 法律顾问 仲裁 代书 资信调查

【重难点提示】

本章重点在于掌握律师担任法律顾问、代理仲裁、法律咨询、代书、资信调查等基本非诉讼业务；难点在于如何不断提高律师办理非诉讼业务的技能和成功率，不断开拓非诉讼业务范围。

第一节 律师非诉讼业务概述

随着社会主义法治建设不断推进，法律的作用越来越大。在许多不直接涉及诉讼的事务上，律师的参与度也越来越高。

一、律师非诉讼业务的特点

律师的非诉讼业务，当然针对的是非诉讼事务，而非诉讼法律事务，顾名思义，是相对"诉讼事务"而言，其泛指处于法院诉讼程序之外的各种与法律适用有关的事务，包括有争议的非诉讼法律事务和无争议的非诉讼法律事务两类。[①]依照中华全国律师协会非诉讼法律师事务业务委员会的理解：非诉讼法律事务，是在律师原来办理非诉讼事件的基础上形成的新概念，就广义而言，非诉讼法律事务是诉讼法律事务的对称。从其性质和办理方式看，非诉讼法律事务具有两种含义：一是不具备诉讼要件的法律事务，即无争议的法律事务；二是虽具备诉讼要件，即虽有争议但不通过诉讼方式办理的法律事务。这种理解与学理上的认识基本相同。由此可见，现阶段人们对于非诉讼法律事务概念的界定已基本达成共识。律师的非诉讼业务与诉讼业务相比，具有如下特点：

（1）不直接涉及诉讼程序。即使在处理过程中存在争议和对抗，也不会像诉讼中那样激烈，而且事务处理方式并无定制，富于灵活性与创造性。

（2）对该专项事务的专业知识掌握程度要求更高。非诉讼业务不仅要求律师具有专业的

---

① 参见李红、薛少峰编著：《律师公证实训教程》，法律出版社 2018 年版，第 132-133 页。

法律知识，还要求律师精通该特定领域的各种规则与流程，要求对该领域具有专业而精准的看法以及处理事务的经验。

（3）对律师口头与书面表达能力、人际交往能力等综合素质要求更高。在非诉讼业务中，律师往往需要制作大量文书并有效传达给不同当事人，并需要与各种非专业法律人士进行沟通与合作。

（4）涉及事务面更广。非诉讼业务几乎能覆盖社会分工的每个行业、每个环节，与诉讼业务相比，更具有市场开发潜力。据统计，现在非诉讼法律事务已经占了律师业务的主要部分，有的律师甚至仅法律顾问这一项就占了其业务的主要部分。①

二、律师非诉讼业务的范围

律师作为非诉讼法律事务的代理人，运用专业法律知识帮助当事人办理非诉讼法律事务，有助于办理非诉讼法律事务的准确性、真实性与合法性，从而达到预防纠纷、减少诉讼的目的。另外，由于非诉讼法律事务不受诉讼程序规定的程序和期间限制，办理速度比较快，能够使当事人之间的纠纷得到及时解决，从而有效节省当事人的时间、人力和财力。②

律师办理非诉讼法律事务的范围相当广泛，方式多种多样。根据当前已被认识和实践的情况看，律师所从事的非诉讼法律事务的范围和方式，可以按以下两种类型来划分。

（一）有争议非诉讼法律事务

这主要包括民事、经济、行政方面所发生的各种非诉讼法律事务，其中包含涉外的非诉讼法律事务，以及因轻微刑事案件引起的非诉讼法律事务等。办理方式主要有以下四种：

（1）代理参加仲裁。

（2）代理调解和居间调解。律师代理调解和律师居间调解是两个不同的法律概念，在实际工作中应当注意区别。所谓居间调解是指律师接受非诉讼事件当事人请求，作为中间人对该事件进行调停活动，而代理调解则是代理一方当事人参加第三方主持的调解。

（3）代理申诉或申请复议。这是指律师接受不服行政裁决的非诉讼事件当事人的委托担任代理人，参加有关行政机关对该行政裁决的复查活动。

（4）代理和解。这是指律师接受非诉讼事件当事人的委托担任代理人，通过与对方当事人协商，达成协议的一种活动。

（二）无争议非诉讼法律事务

从全国各地律师实践来看，办理无争议非诉讼法律事务的主要范围和方式，尚难统一。一般来说，主要包括下列内容：

（1）代办专利、商标注册贷款、税金减免、产品生产和商品进出口许可证等申请、申报、申领事务。

（2）代办企业或联营组织的筹建、登记、变更、年检等工商登记事务。

（3）代办财产投保、交付保险金、移送赔偿请求权、请求保险赔偿金等事务。

（4）代办财产租赁、抵押、借用、赠与、信托、寄售等事务。

---

① 宣善德主编：《律师与公证实务》，中国政法大学出版社 2020 年版，第 250 页。

② 参见徐家力、宋宇博：《律师实务》（第七版），法律出版社 2014 年版，第 62 页。

（5）代办股票、债券发行、认购等事务。

（6）代办知识产权、股权、土地使用权等有偿转让事务。

（7）代办房地产及大型资产拍卖、企业承包、租赁经营等投标招标事务。

（8）代办建筑安装工程承包、企业承包、租赁经营等投标招标事务。

（9）代理参与企业歇业、破产清算事务。

（10）代办民事经济项目的可行性研究、各类合同、章程的审查事务。

（11）代办市场、商品信息及企业资信的调查事务。

（12）担任法律顾问，出具法律意见书或法律建议书。

（13）代理参加各类经济合作、投资、联营等谈判、签约活动。

（14）代理债权人向债务人或者债务担保人追索债款债物。

（15）代理在报刊、广播、电视等公开场合对某项法律事件或法律行为发表声明，表明态度、立场和观点。

（16）接受自然人、法人、非法人团体的申请，对某项法律事件或法律行为进行见证。

（17）其他适合律师办理的无争议法律事务。

我国律师非诉讼业务起步较晚，发展水平不平衡，高精尖领域内专业人士少，难以满足市场需求。从我国律师业的现状看，目前的律师与律师执业方式限制了非诉讼业务发展。现在律师多是"单打独斗型"，很少有分工与合作。律师事务所也没有很好地起到整合资源促进合作的作用。而非诉讼业务中的事务大多庞杂而专业，仅以一人之智巧与心力，很难完整而高效地完成，需要律师间通力合作。

第二节　律师主要非诉讼业务

一、法律顾问业务

（一）法律顾问的类型

随着法治建设进程的不断推进，各种市场主体的服务需求日趋强烈。一般来讲，法律顾问是聘请方为了维护自身合法权益，在一定期限内聘任具有法律专业知识和技能的从业人员，就约定法律领域提供法律帮助的一种法律业务。从事这项特定法律业务工作的专业人员就被称为"法律顾问"。

从身份上看，法律顾问有专职和聘任两种形式。专职法律顾问一般是指机关、企事业单位及社会团体组织内部设立的法律顾问机构的专职从业人员，专职法律顾问与任职单位之间存在隶属关系。聘任法律顾问一般是指机关、企事业单位及社会团体组织向社会通过聘任合同聘请的专门从事法律顾问业务的人员。聘任法律顾问的来源有两方面：一方面是社会法律中介服务机构的从业人员，比如律师；另一方面则是非法律中介服务机构的从业人员，但具有法律专业知识和技能的人员，比如法学教学或科研机构的教师。

根据不同标准，律师的法律顾问业务可进行如下分类：

（1）根据律师担任法律顾问期限的长短，可以分为常年法律顾问和临时法律顾问两种。常年法律顾问的合同服务期限一般在一年以上；而临时法律顾问的合同服务期限往往因某项业务活动的期限而确定。在律师业务实践中，律师所提供的法律顾问一般以常年服务形式为主。

（2）根据律师担任法律顾问的业务范围的大小，可以分为专项法律顾问和非专项法律顾问。专项法律顾问的服务范围一般由律师和服务对象之间特别约定，往往是某一项业务活动所涉及的专项法律事务问题。非专项法律顾问的服务范围一般不受限制，只要服务对象所提出了诉讼服务以外的法律需求，律师都可以通过非诉讼服务方式向服务对象提供法律服务。

（3）根据律师提供法律顾问服务对象的不同，可以分为政府机关法律顾问、企事业单位和社团法人法律顾问、公民个人法律顾问。另外，在当前的律师业务实践中，已经出现了律师接受家庭或个人为主体的委托，担任家庭或个人的法律顾问，虽然只是一种尝试，但为律师进一步扩大法律顾问的服务对象提供了有益经验。

（二）法律顾问的作用

和律师的其他业务一样，律师作为法律顾问对实现维护聘请人合法权益及最终实现维护法律正确实施的职责有着积极作用。当然，由于律师在该项业务中的服务渠道是非诉讼途径，故法律顾问各项积极服务功能所能作用的法律领域，比律师的诉讼服务领域更广泛。在社会生活各个层面、各个领域所涉及的法律问题，在聘请人需要时，律师均可以提供顾问服务。具体而言，法律顾问的作用主要表现在以下几个方面：

1. 预防作用

这是律师担任法律顾问最核心的作用。防患于未然，帮助服务对象依法办事，使聘请人在越来越复杂的法律关系中得到法律充分保护，避免侵犯他人或被人侵犯，这是区别于其他律师业务作用的重要表现。《律师法》将律师法律顾问业务列为各项业务之首，在某种意义上体现出法律预防作用比法律保护作用具有更重要的法律价值。目前，越来越多的机关、企事业单位、公民个人加入了聘请律师担任法律顾问的行列，这就使我国法治建设的步骤在我国律师的法律顾问服务所产生的普通预防作用中进一步加快。

2. 规范作用

律师在担任法律顾问的过程中，不断地给聘请人提供各种规范的法律顾问服务，这种服务本身会不断地影响聘请人的言行举止，使聘请人的各项业务活动更趋于规范化。例如，律师为企事业单位编制各种规章制度，从而强化了企事业单位内部矛盾的管理机制，提高了单位内部职员规范操作各项业务的意识，进而增强其规范执业的素质；再如，律师为聘方草拟、审查、代签合同，可以起到健全合同管理制度、规范合同业务的操作程序、预防合同纠纷发生的积极作用。

3. 保护作用

律师在担任法律顾问的过程中，遇到聘方权益受到不合法干扰甚至受损害的情况，就必须采用必要的法律手段保护聘方的合法权益，积极排除这些干扰，追究加害方的法律责任。虽然律师在法律顾问业务中并非直接提供诉讼代理服务，但律师仍可以在接受聘方诉讼委托的前提下，采取诉讼手段保护作为当事人的聘方的合法权益。此外，律师还可以采用属于法律顾问服务范畴的一些非诉讼法律手段来保护聘方的合法权益，如律师参与非诉讼调解或主持非诉讼调解。又如，律师代表聘方与越权对聘方的正常业务开展进行非法干扰的一级主管单位或有关行政管理机关进行交涉，以理顺这些纵向关系。再如，律师可以通过非诉讼调查活动，向聘方及时提供有利于聘方或不利于聘方的事实情况，从而为聘方及时排除不利情形和积极作用于有利情形创造条件。

（三）法律顾问服务范围

法律顾问服务范围，一般情况下包括除诉讼服务项目以外的所有非诉讼服务项目，但具体业务范围则由聘方和律师通过服务合同来约定。一般情况下，律师担任法律顾问的业务范围有以下一些方面（包括但不限于）：

（1）为聘方解答法律咨询，就聘方发生的各种法律问题提供各种法律依据，并明确具体的处理方案，供聘方参考。

（2）参与草拟、审查、修改法律事务文书。

（3）参加重大经济合同项目谈判。

（4）在聘方发生纠纷时，担任非诉讼代理人，主持调解或参与调解，或参与仲裁。

（5）为聘方进行专项事实非诉讼调查。

（6）帮助聘方建立法律顾问室。

（7）帮助聘方培养专职法律顾问人才。

（8）向聘方提供法治宣传讲课服务，以提高相关人员的法治观念。

（9）协助聘方制定各项规章制度和纪律，规范内部管理流程。

（四）法律顾问的工作原则

律师受聘担任法律顾问要起到当事人预期的作用，必须奉行以下工作原则：

（1）全面了解聘请方情况。律师接受有关主体聘请，要首先通过个别访问、听取有关人员进行介绍等方式，对聘请方进行调查研究，完成对聘请方的了解，这是接受聘请的基础工作。如果不能做好或者忽视了这一工作，即使受聘，也有可能在未来的工作出现种种问题。

（2）在调查研究基础上，及时处理相关法律问题。律师接受聘请后，应当及时处理相关问题，任何人为拖延都将对工作造成消极影响，有时甚至会导致顾问业务终止，影响自己声誉。

（3）协助聘请方建立法律纠纷的预防机制。从根本上讲，律师受聘担任法律顾问是为了帮助聘请方更好地发展，所以，通过各种方式协助聘请方建立法律纠纷的预防机制就显得非常重要。

（4）注意与聘请单位、人员的协作与配合。现代社会组织都很强调团队之间的合作，律师作为法律顾问显然无法一人包打天下，如果没有聘请方相关部门、人员的协作与配合，将难以很好地实现自己的职责。

二、仲裁业务

随着我国经济建设的快速发展和仲裁观念的日渐普及，仲裁已经成为律师的一项重要业务。在汉语里，"仲"就是居中的意思，"裁"就是衡量、裁判的意思，"仲裁"即居中公断之意。在英语里，arbitration的基本含义也是居中裁决。律师仲裁代理，是指律师接受争议当事人委托，以代理人身份，代理当事人向仲裁机构申请仲裁，参加仲裁活动，以维护委托人利益的一种法律活动。从我国现行法相关规定来看，宏观意义上的仲裁制度包括国内民商事仲裁、涉外仲裁和劳动争议仲裁三种。相应地，律师办理仲裁业务也包括这三种。限于篇幅以及目前律师实践的具体情况，本书仅对律师民商事仲裁与劳动争议仲裁业务予以简单介绍。

（一）律师代理民商事仲裁

1. 审查仲裁协议

律师接受委托后，应从以下几方面进行审查：

（1）审查当事人有无仲裁协议。如果当事人之间没有仲裁协议，仲裁机构不会受理仲裁申请，律师也就无法代理。

（2）审查仲裁协议形式是否合法，即在合同中是否有仲裁条款或以其他形式达成的书面协议。

（3）审查仲裁协议是否具备法定内容，即仲裁协议是否具备仲裁的意思表示、仲裁事项及选定的仲裁委员会。

（4）审查仲裁协议的内容是否明确，即仲裁协议的内容是否全面、明确。

（5）审查仲裁协议是否具备法定无效的情形。

2. 调查取证

律师办理民商事仲裁业务时，调查取证的范围、证据种类、取证途径和方法、举证责任分担等内容，与律师代理民事诉讼案件相一致。具体可参见本书第六章的相关内容，这里不再赘述。

3. 律师代理提起仲裁或代理答辩

律师代理委托人申请提起仲裁应向仲裁委员会提交仲裁申请书和仲裁协议书。仲裁委员会一般会在 5 日内决定是否受理。如决定受理，应在规定期限内将仲裁规则和仲裁员名册送达申请人，并将申请书副本及仲裁规则、仲裁员名册送达申请人。如代理的是被申请人一方，在接到申请书副本后，律师应围绕申请人主张的事实是否成立、证据是否充分、适用法律是否准确等进行全面分析，写好答辩书，力争维护被申请人的合法权益。律师应在仲裁规则规定的期限内将答辩书及其副本、有关证据材料和委托手续提交给仲裁委员会。

4. 代理参加仲裁审理

根据《仲裁法》的相关规定，律师代理民商事仲裁案件的主要工作有：

（1）代理当事人选定仲裁员；

（2）代理当事人行使申请回避权；

（3）代理当事人选择公开仲裁审理或者不公开仲裁审理；

（4）代理出庭；

（5）代理申请财产保全；

（6）代理和解；

（7）代理申请仲裁裁决执行。

仲裁裁决一经送达，即产生法律效力。如果负有执行义务的一方不执行，律师可以代理申请人向被执行人住所地或被执行人财产所在地的人民法院申请执行。与此同时，律师也可以代理被申请人向有管辖权的法院申请撤销该仲裁裁决或不予执行该仲裁裁决。

（二）律师代理劳动争议仲裁

1. 我国的劳动争议仲裁机制

劳动争议仲裁制度是一项具有中国特色的劳动争议解决制度。所谓劳动争议仲裁是指劳动争议仲裁机构对申请仲裁的劳动争议案件依法进行裁决活动。而劳动争议仲裁机构是国家授权，依法独立处理劳动争议的专门机构。劳动争议仲裁机构由劳动行政部门代表、同级工会代表、用人单位方面的代表组成。劳动争议仲裁是我国处理劳动争议的一种基本途径，也是劳动争议诉讼的前提。律师在劳动争议仲裁工作中具有重要作用。我国《劳动法》第七十七条第一款规定："用人单位与劳动者发生争议，当事人可以依法申请调解、仲裁、提起诉讼，也可以协商解决。"《劳动争议调解仲裁法》第四条、第五条分别规定："发生劳动争议，劳动者可以与用人单位协商，也可以请工会或者第三方共同与用人单位协商，达成和解协议。""发生劳动争议，当事人不愿协商、协商不成或者达成和解协议后不履行的，可以向调解组织申请调解；不愿调解、调解不成或者达成调解协议后不履行的，可以向劳动争议仲裁委员会申请仲裁；对仲裁裁决不服的，除本法另有规定的外，可以向人民法院提起诉讼。"根据这些规定，劳动争议处理有四个途径：协商、调解、仲裁和诉讼。在劳动争议解决机制中，仲裁是必经程序。

劳动争议仲裁委员会受理劳动争议案件范围包括：（1）因确认劳动关系发生的争议；（2）因订立、履行、变更、解除和终止劳动合同发生的争议；（3）因除名、辞退和辞职、离职发生的争议；（4）因工作时间、休息休假、社会保险、福利、培训以及劳动保护发生的争议；（5）因劳动报酬、工伤医疗费、经济补偿或者赔偿金等发生的争议；

2. 仲裁前审查

实践中，申请人往往是劳动者，被申请人一般是用人单位。律师接受委托后，应先审查申请人的仲裁申请是否符合以下条件：

（1）是否超过法定仲裁时效期间。根据《劳动争议调解仲裁法》的规定：仲裁时效期间从当事人知道或者应当知道其权利被侵害之日起计算。仲裁时效，因当事人一方向对方当事人主张权利，或者向有关部门请求权利救济，或者对方当事人同意履行义务而中断。从中断时起，仲裁时效期间重新计算。因不可抗力或者有其他正当理由，当事人不能在仲裁时效期间申请仲裁的，仲裁时效中止。从中止时效的原因消除之日起，仲裁时效期间继续计算。

（2）申请人与劳动争议是否有利害关系。代理律师的审查重点是：申请人与被申请人之间必须具有劳动关系。劳动关系的建立可以是以签订书面劳动合同的形式确定，也可以是事实上的劳动关系。

（3）是否有明确的被申请人和具体的仲裁请求及事实依据。这与民事诉讼案件起诉条件的要求基本一致。

（4）是否属于仲裁受案范围和受诉仲裁委管辖。经过审查，代理律师认为当事人的申诉请求符合法定条件的，即可代当事人向仲裁委员会提交仲裁申诉书。如果律师代理劳动争议被诉一方，则律师可代理当事人向仲裁委提交答辩状。

3. 律师代理参加劳动仲裁审理

仲裁委受理案件后，律师可代当事人行使如下权利：

（1）在授权权限内代为行使变更、放弃或承认仲裁请求的权利。

（2）代为行使申请回避等程序的权利。

（3）查阅、复制本案有关材料、调查取证，代为举证质证。

（4）代为辩论，代为最后陈述。

（5）代为签收仲裁裁决书。

4. 代为提起劳动争议民事诉讼

根据《劳动法》《劳动争议调解仲裁法》的规定，劳动争议当事人如对仲裁裁决不服的，可以自收到仲裁裁决书之日起十五日内向人民法院提起诉讼。我国劳动争议诉讼案件适用《民事诉讼法》规定的有关程序，实行两审终审制，并由各级人民法院的民事审判庭审理。

这里需注意的是，根据《劳动争议调解仲裁法》的规定，追索劳动报酬、工伤医疗费、经济补偿或是法定赔偿金，不超过当地最低工资标准十二个月金额的争议，因执行国家的劳动标准在工作时间、休息休假、社会保险等方面所发生的争议，实行了"一裁终局"制度[①]。劳动仲裁机构对上述案件作出的仲裁裁决为终局裁决，裁决书自出具之日起发生法律效力。

三、律师尽职调查

律师尽职调查，又称律师资信调查，是指当事人为预防风险，保障其投资、经营安全，委托律师代理其对他方资产状况和商业信誉进行考察和了解的一项非诉讼业务。资信是指特定主体的资金能力和信誉状况。律师进行资信调查，是律师发挥职业优势，行使调查权，为当事人提供法律服务的一个主要的执业活动。律师资信调查可以依据律师法律专长和特殊身份给当事人解决社会生活和经济交往中的诸多问题，有利于建立经济关系，避免不必要的诉讼，有利于社会稳定和发展。[②]

（一）律师尽职调查的内容

根据律师实务的具体情况，资信调查的内容主要包括以下几个方面：

（1）被调查对象的基本情况，即被调查对象的主体资格、法律地位和行为能力。如果是经济组织，还应当包括是否具备法人资格、企业组织形式、注册资本、经营范围等。如果是自然人则应当查明出生日期、身份证件、户籍所在地、居住地、家庭基本情况、毕业院校、工作处所、有无犯罪记录、个人信誉情况、有关职能部门评价等等。

（2）被调查对象的资本状况，包括注册资本总额、实有资本及其对外债权债务、经济效益情况、生产能力和技术设备力量等内容。

（3）被调查对象的经营情况。

（4）被调查对象财产担保情况、涉诉情况、涉行政处罚情况。

（二）律师资信调查的途径

律师资信调查主要是通过被调查对象所在商务机构、企业登记机构、金融机构、信息咨询机构或通过当地律师事务所、中国驻外使领馆、被调查对象的有关客户等途径进行。律师资信调查的目的在于为委托人的投资和经营活动提供可靠的参考依据，因此在调查结束时，律师应向委托人提交书面材料，将调查结案报告给委托人。

[①] 另外，《最高人民法院关于审理劳动争议案件适用法律问题的解释（一）》（2020年）第十八条至第二十条中对终局裁决与非终局裁决的认定做了进一步规定。

[②] 参见徐家力、宋宇博：《律师实务》（第七版），法律出版社2014年版，第378页。

四、法律咨询

（一）法律咨询的范围与律师职责

随着社会不断发展，法律的作用也越来越突出，人们对于法律知识的需求也越来越多。作为普通民众来讲，遇到有关问题咨询律师是一个"不错"的选择。

所谓法律咨询，是指律师对当事人就有关法律问题的询问进行解释、说明，以及提供解决该问题的意见、方案、建议的一种业务活动。根据《律师法》第二十八条第（七）项的规定，律师解答法律询问，是律师的一项重要业务和职责，也是律师向社会提供法律服务的一种普遍方式。需要注意的是，这里所讲的律师法律咨询与律师办理相关非诉讼法律业务时所提供的法律咨询并不相同，后者是为解决某个非诉讼法律事务附带实施的一种手段，一般采取意见书或律师函方式，必要时还要进行研究和论证，因此二者不能混淆。[1]法律咨询最能考验律师的综合能力：一方面，它要求律师全面了解法律法规、国家政策和司法实践情况，对相关行业有着一定知识储备，并具有较强的实践操作能力；另一方面，它也要求律师具有较强的思维能力，语言表达能力和临场应变能力。这就给律师提出了更高要求。[2]

法律咨询的范围非常广泛。咨询者不仅可以是国家机关、企事业单位、社会团体和我国公民，而且可以是外国法人、外国组织和外国公民；咨询的问题，可能涉及婚姻、家庭和继承，侵权、合同，也可能涉及诉讼或非诉讼等等不同方面。律师进行法律咨询时，主要是对当事人的问题进行分析，并提出合理化建议。

（二）律师法律咨询的方式

律师解答法律询问，有口头解答和书面解答两种方式。一般来说，咨询解答以口头解答为主，书面解答为辅。

1. 口头解答

口头解答，是律师对于咨询者提出的问题，用口头方式予以回答。一般情况下，律师对于咨询者提出的问题，都能立即给予解答。只有遇到情况复杂，需要查阅资料、集体讨论后才能解答的问题，才需与咨询者另外约定时间再作解答。

律师在口头咨询时，需要注意听清当事人的问题和意图，准确把握问题实质。在回复时，尤其是回复普通大众提出的问题，律师除了应严肃认真，思路敏捷，口齿清晰之外，还应特别注意不要故弄玄虚，故意玩弄法律词语。[3]

2. 书面解答

书面解答，是律师根据法律和政策，以书面形式解答咨询者提出的问题。律师在以书面形式解答法律咨询时，同样也要有针对性，而不能答非所问。律师要认真阅读咨询者的来信以及所提供的有关材料，分析咨询者所叙述的事实是否真实可靠，所提出的问题是否合理、合法，以尽可能弄清楚咨询者的真实意图或情况，使作出的答复有重点、有条理、有针对性。同时，律师在回信时也要注意文字清晰，语言通俗易懂，答复和建议明确具体、切实可行，应在准确理解法律、政策的基础上作出解答。

---

① 参见宣善德主编：《律师与公证实务》，中国政法大学出版社 2020 年版，第 250 页。
② 详见孙志祥主编：《非诉讼律师实务》，法律出版社 2014 年版，第 238-239 页。
③ 参见徐家力、宋宇博：《律师实务》（第七版），法律出版社 2014 年版，第 234 页。

五、代书

（一）代书的特征

代书即律师代写法律文书，是指律师根据委托人的意愿，依据事实和法律，以委托人的名义代替委托人书写诉讼文书和有关法律事务的其他文书的行为。根据《律师法》的规定，代写诉讼文书和有关法律事务的其他文书是律师一项主要业务，其特征主要是：

（1）代书应以委托人的名义。律师代书，是以当事人名义，写完后交给当事人去实施法律行为，并由当事人本人承担由此引起的法律后果。这里讲的以"委托人的名义"，包括代写文书的语气也应当反映出委托人的特点，而不应当是代书者的语气。律师仅仅是按当事人需求书写文书，不进行任何法律行为，故不对法律文书引起的后果承担责任。

（2）代书事项合法，应反映委托人的合法意愿。律师代写的法律文书应反映当事人的意志和要求，不能超越、缩小和曲解当事人的要求。但律师代书只能反映委托人的合法意志，对当事人提出的一些无理、非法要求，律师应予以说服、规劝，甚至拒绝代书。

（3）代书应具有事实依据。与一般人代书不同，对一些重要事实，律师应要求当事人提供证据；如果当事人提供不出证据或证据不足，律师应当要求当事人提供线索，必要时律师可以自行调查，收集必要的证据。律师代书的内容必须合乎法律、合乎政策，而基础在于事情的客观真实性。在律师代书活动中，前者的责任在于律师，而后者的责任则由委托人自行承担。

（4）律师代书不是简单记录，具有一定的"创造性"。律师要运用自己的知识和技能，根据法律对当事人的陈述进行高度概括与适当提炼。律师代书不是当事人"口述"的简单记录。律师代书是以书写方式为当事人提供法律帮助。

（5）代书事项应具有法律意义，有一定范围限制。律师应针对当事人委托的具有法律意义的事项进行代书，不是凡"书"都"代"。

（二）律师代书的意义

律师代书，是律师从法律上帮助有关主体维护合法权益的一种方式。其意义表现在以下几个方面：

（1）律师代书能够为当事人提供法律帮助，保障其更好地行使权利，维护其合法权益。

（2）律师代书可以宣传社会主义法治，提高公民法律意识，教育公民遵纪守法。

（3）律师代书可以为有关部门的工作奠定良好基础，促进相关工作顺利进行。

（4）律师代书有助于防止纠纷或正确处理纠纷，促进社会稳定。

（三）律师代书的范围

总的来讲，凡委托人申请的事务中与法律实践有关的文书，都可以代书。具体而言，律师代书主要包括以下两大部分：

（1）代写诉讼文书。常见的如民事起诉状、答辩状、上诉状、申诉状等。

（2）代写有关法律事务的其他文书。有关法律事务的其他文书，是指诉讼文书以外的其他有关法律事务的文书。其中常见的主要有声明书、协议书、委托书、遗嘱、各种申请书等具有法律意义的文书。

（四）代书的基本要求

律师代书，既不是机械地"录事"、简单地"代笔"，也不是文学创作，而是一项法律性、技术性很强的律师业务。律师代书质量的高低，不仅直接关系到委托人的合法意志是否能够得到充分反映，而且直接反映出律师业务水平的高低，并在一定程度上影响律师的信誉和律师工作的顺利开展。因此，律师代书必须遵守以下基本要求：

（1）遵守"以事实为根据，以法律为准绳"的原则。虽然律师一般按当事人陈述的事实代书，但也要有一定事实根据，不能当事人讲什么就写什么。个别重要案件的法律文书，律师要经过一番调查，掌握了基本事实和基本证据之后才能代书。

（2）要有明确的代书主张和目的。通过与当事人谈话、审查证据，律师要了解事件的全部情况和掌握关键所在，确立合法、合理的主张或要求。立论要有充足根据，关键问题要论述清楚。

（3）叙述要全面、具体。必须把事件发生的时间、地点、原因、参加人以及每个人的行为和造成的结果写清楚；行文要简明扼要，不在枝节上做文章。

（4）说理要充分、透彻，引用法律条文要恰当。要用法理分析事实，揭示事物本质，关键性问题需要用"发言法语"予以表述。

（5）语言要准确、朴实，形式要正确、适当。词句要通顺、流畅、不夸张、不虚饰，论证有逻辑性，层次清楚、结构严谨。

问题与思考

1. 律师的非诉讼业务与诉讼业务的关系如何认识？二者是否存在矛盾？
2. 不具有律师资格（身份）者是否可以从事非诉讼业务？
3. 在我国目前的社会条件下，律师资信调查的具体方式、方法可以有哪些？

第二编

公证法学

第九章　公证制度概述

【本章概要】

公证制度是一国司法制度的重要组成部分之一，公证在预防纠纷、减少诉讼、维护社会经济秩序、维护社会主义法治方面具有重要作用。本章介绍公证制度的特征、任务和原则等基本理论。通过对本章的学习，了解公证制度的发展历程，掌握公证制度的基本理论、基本原则，把握公证职业规范的基本要求。

【关键术语】

公证　性质　任务　原则

【重难点提示】

本章重点是理解公证的特征、掌握公证的基本原则；难点是公证基本原则的具体应用。

第一节　公证概述

一、公证的构成要素

从语义上看，"公证"（notary system）一词，源于拉丁语 nota，原指抄录文书并取其要领、备案存查[①]，后来"公证"被用来表达国家及为社会公认的非诉讼证明活动。《中国大百科全书·法学》，将"公证"界定为"国家公证机关按照公民、机关、团体、企业事业单位的申请，对法律行为或者有法律意义的文书、事实，证明它的真实性与合法性的非讼活动。公证是国家司法制度的组成部分，是国家预防纠纷、维护法治、巩固法律秩序的一种司法行政手段"[②]。

根据《中华人民共和国公证法》（简称为《公证法》）第二条的规定，公证是指"公证机构根据自然人、法人或者其他组织的申请，依照法定程序对民事法律行为、有法律意义的事实和文书的真实性、合法性予以证明的活动"。公证概念包含了以下几个要素：公证主体，是依法设立的公证机构和申请公证的当事人，当事人必须与公证客体具有法律上的利害关系；公证客体，是指公证行为指向的对象，具体是指民事法律行为、有法律意义的事实和文书；公证内容，是公证证明的内容，即公证客体的真实性、合法性。

---

① 参见吕乔松：《公证法释论》（增订版），台湾三民书局 1984 年版，第 1 页。

② 参见《中国大百科全书·法学》，中国大百科全书出版社 1984 年版，第 168 页。

二、公证的特征

（一）公证主体特定

公证主体包括公证申请主体和公证出证主体。公证出证主体只能是公证机构和有权机构。任何公证事项都必须由当事人向公证机构提出公证申请，公证申请人应与公证事项具有利害关系。

（二）公证对象和内容特定

公证是对民事法律行为、有法律意义的事实和文书的真实性、合法性所进行的一种证明活动。一般地说，公证证明对象是没有争议的法律行为、有法律意义的事实以及有法律意义的文书。

（三）公证程序特定

公证是依照法定程序所进行的一种非诉讼证明活动。公证应严格按照法律规定的程序进行，违反法定程序进行的公证证明活动不具备相应效力；公证证明活动必须严格依照《公证法》和《公证程序规则》等规定的程序进行。

（四）公证效力特定

公证证明不同于一般证明，只要没有相反证据足以推翻其证明效力，就应当确定其证明力。根据相关法律的规定，公证机构出具的公证文书，人民法院在审理案件时一般应当作为认定事实的依据；债权公证文书可以具有强制执行力；法律法规规定必须办理公证的法律行为，只有在办理公证后才具有法律效力。

第二节　公证的任务和原则

一、公证的任务

美国著名法学家庞德曾言：自 16 世纪以来，法律已经成为社会控制的最高手段了。

我们依靠法律秩序，不仅是为了一般的安全，也是为了几乎所有社会控制的任务。[①]总体上看，实现法律秩序的手段主要包括两类：一类是诉讼手段，即在侵犯事实发生后，由司法机关依法裁决；另一类即是非诉讼手段，公证即属典型的非诉讼手段之一。根据《公证法》规定，公证的任务可以归纳为以下四个方面：

（一）依法证明民事法律行为、有法律意义的事实和文书的真实性与合法性

根据《公证法》第二条的规定，公证机构的首要任务是根据自然人、法人或者其他组织的申请，依照法定程序，对于无争议的民事法律行为和具有法律意义的事实、文书予以确认并出具公证证明的文书，证明其真实性与合法性，赋予其法律上的证明效力。公证机构正是

---

① 参见[美]罗·庞德：《通过法律的社会控制法律的任务》，沈宗灵、董世忠译，商务印书馆 1984
　年版，第 131 页。

通过为社会提供具有普遍证明力的公证证明，以保护国家、社会和公民的合法权益。

（二）预防纠纷，减少诉讼，维护社会经济秩序

公证机构对公民、法人或者其他组织申请公证的事项，经审查认为申请所提供的证明材料真实、合法、充分，申请公证的事项真实、合法的，应当依法出具公证书，赋予其法律上的证明效力。对某些不够真实、合法或者不完全可行的事项，公证人员要事先向当事人宣传法律，讲明道理，指导当事人加以修正，然后再予以公证，使当事人之间的民事和经济法律行为一开始就置于公证制度的监督与保护之下。

（三）促进国际友好交往，保护中外当事人的合法权益

按照国际惯例，在不同国家公民和法人组织之间进行的民商事活动中，许多法律行为、有法律意义的事实和文书，例如法人资格、科技人员的学历、经历、职称、有无受过刑事制裁等，都需要办理公证才能在域外发生法律效力。我国公证机构开展涉外公证的主要任务，就是保护我国公民、侨胞在域外的正当权益，保证我国对外经济贸易活动合法和有效，从而维护国家主权和人民的利益，同时也保护外国人在华的合法权益。

（四）教育公民自觉遵守法律，维护社会主义法治

公证机构在办理公证的过程中，通过向当事人提供法律咨询、书写法律文书等多项业务活动，向当事人和广大人民群众宣传法律知识，使广大人民群众知法、守法、树立法治观念，引导他们在国家法律、政策允许范围内进行各种活动，从而维护社会主义法治。

二、公证的基本原则

公证的基本原则具有概括性和指导性，集中体现着公证的意旨，既引导公证立法，又指导公证活动实践，其具体体现在公证法条文本之中，贯穿于公证的各个阶段。《公证法》第三条规定，"公证机构办理公证，应当遵守法律，坚持客观、公正的原则"。

（一）真实合法原则

公证是证明有关事项真实性、合法性的司法活动。真实、合法是公证制度的基本要求和首要的基本原则。

1. 真实原则

真实原则，亦称客观原则，是指公证书所证明的法律行为或者具有法律意义的事实和文书及其各项内容都是真实的，或是曾经发生过的事实，或确属客观存在，而非伪造或虚构的准则性要求。这一原则要求，公证文书所证明的内容应当与事实相符，只有真实的事实才能为公证证明；只有真实的公证书，才能产生应有法律效力。对虚构的事实、待证的事实或者与事实不相符的事实，或者没有任何证据作为支持的事实，都不能加以公证证明，否则就违背了真实原则。[①]

真实原则是公证机构进行公证活动的前提和基础，要做到客观真实，公证机构在进行公

① 参见杨荣元：《〈公证程序规则〉及其修改探析》，载中国公证协会编：《"公证与经济发展"国际研讨会论文集》，法律出版社 2003 年版，第 393 页。

证活动时需要做到以下几点：

（1）公证人员要认真审查当事人申请公证的事实和文书及有关材料是否真实可靠。这就要求公证申请人必须如实向公证机构陈述公证的目的和要求，并提供充足必要的证据、文件和材料，以证明公证事项的真实性。

（2）公证人员要认真审查当事人是否基于自己的真实意思表示而提出公证申请。在公证实践中，如果当事人申请公证是因受到欺诈、胁迫或乘人之危而做出的行为，公证机构应该拒绝予以公证，否则就违反了真实原则。

（3）公证机构必须核实证据。《公证法》第二十九条明确规定，公证机构对申请公证的事项以及当事人提供的证明材料，按照办证规则进行核实，或者委托异地公证机构代为核实，有关单位或者个人应当依法予以协助。

2. 合法原则

合法原则是指公证机构办理公证事务时，必须严格依照法定程序办理，公证证明的法律行为或有法律意义的事实和文书的内容、形式及取得方式，都应符合国家法律、法规和规章的规定，不得违反有关政策和社会公共利益的要求。合法原则包含两方面的内容：

（1）实体合法。即公证所证明的事项必须符合法律、法规或者政策的规定。公证机构的全部活动过程，都是贯彻执行法律、法规的过程，公证机构所出具的公证书，无论在内容或形式上，均应完全符合法律、法规要求。

（2）程序合法。即办理公证事项必须按照《公证法》《公证程序规则》等法律法规所规定的程序办事。公证机构办理每一个公证行为都要按照申请与受理、审查、出证三个阶段进行。

合法原则与真实原则之间相互联系、密不可分。真实性是合法性的基础，真实性又不等同于合法性，客观上真实的法律行为、法律事实和法律文书并不必然合法。

（二）公正原则

公证制度是公证机关代表国家行使证明权、进行司法证明活动的一种法律制度，是国家司法制度的重要组成部分。公正是法律追求的主要目标之一，公证自然也不例外。公正原则包括实体公正与程序公正两个方面：实体公正，是指公证的法律行为、法律文书和法律文书的证明结果是公正的；程序公正，是指公证活动的步骤、方法是公正的。

公证活动只有按法定程序开展，公正才能实现，公证的效力与程序公正密不可分。为了防止公证过程中出现有失公正的情形，我国《公证法》第六条明确规定公证机构依法独立承担民事责任，第六章专门规定了法律责任，为公证活动的公正提供了制度性保障。

（三）直接原则

直接原则，又称公证员亲自办理公证事务原则。该原则要求公证员应当亲自接待公证当事人、利害关系人以及其他对公证事项有重大影响的人，直接听取他们陈述，直接审查公证事项的主要内容和有关证据，必要时还应亲自调查证据，以便对公证事项有全面深入的了解，并根据不同情况作出出具公证书、拒绝公证、终止公证等决定。

我国《公证程序规则》第五条第二款规定，在办理公证过程中须由公证员亲自办理的事务，不得指派公证机构的其他工作人员办理。当然，直接原则并不意味着公证活动中的每一个环节都由公证员亲自完成。一些辅助性的工作，如记录询问笔录、草拟公证书、装订、归档等，也可以由公证员助理完成。

（四）独立行使公证职能原则

独立行使公证职能原则是指公证机构及其公证员，根据事实与法律，独立履行公证职责，办理公证事务，不受其他单位、个人非法干涉。我国《公证法》第六条中明确规定，公证机构依法独立行使公证职能。公证机构独立行使公证职能并不意味着公证机构不受法律约束。《公证法》在保障公证机构独立行使公证职能的同时，也通过一系列制度设计来约束公证机构的公证活动，确保公证机构能够在法律框架内进行公证活动，独立行使公证职能。

（五）告知原则

告知原则是指公证员和当事人在公证活动中，应互相就与公证对象相关的事项进行告知。一方面，公证员要将当事人公证以后享有的权利、承担的义务、法律后果和注意事项充分告知当事人。我国《公证法》第二十七条第二款明确规定："公证机构受理公证申请后，应当告知当事人申请公证事项的法律意义和可能产生的法律后果，并将告知内容记录存档。"另一方面，当事人也应向公证员充分告知其申办的公证事项的详情，不得隐瞒重要情节。

 问题与思考

1. 公证具有哪些法律特征？
2. 公证的任务是什么？
3. 公证应坚持哪些基本原则？

第十章　公证执业与管理

【本章概要】

公证机构是国家法定的证明机构，公证员任职资格具有特定性。本章主要介绍了公证员、公证机构、公证协会、公证管理体制和公证职业规范等内容。通过对本章的学习，掌握我国公证管理体制的主要内容。

【关键术语】

公证员　公证机构　公证管理　公证协会

【重难点提示】

本章重点是公证员资格的取得条件、公证机构的设置及构成、公证员的职业规范；难点是通过对公证机构的定位明确其与公证管理体制之间的关系。

第一节　公证员

一、公证员任职条件

公证员是实际具体承办公证业务的人员，是公证机构的构成基础。《公证法》第十六条规定："公证员是符合本法规定的条件，在公证机构从事公证业务的执业人员。"公证员的任职条件是指从事公证员职业的先决条件。《公证法》第十八条、第十九条和第二十条对公证员任职的积极条件和消极条件进行了规定，第二十三条则对公证员任职的禁止性条件进行了规定。

（一）公证员任职条件

根据《公证法》第十八条的规定，担任公证员应当具备下列条件：

（1）国籍条件。公证员必须具有中国国籍，外国人或无国籍人不能担任公证员。

（2）年龄条件。公证员年龄在25周岁以上65周岁以下。公证员的职业特点不仅要求其应当具有较为丰富的法律知识、社会阅历、人生经验，以及处理各种复杂问题的能力，而且要求其有敏锐的判断力和亲力亲为公证事项的精力。因此，法律对公证员有最低和最高年龄的限制。

（3）品行条件。公道正派、遵纪守法、品行良好。这是对公证员道德品行的要求。公证员是代表国家对法律事务进行证明的执业人员，由公证员出具的公证文书所证明的法律行为、有法律意义的事实和文书，除了有相反证据足以推翻的以外，能够作为人民法院认定事实的根据，这决定了公证员职业的权威性。只有具备良好的道德与品行才能承担如此重任，才能依法履行职责，维护当事人各方的利益和公共利益。同时公证员作为法律服务提供者，只有具备良好的道德与品行才能获得当事人和全社会的认可。

（4）职业资格条件。通过国家统一法律职业资格考试取得法律职业资格。《公证法》将通过国家统一法律职业资格考试作为担任公证员的基本条件之一，这对提高公证员的素质有相当积极的作用。另外，虽然《公证法》没有规定担任公证员的学历要求，但是根据相关规定，除少数地区外，参加国家统一法律职业资格考试必须具有法学本科以上学历，所以公证员的实际学历要求为本科以上。

（5）实习条件。在公证机构实习二年以上或者具有三年以上其他法律职业经历并在公证机构实习一年以上，经考核合格。公证员职业具有极强的实务性和操作性，娴熟的业务技能和丰富的经验是一名合格公证员必备的条件。因此《公证法》强调公证员实习期满并考核合格，才能获得任命。"其他法律职业"，主要是指法官、检察官或律师。从业3年以上的法官、检察官或律师，已经积累了一定法律职业经验，实习的时间可以适当缩短。

（二）特别许可

为了吸收具有较高法学素质和丰富法律工作经验的高层次法律人才进入公证行业，《公证法》第十九条规定："从事法学教学、研究工作，具有高级职称的人员，或者具有本科以上学历，从事审判、检察、法制工作、法律服务满十年的公务员、律师，已经离开原工作岗位，经考核合格的，可以担任公证员。"这是对公证员任职资格取得的特殊许可。其基本条件为：

（1）从事法学教学、研究工作，具有高级职称人员，即指在高等院校从事法学教学工作的教师或在法学研究部门从事法学研究工作、具有高级职称的人员，包括副教授、教授、副研究员、研究员等。

（2）具有本科以上学历，从事审判、检察、法制工作满十年的公务员和从事法律服务工作满十年的律师，包括法官、检察官以及从事法制工作满十年的公务员，以及从事法律服务工作满十年的律师。在律师事务所从事辅助性法律服务工作，但没有取得律师执业证书，或虽取得律师执业证书但执业不满十年，均不符合经考核任命为公证员的条件。

（3）离开原来的工作岗位。《公证法》规定公证员不得从事有报酬的其他职业，上述两类人员担任公证员之前必须离开原来的工作岗位。

（4）经考核合格。上述人员须经司法部考核合格方可任命为公证员。

（三）禁止性条件

根据《公证法》第二十条规定，有下列情形之一的，不得担任公证员：

（1）无民事行为能力或者限制民事行为能力。为防止该类人员由于年龄太小或者因严重智力障碍导致不能完全履行执业义务，甚至损害有关当事人的合法权益，立法对该类人员任职公证员进行了相应限制。

（2）因故意犯罪或者职务过失犯罪受过刑事处罚。故意犯罪和职务过失犯罪与公证员职务所要求的遵纪守法和品行良好的基本要求相矛盾，所以，因故意犯罪和职务过失犯罪受过刑事处罚的人，不能担任公证员。

（3）被开除公职。从行政处分的后果来看，开除公职是最为严重的一种行政处分形式。而公证员是经法律授权，依法从事证明法律事务的公职人员，曾经被开除公职的人员显然不允许担任公证员。

（4）被吊销公证员、律师执业证书的。吊销执业证书是专业人员所受的最严重的职业处分，吊销执业证书对受处罚人终生有效，因此，受过吊销执业证书处罚的公证员、律师，终生不具备担任公证员的条件。

二、公证员执业

《公证法》第二十一条规定，公证员取得执业证书需履行以下程序：

（一）申请

符合条件的人提出申请公证员执业申请。提出执业申请应符合以下条件：（1）符合公证员任职条件；（2）不存在公证员任职禁止条件；（3）身体健康能够履行公证员职务。三个条件应同时具备，缺一不可。

（二）公证机构推荐

根据《公证法》第十七条"公证员的数量根据公证业务需要确定。省、自治区、直辖市人民政府司法行政部门应当根据公证机构的设置情况和公证业务的需要核定公证员配备方案，报国务院司法行政部门备案"，可见我国实行公证员配额制度。公证机构收到申请后，经审查认为被推荐人符合《公证法》规定的担任公证员的条件，且符合本地区公证员配备方案，并经竞争性选贤任能机制的遴选，方可推荐。

（三）公证机构所在地司法行政主管部门初审

公证机构由所在司法行政部门对公证机构负有监督、指导责任。公证机构所在地司法行政部门主要对以下事项进行初审：（1）申请、推荐材料是否真实；（2）申请人是否符合《公证法》规定的任职条件；（3）申请人和推荐人的意思是否真实；（4）公证机构是否经过了必要的选拔程序；（5）是否符合本地区的公证员配备方案。

（四）省级人民政府司法行政部门审核

省、自治区、直辖市人民政府司法行政部门负责对本行政区划内的公证机构、公证员进行监督、指导，核定本区划内的公证员配备方案。省级人民政府司法行政部门主要负责审核以下事项：（1）申请、推荐、初审材料的真实性；（2）是否符合本区划内公证员核定方案。如审核同意，则呈报国务院司法行政部门。

（五）国家司法部任命

国务院司法行政部门负责对全国公证机构、公证员的监督、指导，统筹全国的公证员数量配备。国务院司法行政部门在确认申请资料齐备、法律职业资格证书真实、符合该区划公证员配备方案后，即可任命申请人为公证员。

（六）省级人民政府司法行政部门颁发执业证书

国务院司法行政部门任命之后，省级人民政府司法行政部门即根据公证员执业登记规定向申请人颁发执业证书。申请人获得省级人民政府司法行政部门颁发的执业证书后，即可展开公证执业活动。

三、公证员免职

现行《公证法》第二十四条对公证员职务的免除条件和程序作出了规定。

（一）公证员职务免除的条件

（1）丧失中华人民共和国国籍。根据我国《国籍法》的规定，所谓"丧失中华人民共和国国籍"，包括自动丧失中国国籍（即定居外国自愿加入或者取得外国国籍），或当事人向我国有关部门申请退出中国国籍并获得批准。

（2）年满65周岁或者因健康原因不能继续履行职务。当公证员因健康原因导致不具备继续履行职务的基本条件时，当然免除其职务。另外，公证员年龄已满65周岁时便自然失去了继续担任公证员的资格，此时无论其身体状况如何均应予以免职。

（3）自愿辞去公证员职务。公证员享有自主择业的权利，当其自愿辞去公证员职务时，应予以尊重并依法定程序免去其公证员职务。

（4）被吊销公证员执业证书的。吊销执业证书是对公证员最为严厉的行政处罚措施。《公证法》规定了吊销公证员执业资格证书的七种情形，现行《公证员执业管理办法》和《公证执法违规行为惩戒规则（试行）》也有相关规定。从这些规定来看，被吊销公证员执业证书者，均违反了《公证法》的规定，情节严重，被处罚人此时已经失去了作为公证员的道德基础，失去了能够担任公证员的公众信任和法律评价基础，自然应予免职。

（二）公证员职务免除的程序

如同公证员的产生一样，公证员的职务免除也有严格程序要求，根据"谁任命谁免职"原则，公证员职务免除的具体程序为：首先，先由公证机构所在地司法行政部门报省一级人民政府司法行政部门；其次，由省一级人民政府司法行政部门呈报国务院司法行政部门；最后，由国务院司法行政部门予以免职。

第二节　公证机构

一、公证机构特征

《公证法》第六条规定："公证机构是依法设立，不以营利为目的，依法独立行使公证职能、承担民事责任的证明机构。"公证机构具有如下特征：

（一）法定性

法定性是指公证机构的设立、职能、业务范围及证明的效力等都由法律规定。公证机构必须依据《公证法》规定的条件和程序设立，公证机构负责人的产生应符合法定条件和程序，未依法定条件和程序设立的机构，不得行使公证证明权，不能办理公证。公证机构所履行的职能是法律赋予的专门证明职能。

（二）非营利性

非营利性是指公证机构不以营利为目的，具有公益性。公证机构的设立旨在承担部分社会职能，预防纠纷、减少诉讼，具有公益性。公证机构的非营利性表明公证机构不是企业，不是国家机关，也非一般中介服务机构。当然，公证的非营利性与公证机构按照规定的标准收取公证费并不矛盾。公证机构行使公证职能，必然消耗大量人力和成本，而国家财政不会负担公证机构提供服务所需求的费用，故正当收取一定数额公证费用应属合理要求[1]。公证机构收取公证费用主要用于其自身的生存和发展。

（三）独立性

独立性是指公证机构独立地行使公证证明权、独立承担责任。公证员在工作时应依照法律独立行使自己的职权，法律和法规是公证人的行为准则。公证机构依法独立行使公证职能，不受任何行政机关、社会团体和个人非法干涉。当然应受司法行政机构监督和指导。《公证法》第五条明确规定："司法行政部门依照本法对公证机构、公证员和公证协会进行监督、指导。"

（四）中立性

中立性是指公证机构在办理公证过程中，应当遵守法律，坚持客观公正原则，依照法定程序对民事法律行为、有法律意义的事实和文书的真实性、合法性予以证明。公证机构必须以中立第三方的身份，站在国家法律和社会公共立场上不偏不倚地开展证明活动，否则其公信力便会遭到质疑。

（五）服务性

服务性是指公证机构依据当事人的申请，运用自己所拥有的法律知识，为公民、法人或者其他组织提供公证服务。公证属于法律服务性工作，是较为专业的法律服务。

二、公证机构设立

（一）设立模式

公证制度属于一国司法制度的重要组成部分，我国公证机构的设立模式经过了一个曲折发展历程。[2]中华人民共和国成立初期，我国没有设立专门的公证机构，公证职能由人民法院行使。1950年前后，北京、天津、上海等大城市的人民法院相继设立了公证处，办理公证业务。1951年，中央人民政府发布的《中华人民共和国人民法院暂行组织条例》规定，公证职能由人民法院行使。1954年，第一届全国人民代表大会通过《中华人民共和国人民法院组织法》后，公证工作移交司法行政机关主管，并正式筹建国家公证机关。1956年，国务院批准了司法部的《关于开展公证工作的请示报告》。该报告规定，在直辖市和30万人口以上的市设立公证处，受当地司法行政机关直接领导；人口不满30万的市和侨眷较多的县，如不具备条件设立公证处，则应在市中级人民法院或在市、县人民法院内附设公证室，其业务由省、自治区司法行政机关授权法院院长负责领导。1959年，随着司法行政机关被撤销，绝大多数公证处也随之撤销。1979年司法部重建之后，决定恢复重建公证机构。

1982年《中华人民共和国公证暂行条例》第五条对公证机构的设置进行了规定："直辖市、县（自治县）、市设立公证处。经省、自治区、直辖市司法行政机关批准，市辖区也可设立公证处。"为适应改革开放和经济发展的需要，我国逐步建立起四级公证处体制，即国家公证处（后改名为"长安公证处"）、省级公证处、市级公证处、县（市辖区）级公证处。2005年《公

---

① 参见陈宜、王进喜主编：《律师公证制度与实务》，中国政法大学出版社2008年版，第308-309页。

② 以下介绍主要参考了陈宜、王进喜主编：《律师公证制度与实务》，中国政法大学出版社2008年版，第322-323页中的相关内容。

证法》颁布，重构了我国公证机构的设置。该法第七条规定"公证机构按照统筹规划、合理布局的原则，可以在县、不设区的市、设区的市、直辖市或者市辖区设立；在设区的市、直辖市可以设立一个或者若干个公证机构。公证机构不按行政区划层层设立"，2006 年司法部颁布的《公证机构执业管理办法》第八条对此进行了重申。自此，确立了我国公证机构设立模式：

（1）设置原则，即统筹规划，合理布局。"统筹规划"旨在说明公证不是市场行为，"统筹规划"也意味着公证机构的设立要实行总量控制，而不是随意设置。"统筹规划，合理布局"是指要从本地实际情况出发，以可持续发展的眼光，本着方便当事人原则，科学、合理地确定公证机构的设置。各地要根据地区经济发展程度、人口数量、交通状况和对公证业务的实际需要等情况设置公证机构。

（2）设立地点。明确了在国家、省一级、地区、盟、州不再以行政区划名设立公证机构，公证机构可以在县、不设区的市、设区的市、直辖市或者市辖区设立。

（3）设置数量。在设区的市、直辖市可以设立一个或者若干个公证机构。

（4）不按行政区划层层设立。明确规定了公证机构不按行政区划层层设立。对于设区的市、直辖市来说，同一城市公证机构职能是同一层级，不再出现两个层级的公证机构。如果在设区的市、直辖市设立公证机构，在城区范围的市辖区就不再设立；如果城区范围的市辖区设立公证机构的，市就不再设立。

（二）公证机构设立条件

根据《公证法》第八条的规定，设立公证机构应具备以下条件：

1. 有自己的名称

公证机构的名称一般为"字号+公证处"，名称是公证机构区别于其他单位或者公证机构的显著标志。"公证"是专有名词，只能由公证机构专门使用，其他任何单位都不能使用。公证机构成立后，对自己的名称享有专有使用权，其他任何单位和个人不得侵犯。

2. 有固定的场所

拥有固定的办公场所，是公证机构能独立承担民事责任的前提和基础，是公证机构独立享有民事权利和承担民事义务的物质基础。拥有固定场所可以方便当事人办理公证事项，可以向当事人提供更加优质的服务。如果一个公证机构没有固定办公场所，则不能给社会大众提供一个稳定预期，其公信力就会大打折扣。

3. 有两名以上公证员

公证员是公证机构的主体，公证机构必须拥有一定数量的公证员，才能对外开展业务。拥有两名公证员是设立一个公证机构的最低标准，低于两名公证员，公证机构不得设立。

4. 有开展公证业务所必需的资金

公证机构有必需的资金是公证机构独立承担民事责任的基础和前提。公证机构开展公证业务必须有自己的办公场所和办公设备，因此需要有必要资金。公证机构独立承担民事责任的规定，要求公证机构有自己的资金作为基础。开展公证业务所必需的资金，可以参照 2000 年 9 月 5 日司法部《关于贯彻〈深化公证工作改革的方案〉的若干意见》规定的标准，即公证处的法人资产应在 30 万元以上。

（三）公证机构设立程序

我国对公证机构的设立采取了许可设立主义，即设立公证机构除应具备法定条件之外，还要经过行政主管机关批准。《公证法》第九条规定："设立公证机构，由所在地的司法行政部门报省、自治区、直辖市人民政府司法行政部门按照规定程序批准后，颁发公证机构执业证书。"

1. 申请

《公证机构执业管理办法》第十四条规定，申请设立公证机构，应当提交下列材料：（1）设立公证机构的申请和组建报告；（2）拟采用的公证机构名称；（3）拟任公证员名单、简历、居民身份证复印件和符合担任公证员条件的证明材料；（4）拟推选的公证机构负责人的情况说明；（5）开办资金的证明；（6）办公场所证明；（7）其他需要提交的材料。

2. 审批

《公证机构执业管理办法》第十五条中规定："省、自治区、直辖市司法行政机关应当自收到申请材料之日起三十日内，完成审核，做出批准设立或者不予批准设立的决定。对准予设立的，颁发公证机构执业证书；对不准予设立的，应当在决定中告知不予批准的理由。"

省、自治区、直辖市司法行政机关在审批时，应当依法审查如下内容：（1）该公证机构的设立是否符合统筹规划、合理布局的原则。（2）该公证机构的设立是否符合公证机构设立的规则，即《公证法》第七条的规定。（3）该公证机构是否已具备《公证法》第八条规定的条件。（4）报送的主体是否合格。即是否由所在地的司法行政部门报送。批准设立公证机构的决定，应当报司法部备案。

公证机构执业证书是公证机构获准设立和执业的凭证。《公证机构执业管理办法》第二十一条中规定："公证机构执业证书应当载明下列内容：公证机构名称、负责人、办公场所、执业区域、证书编号、颁证日期、审批机关等。公证机构执业证书分为正本和副本。正本用于在办公场所悬挂，副本用于接受查验。正本和副本具有同等法律效力。"该办法第二十二条规定："公证机构执业证书不得涂改、出错、抵押或者转让。公证机构执业证书损毁或者遗失的，由该公证机构报经所在地司法行政机关，逐级向省、自治区、直辖市司法行政机关申请换发或者补发。"

3. 负责人

公证机构的负责人应当在有三年以上执业经历的公证员中推选产生，由所在地的司法行政部门核准，报省、自治区、直辖市人民政府司法行政部门备案。

三、公证管理体制

（一）司法行政机关监督管理

《公证法》第五条规定："司法行政机关依照本法对公证机构、公证员和公证协会进行监督、指导。"该规定确认了司法行政机关与公证机构、公证员和公证协会之间的关系，规定了司法行政部门的管理权限和形式。从立法目的上看，司法行政机关的监督、指导公证工作主要应当是对公证机构进行宏观管理。

司法部公证司的主要职责是：从宏观上指导、监督全国的公证工作；研究制定全国公证工作发展规划和重要的方针政策、指导性意见；制定、解释、修改公证规章制度和行为规范；确定全国公证处的布局、管理方法和印章管理问题；指导、监督、检查各省级司法行政机关，协调各省公证机构与其他国家机关、单位之间的关系，从事公证制度建设方面的理论调研和资料收集整理活动，组织全国性及国际公证交流活动，定期发布公证信息；负责高级公证员的业务培训、考核，组织全国性的公证业务考试，授予公证员资格和其他公证业务称号，对办理涉外业务的公证员进行考核备案，等等。

省、自治区、直辖市司法行政机关对公证机构的下列事项实施监督：公证机构保持法定设立条件的情况；公证机构执行应当报批或者备案事项的情况；公证机构和公证员的执业情况；公证质量的监控情况；法律、法规和司法部规定的其他监督检查事项。

设区的市和公证机构所在地司法行政机关对本地公证机构的下列事项实施监督：组织建设情况；执业活动情况；公证质量情况；公证员执业年度考核情况；档案管理情况；财务制度执行情况；内部管理制度建设情况；司法部和省、自治区、直辖市司法行政机关要求进行监督检查的其他事项。年度考核，应当依照《公证法》要求，以及《公证机构执业管理办法》第二十六条规定的监督事项，审查公证机构的年度工作报告，结合日常监督检查掌握的情况，由所在地司法行政机关对公证机构年度执业和管理情况做出综合评估。考核等次及其具体标准，由司法部制定。年度考核结果，应当书面告知公证机构，并报上一级司法行政机关备案。

（二）公证协会行业管理

中国公证协会的前身是 1990 年成立的原中国公证员协会（China Notaries' Association）。该协会成立于 1990 年 3 月 29 日，是依法登记成立，由公证员、公证处、公证管理人员及其他公证事业有关的专业人员、机构组成的全国性社会团体法人，接受中华人民共和国司法部、民政部的业务指导和管理监督。2006 年 3 月 1 日，经民政部、司法部批准，中国公证员协会更名为中国公证协会。根据中国公证协会章程，其职责包括：

（1）协助政府主管部门管理、指导全国的公证工作，指导各地公证员协会工作；

（2）维护会员的合法权益，保障会员依法履行职责；

（3）举办会员福利事业；

（4）对会员进行职业道德、执业纪律教育，协助司法行政机关查处会员的违纪行为；

（5）负责制定行业规范；

（6）负责会员的培训，组织会员开展学术研讨和工作经验交流；

（7）负责全国公证赔偿基金的使用管理工作，对各地公证员协会管理使用的公证赔偿基金进行指导和监督；

（8）负责公证宣传工作，主办公证刊物；

（9）负责与国外和港、澳、台地区开展有关公证事宜的研讨、交流与合作活动；

（10）负责海峡两岸公证书的查证和公证书副本的寄送工作；

（11）负责公证专用水印纸的联系生产、调配，协助行政主管部门做好管理工作；

（12）对外提供公证法律咨询等服务；

（13）履行法律法规规定的其他职责，完成司法部委托的事务。

中国公证协会会员分团体会员和个人会员。公证处为中国公证协会团体会员；其他与公证业务有关的境内外机构，经申请批准，为中国公证协会团体会员。公证员为中国公证协会个人会员；公证管理人员，从事公证法学教学、科研的人员以及对公证制度有研究的人员和中国委托公证人，经申请批准，为中国公证协会个人会员。会员依法享有权利，承担义务。

第三节　公证职业规范

一、公证职业道德

公证员的职业道德，是指公证员在办理公证事务、履行公证职责过程中所应遵循的道德规范。公证员职业道德是调节公证职业内部公证员之间的关系以及公证职业与社会关系的行为准则，是评价公证员职业行为的善恶、荣辱的标准，对公证员具有特殊的约束力。根据《公证员职业道德基本准则》（2011年修订），公证员应当遵守如下职业道德：

（一）忠于法律、尽职履责

公证员应当忠于宪法和法律，自觉践行社会主义法治理念；公证员应当政治坚定、业务精通、维护公正、恪守诚信，坚定不移地做中国特色社会主义事业的建设者、捍卫者；公证员应当依法办理公证事项，恪守客观、公正的原则，做到以事实为依据、法律为准绳；公证员应当自觉遵守法定回避制度，不得为本人及近亲属办理公证或者办理与本人及近亲属有利害关系的公证；公证员应当自觉履行执业保密义务，不得泄露在执业中知悉的国家秘密、商业秘密或个人隐私，更不得利用知悉的秘密为自己或他人谋取利益；公证员在履行职责时，对发现的违法、违规或违反社会公德的行为，应当按照法律规定的权限，积极采取措施予以纠正、制止。

（二）爱岗敬业、规范服务

公证员应当珍惜职业荣誉，强化服务意识，勤勉敬业、恪尽职守，为当事人提供优质高效的公证法律服务；公证员在履行职责时，应当告知当事人、代理人和参与人的权利和义务，并就权利和义务的真实意思和可能产生的法律后果做出明确解释，避免形式上的简单告知；公证员在执行职务时，应当平等、热情地对待当事人、代理人和参与人，要注重其民族、种族、国籍、宗教信仰、性别、年龄、健康状况、职业的差别，避免言行不慎使对方产生歧义；公证员应当严格按照规定的程序和期限办理公证事项，注重提高办证质量和效率，杜绝疏忽大意、敷衍塞责和延误办证的行为；公证员应当注重礼仪，做到着装规范、举止文明，维护职业形象；现场宣读公证词时，应当语言规范、吐字清晰，避免使用可能引起他人反感的语言表达方式；公证员如果发现已生效的公证文书存在问题或其他公证员有违法、违规行为，应当及时向有关部门反映；公证员不得利用媒体或采用其他方式，对正在办理或已办结的公证事项发表不当评论，更不得发表有损公证严肃性和权威性的言论。

（三）加强修养、提高素质

公证员应当牢固树立社会主义荣辱观，遵守社会公德，倡导良好社会风尚；公证员应当道德高尚、诚实信用、谦虚谨慎，具有良好的个人修养和品行；公证员应当忠于职守、不徇私情、弘扬正义，自觉维护社会公平和公众利益；公证员应当热爱集体，团结协作，相互支持、相互配合、相互监督，共同营造健康、有序、和谐的工作环境；公证员应当不断提高自身的业务能力和职业素养，保证自己的执业品质和专业技能满足正确履行职责的需要；公证员应当树立终身学习理念，勤勉进取，努力钻研，不断提高职业素质和执业水平。

（四）廉洁自律、尊重同行

公证员应当树立廉洁自律意识，遵守职业道德和执业纪律，不得从事有报酬的其他职业和与公证员职务、身份不相符的活动；公证员应当妥善处理个人事务，不得利用公证员的身份和职务为自己、亲属或他人谋取利益；公证员不得索取或接受当事人及其代理人、利害关系人的答谢款待、馈赠财物或其他利益。公证员应当相互尊重，与同行保持良好的合作关系，公平竞争，同业互助，共谋发展；公证员不得以不正当方式或途径对其他公证员正在办理的公证事项进行干预或施加影响；公证员不得从事不正当竞争行为。

二、公证执业纪律

公证执业纪律，是指公证机构、公证员在执业活动中必须严格遵守的行为准则。公证执业纪律包括公证机构执业纪律和公证员执业纪律，违反执业纪律将受到纪律制裁甚至承担法律责任。

（一）公证机构执业纪律

根据《公证法》第十三条、《公证机构执业管理办法》第二十八条之规定，公证机构不得有下列行为：

（1）为不真实、不合法的事项出具公证书；

（2）毁损、篡改公证文书或者公证档案；

（3）以诋毁其他公证机构、公证员或者支付回扣、佣金等不正当手段争揽公证业务；

（4）泄露在执业活动中知悉的国家秘密、商业秘密或者个人隐私；

（5）违反规定的收费标准收取公证费；

（6）法律、法规、国务院司法行政部门规定禁止的其他行为。

（二）公证员执业纪律

根据《公证法》第二十三条规定，公证员不得有下列行为：

（1）公证员不得同时在两个以上的公证机构执业。如果允许公证员同时在两个以上的公证机构执业，不利于公证机构和司法行政部门对公证员的管理、监督。

（2）公证员不得从事有报酬的其他职业。公证的价值和功效要求公证员保持中立和独立的态度，客观、公正行使证明职能。若公证员从事其他有报酬的职业，难免会与公证职业本身发生冲突，产生不正当的竞争，甚至导致徇私枉法等情况的发生，使得公证员难以保持其公正、中立的立场。

（3）公证员不得为本人及近亲属办证或者办理与本人及近亲属有利害关系的公证。回避制度是现代诉讼和非诉讼法律中的一项重要程序制度，在公证活动中，公证员对于与自己或自己近亲属有某种利害关系的公证事项，应当依法回避。

（4）公证员不得私自出具公证书。我国公证实行机构本位主义，公证书由公证机构名义出具。《公证程序规则》第四十条规定："符合《公证法》、本规则及有关办证规则规定条件的公证事项，由承办公证员拟制公证书，连同被证明的文书、当事人提供的证明材料及核实情况的材料、公证审查意见，报公证机构的负责人或其指定的公证员审批。但按规定不需要审批的公证事项除外。　　公证机构的负责人或者被指定负责审批的公证员不得审批自己承办的公证事项。"

（5）公证员不得为不真实、不合法的事项出具公证书。真实、合法是公证活动的基本原则，是公证建立和保持公信力的核心所在，我国《公证法》严厉禁止对不真实、不合法的事项进行公证，《公证法》第二条、第四十二条第二项以及《公证员职业道德基本准则》、《公证员惩戒条例（试行）》等也都对此进行了规定。

（6）公证员不得侵占、挪用公证费或者侵占、盗用公证专用物品。公证费、公证专用物品是公证机构正常开展业务的经济保障，是公证机构的公共财产，侵占、挪用公证费或者侵占、盗窃公证专用物品均属于侵犯公证机构公共财产的行为。

（7）公证员不得毁损、篡改公证文书或者公证档案。公证文书属于司法文书，对当事人、其他个人和组织具有法律规定的效力。毁损、篡改生效的公证文书，应依法承担责任。

（8）公证员不得泄露在执业活动中知悉的国家秘密、商业秘密或者个人隐私。《公证法》第二十二条中规定：公证员应当保守执业秘密。执业秘密包括国家秘密、当事人的商业秘密或者个人隐私以及公证机构的内部秘密。

（9）公证员办理涉外公证必须遵守《涉外人员守则》的有关规定。《涉外人员守则》要求涉外人员必须忠于祖国，在对外活动中遵守党的方针政策，坚持国际主义，坚持原则，严守国家秘密，谦虚谨慎，讲究文明礼貌，自觉遵守组织纪律，不得背着组织同外国机构和外国人私自交往，不得利用职权和工作关系营利、牟利等。

（10）公证员不得从事法律、法规、国务院司法行政部门规定禁止的其他行为。

三、公证法律责任

（一）公证法律责任概述

公证法律责任有广义和狭义之分。广义的公证法律责任，又称违法的公证法律责任，是指公证机构、公证人、公证当事人和其他参与公证活动的人员对其违反公证法律、法规、规章的行为所造成的危害结果所应承担的法律责任；狭义的公证法律责任，是指公证机构或公证人员因公证行为违法，给当事人或相关人员的合法权益造成损害所应承担的否定性法律后果。目前，我国公证法律责任主要是狭义的公证法律责任，此类法律责任由于受公证机构中立性、公益性、非营利性等属性影响，在构成上有其特殊性。一般来讲，公证法律责任应具备以下构成要件：

（1）公证行为违法。公证行为违法，即公证机构、公证员的执业行为违反了公证法律规定。这是认定公证法律责任的首要条件。违法公证系由公证机构、公证人员的执业行为引起。公证法律责任应以公证人员或公证机构的执业行为为限，非执业行为不构成公证法律责任。

（2）违法行为破坏了公证活动秩序，造成了危害结果，且行为和结果存在因果关系。这是构成公证法律责任的必要条件。没有损害事实，一般不承担公证法律责任。而违法行为与损害后果之间须有内在且合乎规律的客观联系，否则就不构成公证法律责任。

（3）行为人在主观上必须有过错。公证机构、公证人员是否应该承担法律责任，取决于其主观上是否存在过错，行为人主观上有过错表现为行为人故意违反公证法律法规或因疏忽大意或过于自信而导致违反公证法律法规。

（4）有损害结果发生。公证机构或公证人员在履行职务过程中，由于自身过错而给当事人或利害关系人造成了直接损失的，都应承担相应赔偿责任。

（二）公证行政责任

公证行政责任是指公证机构及公证员在公证活动中违反了行政法律、法规、规章的规定所应承担的行政法律后果。行政法律责任包括 5 种：警告、罚款、停止执业、没收违法所得和吊销执业证书。《公证法》按照公证机构及公证员违法程度不同，制定了轻重不同的处罚措施。

1. 公证行政责任种类及适用情形

《公证法》第四十一条规定："公证机构及其公证员有下列行为之一的，由省、自治区、直辖市或者设区的市人民政府司法行政部门给予警告；情节严重的，对公证机构处一万元以上五万元以下罚款，对公证员处一千元以上五千元以下罚款，并可以给予三个月以上六个月以下停止执业的处罚；有违法所得的，没收违法所得：（一）以诋毁其他公证机构、公证员或者支付回扣、佣金等不正当手段争揽公证业务的；（二）违反规定的收费标准收取公证费的；（三）同时在二个以上公证机构执业的；（四）从事有报酬的其他职业的；（五）为本人及近亲属办理公证或者办理与本人及近亲属有利害关系的公证的；（六）依照法律、行政法规的规定，应当给予处罚的其他行为。"

《公证法》第四十二条第一款规定："公证机构及其公证员有下列行为之一的，由省、自治区、直辖市或者设区的市人民政府司法行政部门对公证机构给予警告，并处二万元以上十万元以下罚款，并可以给予一个月以上三个月以下停业整顿的处罚；对公证员给予警告，并处二千元以上一万元以下罚款，并可以给予三个月以上十二个月以下停止执业的处罚；有违法所得的，没收违法所得；情节严重的，由省、自治区、直辖市人民政府司法行政部门吊销公证员执业证书；构成犯罪的，依法追究刑事责任：（一）私自出具公证书的；（二）为不真实、不合法的事项出具公证书的；（三）侵占、挪用公证费或者侵占、盗窃公证专用物品的；（四）毁损、篡改公证文书或者公证档案的；（五）泄露在执业活动中知悉的国家秘密、商业秘密或者个人隐私的；（六）依照法律、行政法规的规定，应当给予处罚的其他行为。"

2. 公证投诉

对公证机构、公证员的上述行为，当事人、利害关系人有权向司法行政机关和公证协会投诉。司法部于 2021 年 11 月 30 日颁布《公证执业活动投诉处理办法》，该办法共五章三十七条，进一步规范了公证执业投诉处理工作。公证机构所在地司法行政机关或者公证员执业所在地司法行政机关负责处理投诉，公证协会应当根据司法行政机关要求，协助和配合开展公证执业活动投诉处理工作。

3. 公证复查

根据《公证程序规则》第六十一条、第六十七条的规定，当事人认为公证书有错误的，可以在收到公证书之日起一年内，向出具该公证书的公证机构提出复查申请。公证事项的利害关系人认为公证书有错误的，可以自知道或者应当知道该项公证之日起一年内向出具该公证书的公证机构提出复查申请，但能证明自己不知道的除外。提出复查申请的期限自公证书出具之日起最长不得超过二十年。公证机构进行复查时，应当对申请人提出的公证书的错误及其理由进行审查、核实，区别不同情况，分别作出维持、撤销或补正等处理决定。当事人、公证事项的利害关系人对公证机构作出的撤销或者不予撤销公证书的决定有异议的，可以向地方公证协会投诉。投诉的处理办法，由中国公证协会制定。2007 年中国公证协会五届二次常务理事会审议通过了《公证复查争议投诉处理办法（试行）》（该办法共四章二十六条）。

4. 救济

司法行政机关在对公证机构及公证员作出行政处罚决定之前，应当告知其查明的违法行为事实、处罚的理由及依据，并告知其依法享有的权利。口头告知的，应当制作笔录。公证机构及公证员有权进行陈述和申辩，有权依法申请听证。公证机构及公证员对行政处罚不服的，可以依法申请行政复议或者提起行政诉讼。

（三）公证民事责任

公证民事责任，是指因公证机构及其公证员故意或过失致使公证文书发生错误，给当事人、公证事项利害关系人造成损失时，公证机构依据过错程度，向当事人、公证事项利害关系人承担的赔偿责任，也称为公证机构的民事赔偿责任。

1. 公证民事纠纷种类

（1）公证实体纠纷。根据《公证法》第四十条的规定，"当事人、公证事项的利害关系人对公证书的内容有争议的，可以就该争议向人民法院提起民事诉讼。"《公证程序规则》第六十八条则规定，当事人、公证事项的利害关系人对公证书涉及当事人之间或者当事人与公证事项的利害关系人之间实体权利义务的内容有争议的，公证机构应当告知其可以就该争议向人民法院提起民事诉讼。《最高人民法院关于审理涉及公证活动相关民事案件的若干规定》第二条规定："当事人、公证事项的利害关系人起诉请求变更、撤销公证书或者确认公证书无效的，人民法院不予受理，告知其依照公证法第三十九条规定可以向出具公证书的公证机构提出复查。"这表明，法院并不直接审查公证书的效力，当事人、公证事项的利害关系人若对公证书的内容有争议，可以以争议对方当事人向人民法院提起民事诉讼，或申请公证机构复查。

（2）公证民事赔偿纠纷。根据《公证法》第四十三条"公证机构及其公证员因过错给当事人、公证事项的利害关系人造成损失的，由公证机构承担相应的赔偿责任；公证机构赔偿后，可以向有故意或者重大过失的公证员追偿。　当事人、公证事项的利害关系人与公证机构因赔偿发生争议的，可以向人民法院提起民事诉讼"，当事人、公证事项的利害关系人应当以公证机构为被告，人民法院应作为侵权责任纠纷案件受理。

2. 公证民事责任保障机制

为了保障当事人或有关利害关系人因公证机构的过错所遭受的损失得到赔偿，建立公证赔偿基金制度、公证责任保险和要求公证人交纳执业保险金是许多国家普遍采取的方略。我国也建立了相应民事赔偿保障机制。

（1）公证赔偿基金。根据 2000 年司法部《关于深化公证工作改革的方案》，公证赔偿实行有限责任，以公证处的资产为限，赔偿范围为公证机构及其工作人员在履行公证职务中，因过错给当事人造成的直接经济损失。公证机构赔偿后，可责令有故意或重大过失的工作人员承担部分或全部赔偿责任。公证机构每年应当从业务收入中提取 3%的份额作为赔偿基金，用于理赔。自此，我国公证领域引入过错民事赔偿责任制度，结束了公证的国家赔偿历史。

2002 年，司法部发布《公证赔偿基金管理试行办法》，该办法规定了公证赔偿基金的具体筹集方式、基金的使用和监督管理等；公证赔偿基金用于支付公证责任保险合同的保险费，用于支付保险赔偿范围以外的公证责任理赔及赔偿费用；理赔费用包括法院诉讼费、律师费、公证责任赔偿委员会办案费及其他合理费用。

（2）公证责任保险。为了保障公证当事人或有关利害关系人因公证错误受到的损害得以赔偿，2000 年 12 月 18 日原中国公证员协会与中国人民保险公司签订《公证责任保险合同》。该保险由中国公证协会代表全体公证机构向保险公司投保，以公证机构为被保险人的公证责任保险。《公证法》规定，公证机构应当按照规定参加公证执业责任保险。

（3）公证员执业保证金。2000 年 9 月 5 日，《司法部关于贯彻〈关于深化公证工作改革的方案〉的若干意见》发布，该意见提出了在我国公证领域将逐步建立公证员执业保证金制度。执业保证金主要用于偿付应当由公证员承担的民事赔偿费用和行政处罚罚款等。公证员应当按照规定交纳执业保证金，未交足的将被暂停执业。公证员交纳的执业保证金没有被使用的，或者使用有剩余的，公证员离任后予以退还。

（四）公证刑事责任

公证刑事责任是指公证机构、公证员在办理公证业务或履行其他公证职责过程中，触犯了刑法规定，构成犯罪，依法应当承担的刑事责任。

我国《公证法》第四十二条规定，公证机构及其公证员有下列行为之一，情节严重，构成犯罪的，依法追究刑事责任：（1）私自出具公证书的；（2）为不真实、不合法的事项出具公证书的；（3）侵占、挪用公证费或者侵占、盗窃公证专用物品的；（4）毁损、篡改公证文书或者公证档案的；（5）泄露在执业活动中知悉的国家秘密、商业秘密或者个人隐私的；（6）依照法律、行政法规的规定，应当给予处罚的其他行为。法律对这六种严重违法行为不仅规定了较重的行政法律责任，而且在行为符合刑法所规定的犯罪构成要件时，还有可能触犯刑法，承担相应刑事责任。从我国《刑法》规定来看，在公证活动过程中常见的犯罪，主要涉及贪污贿赂和渎职两大类。

问题与思考

1. 公证员应具有哪些任职条件？
2. 公证机构有哪些法律特征？
3. 如何理解公证执业纪律？
4. 公证法律责任包括哪些责任？

第十一章　公证业务范围和执业区域

【本章概要】

本章介绍了公证业务范围和执业区域。通过对本章的学习，应明晰公证对象、执业区域的具体划分及其意义。

【关键术语】

证明业务　非证明业务　公证执业区域

【重难点提示】

本章重点在于掌握公证机构证明业务与非证明业务的具体范围、公证执业区域的最新变化；难点在于辨析自愿公证事项与法定公证事项之间的关系、公证执业区域与管辖的关系。

第一节　公证业务范围

公证机构的业务范围，又称为公证机构的主管范围，是指公证机关根据当事人的申请，依据法律规定，所能办理的公证事项和其他相关法律事务。按照公证机构的公证活动是否直接证明特定事项内容的真实性与合法性，可以将公证机构的业务范围划分为证明业务与非证明业务，后者又称为与证明活动有关的法律事务。

一、证明业务

根据《公证法》第十一条的规定，根据公证事项是否依当事人的意愿进行公证，可将公证机构的证明业务分为自愿公证事项与法定公证事项。

（一）自愿公证事项

根据《公证法》第十一条第一款的规定，公证机构根据自然人、法人或者其他组织的申请，可以办理下述事项的公证业务。

1. 对法律行为的公证

（1）合同。合同当事人依法向公证机构申请办理合同公证，可以有效地防止因签订合同的当事人不符合法律规定的资格，或者因合同条款不完善甚至内容违法等导致合同的法律效力受到影响，保障交易安全。

（2）继承。为了保证继承行为依法进行，预防继承和遗产分割纠纷，保护自然人的合法权益，继承人可以在继承遗产时向公证机构申请办理公证。

（3）委托、声明、赠与、遗嘱。这些行为均属单方民事法律行为，行为大都涉及行为人处分民事权利等内容。行为人就该类事项办理公证，可以增强行为的证据效力和公信力，也更容易取信于他人，从而顺利达到实施这些行为的目的。

（4）财产分割。财产分割协议公证是一种双方法律行为，是指公证机构依法证明当事人之间签订分割共同财产协议的真实性、合法性的活动。各方民事权利主体就共同财产的分割问题协商达成一致，形成财产分割协议后，协议当事人可以向公证机构申请办理财产分割公证。

（5）招标投标、拍卖。这几项行为属于现场监督类公证。办理招标投标、拍卖公证等各类现场监督公证，对于保证《中华人民共和国招标投标法》《中华人民共和国拍卖法》等法律法规的贯彻实施将起到重要作用。

2. 对有法律意义的事实的公证

（1）婚姻状况、亲属关系、收养关系。当事人办理婚姻状况、亲属关系、收养关系公证，一般是为了证明某种特定人身关系存在，此类公证对于维护和保障当事人的人身权利，促进家庭和谐和社会稳定都具有重要意义。

（2）出生、生存、死亡、身份、经历、学历、学位、职务、职称、有无违法犯罪记录。这些属于有法律意义的事实或文书。当事人办理上述有法律意义的事实或文书公证，通常是为了发往境外使用。在对外交往中，一国公民在向他国申请办理签证等事务时，经常被要求提供相关公证书，国家与国家之间一般都相互承认对方国家公证机构出具公证书的效力。

3. 对具有法律意义的文书的公证

（1）公司章程。一般认为，公司章程是关于公司组织和行为的基本规范，许多国家在相关法律中都明确规定公司章程应当经公证人公证。办理公司章程公证，有利于确保章程的真实性、合法性，有利于依法加强对公司设立行为的规范和管理。

（2）文书上的签名、印鉴、日期，文书副本、影印本与原本相符。文书签名、印鉴、日期公证是公证机构根据当事人申请，依法对具有法律意义的文书上，有关签字、日期和文书制作单位所加盖印鉴及日期的真实性、合法性予以证明的活动。这类文书主要包括：学位证书、学历证书、技术等级证书、驾驶证、声明书、夫妻关系证明书等。文书副本与原本相符，是指在同时存在文书原本和副本时，经公证机构证明，确认文书副本与原本相符，使得副本与原本具有同等法律效力。文书影印本与原本相符，是指公证机构通过证明，确认文书影印本与原本相符，以便于为文书使用人采证。

（3）公证证据保全。《民事诉讼法》规定，经过法定程序公证证明的法律行为、法律事实和文书，人民法院应当作为认定事实的根据。但有相反证据足以推翻公证证明的除外。对于公证机构出具的保全证据公证书，人民法院和仲裁机构应当直接作为证据证明案件的事实，但有相反证据足以推翻公证书的除外。在全国人大常委会讨论《公证法草案》时，委员们对保全证据可否作为公证事项是有争议的。有委员认为，在《公证法》第11条列举的公证事项中，有些已经包括了对相关文书的保全，而且公证保全证据与司法机关的证据保全容易发生冲突。但多数委员认为，公证实践已经表明，这项公证在保护申请的合法权益方面发挥了重要的作用。因此，《公证法》保留了保全证据公证事项的规定。[1]

（4）自然人、法人或者其他组织自愿申请办理的其他公证事项。这是一个兜底条款，是对前述未能穷尽列举事项的概括性规定。所谓其他公证事项，只要法律或者行政法规不禁止

---

[1] 参见关今华主编：《律师与公证》（第二版），厦门大学出版社2008年版，第375-376页。

公证机构办理，但又属于法律行为、有法律意义的事实和文书范围的事项，公证机构均可办理。

（二）法定公证事项

法定公证事项，是指自然人、法人或者其他组织对于法律或者行政法规中规定应当办理公证的事项，应当依法向公证机构申请办理公证。根据《公证法》第十一条第二款的规定，法律、行政法规规定应当公证的事项，有关自然人、法人或者其他组织应当向公证机构申请办理公证。

二、非证明业务

根据《公证法》第十二条的规定，公证机构还可以办理以下非证明业务。

（一）法律、行政法规规定由公证机构登记的事务

根据 2002 年司法部发布的《公证机构办理抵押登记办法》的规定，当事人以下列的财产抵押的，抵押人所在地的公证机构为登记部门：个人、事业单位、社会团体和其他非企业组织所有的机械设备、牲畜等生产资料；位于农村的个人私有房产；个人所有的家具、家用电器、金银珠宝及其制品等生活资料；其他财产。公证机构决定予以登记的，应向当事人出具《抵押登记证书》。

（二）提存

公证制度恢复后，司法部于 1987 年发布《关于部分城市公证机关试办提存业务的通知》，首先在北京、上海、沈阳、开封四城市进行提存试点，效果良好。1990 年，司法部发布《关于普遍开展提存公证业务的通知》，全面恢复办理提存公证业务，决定在全国普遍开展提存公证业务。1995 年 6 月 2 日，司法部第 38 号令颁布《提存公证规则》，对提存公证的范围、条件、程序等作了规定。随后相关民事立法对提存进行了规定，进一步肯定了公证机构有权办理提存业务。

（三）保管遗嘱、遗产或者其他与公证事项有关的财产、物品、文书

公证机构不是专门保管机构。但是，根据《公证法》规定，公证机构可以根据当事人申请，对其所立遗嘱、所留遗产，或者是其他与申请办理公证事项有关的财产、物品、文书等进行代为保管，以防止因其遗失或泄密而引起的纠纷，从而维护当事人的合法权益。

（四）代写与公证事项有关的法律事务文书

实践中，一些公证申请人因为不具备法律知识，在申请公证时，无法提交其申请办理公证所需的法律文书，公证机构可以根据申请人请求，代其撰写与公证事项有关的法律事务文书。

（五）提供公证法律咨询

公证机构有能力就当事人提出的有关公证法律问题提供咨询意见。对于当事人就有关公证法律事务向公证机构提出的咨询，公证机构应当依法提供准确、可靠的咨询意见，供其在处理相关事务时参考。同时，根据当事人需要，公证机构既可以提供口头法律咨询，也可以出具书面法律意见。

第二节 公证执业区域

一、公证执业区域概述

公证执业区域是司法行政机关对公证机构之间受理公证业务在地域范围所进行的平面、横向划分。[①]公民、法人或者其他组织就其具体民事法律行为、有法律意义的文书或事实等非诉讼事项申请办理公证时，就涉及确定公证执业区域的问题。

公证执业区域的意义可以从两个方面来理解：就申请人而言，应明确向哪一个公证机构申请公证；就公证机构而言，则是确定某一事项应由哪一个公证处受理。划分公证执业区域首先应从便于当事人就近申请公证原则出发。公证机关行使公证的前提是当事人向其申请，因而必须考虑申请人与公证机关的地域关系等因素，使当事人得以就近申请办理公证，以免当事人为申请公证而远途劳累旷时耗力。当然，除此之外，划分公证执业区域还应考虑是否便利公证处受理公证、及时办事公证，是否有利于公证处调查取证、核实证据，从而避免公证机关之间互相推诿或发生争执，延误办证时间。

对于公证执业区域，我国采取法定与协商相结合方法，即原则上遵循大陆法系地域管辖原则，公证事务由有权管辖的公证处受理，同时允许在某些情况下，由当事人协商议定申请办证的公证处，如果当事人协商不成，可由有关公证处协商解决。

二、公证执业区域的划定

（一）执业区域的一般规定

根据《公证法》第二十五条和《公证机构执业管理办法》第十条的规定，公证执业区域为：

1. 公证事项由当事人住所地公证机构受理

住所地是指自然人户籍所在地、法人或者其他组织主要办事机构所在地。自然人户籍所在地一般是以其户口簿或者居民身份证上登记的地址为准，法人或者其他组织的主要办事机构所在地一般是以营业执照上登记的地址为准。只要申请人户籍所在地或者主要办事机构所在地在本公证机构执业区域内，该公证机构就有权受理当事人的公证申请。

2. 公证事项由当事人经常居住地公证机构受理

根据司法解释的规定，公民离开住所地最后连续居住 1 年以上的地方，为经常居住地，但住院治病的除外。通常情况下，公民住所地与经常居住地一致；公民住所地与经常居住地不一致的，以经常居住地为住所地。之所以既规定当事人住所地又规定其经常居住地为公证机构受理公证申请的区域范围，主要是基于便民原则要求，解决当事人住所地与经常居住地不一致时申办公证可能遇到的困难。

3. 公证事项由法律行为地的公证机构受理

法律行为地是指当事人实施法律行为的地点。法律行为从主体上可分为单方法律行为、双方法律行为和共同法律行为。对单方法律行为，如委托、声明、遗嘱等，就由该行为发生地的公证机构受理。对双方法律行为申请公证时，该公证事项由合同签订地的公证机构受理。

[①] 赵大程主编:《公证程序规则释义》，法律出版社 2006 年版，第 41 页。

如果一个法律行为的发生地涉及两个或两个以上有权受理的公证机构的，可以由当事人协商一致，选择一个公证机构。

4. 公证事项由事实发生地的公证机构受理

根据《公证法》的规定，证明对象主要包括出生、生存、死亡、身份、经历、学位、职务、职称、有无违法犯罪记录；婚姻状况、亲属关系、收养关系；文书上的签名、印鉴、日期，文书的副本、节本、译本、影印本与原本相符等；为方便当事人办证，同时也便于公证职能的行使，上述法律事实公证事项由法律事实发生地的公证机构受理。

5. 凡申请办理涉及不动产的公证事项，由不动产所在地的公证机构受理

不动产主要是指土地、地上建筑物及其附属物。涉及不动产的公证事项主要是指不动产的转让，包括不动产所有权和使用权的转让，如房屋买卖、赠与、继承。《公证法》第二十五条第二款规定："申请办理涉及不动产的公证，应当向不动产所在地的公证机构提出；申请办理涉及不动产的委托、声明、赠与、遗嘱的公证，可以适用前款规定。"因此，涉及不动产的公证事项一律由不动产所在地公证机构受理。但当事人申请办理涉及不动产委托、声明、赠与、遗嘱的公证，既可以由不动产所在地公证机构受理，也可以由其住所地、经常居住地、行为地或者事实发生地公证机构受理。

（二）特殊规定

对于在特定地域或特殊情况下的公证事项，由公证机构以外的特定机关或特定人员代行公证职能。这些特定机关或特定人员所出具的证明书，与公证机构所出具的公证书具有同等法律效力。

1. 涉港澳台公证

根据《公证程序规则》第十二条第一款的规定，居住在我国香港、澳门、台湾地区的当事人，委托他人代理申办涉及继承、财产权益处分、人身关系变更等重要公证事项的，其授权委托书应当经其居住地的公证人（机构）公证，或者经司法部指定的机构、人员证明。

申请内地公证处办理涉港、澳公证的方式有三种：一是当事人直接申请。二是港澳地区居民直接来信与内地公证机构联系申办公证。三是港澳地区居民委托其内地亲友或中国银行有关分支机构及香港南洋商业银行机构等代办国内公证。另外，在办理涉港、澳公证时，对港、澳居民提供的授权委托书或有关证明材料，需要审查是否符合委托公证人制度。对来自香港地区的公证证明必须是由我国司法部在香港律师中委托的公证人所作，并经中国法律服务（香港）有限公司加章转递方能采用。对来自澳门地区的有关材料的公证证明，自2006年2月开始，也同样开始实施委托公证人制度。

申请涉台公证，可由当事人直接申请或委托申请。对回大陆探亲、旅游的台胞申请公证的，可由申请人原籍或临时住所所在地，或者不动产所在地公证处办理。居住在台湾的申请人直接写信或委托其亲友向大陆公证机构申请办理公证事项的，应向申请人原籍所在地或法律事实发生地，或者不动产所在地公证处申请。大陆地区公民申请涉台公证的，按照《公证法》和《公证程序规则》的规定申请。另外，为保证涉台公证文书质量，根据司法部的决定，各省、自治区、直辖市司法厅（局）公证管理处根据本省、自治区、直辖市的具体情况，指定部分公证机构和部分公证员负责办理涉台公证，并要求对所办理的发往台湾使用的公证书，

上报有关司法行政机关审核。

2. 我国驻外使、领馆

在某些特殊情况下或特定地域，公证机构无法或不适宜出具公证书时，根据国际惯例、国际条约、双边协定以及法律规定，我国驻外大使馆、领事馆可以办理驻在国的我国公民申请的公证事务，由驻外使、领馆履行证明职能。《维也纳领事关系公约》中规定："领事可以担任公证人、民事登记员及类似之职司……"

我国《公证法》第四十五条规定："中华人民共和国驻外使（领）馆可以依照本法的规定或者中华人民共和国参加的国际条约的规定，办理公证。"《公证程序规则》第十二条第二款规定："居住在国外的当事人，委托他人代理申办前款规定的重要公证事项的，其授权委托书应当经其居住地的公证人（机构）、我驻外使（领）馆公证。"

我国驻外使、领馆从事公证事务一般有以下三种：（1）国外华侨申请办理的需要在我国境内使用的公证文书；（2）中国血统的外籍人对于在我国境内发生或签订的有法律意义的事实或文书申请公证，并且该项公证书是需要在我国境内使用；（3）对于居住在国外的华侨申请办理在驻在国使用的公证文书，我国使、领馆是否受理，除了要看所证明的法律事实或文书是否在我国境内发生或签订以外，还应当考虑该驻在国法律是否承认外国使、领馆出具的这类公证书的效力，方能决定。我国驻外使、领馆办理公证事项的范围，常见的有证明委托书、遗嘱、继承权、财产赠与、财产分割、财产转让以及证明亲属关系等。

3. 特定机关或特定人员证明

（1）商检机关。根据国际惯例和我国《进出口商品检验法》的规定，我国对外贸易公证鉴定工作，统一由国家商品检验机构办理。国家商检局签发的各种鉴定证明书，与公证机构出具的公证文书具有同等效力。这类鉴定证明书主要包括货载衡量、重量、数量鉴定，包装鉴定，品质鉴定，残损鉴定，积货鉴定，样品鉴定，产地、价值证明书及其他有关的鉴定证明书等。国家商检局签发的上述各种鉴定证明书已成为进出口商品交接、结算、通关、计税、计价、理算和索赔的依据，是国际公认的履约和处理争议的凭据。

（2）国家卫生部门。国家卫生部门有权出具免疫证明书、健康检查证明书、死亡证明书和出生证明书等。

（3）商标管理机关有权出具商标注册证明书。

（4）在特定情况下，有关公职人员有权出具与公证书有同等法律效力的证明书。这些证明书有以下几种：其一，在航行中的船舶、航空器上的负责人，对在该船舶、航空器上的公民遗嘱、委托行为所出具的证明书；其二，在野外的勘探队、考察队队员以及其他在野外工作的单位的负责人，对其所属成员在野外工作期间的遗嘱、委托行为等所出具的证明书；其三，执行剥夺自由的场所，如看守所、监狱等单位的负责人，对其管辖区内被剥夺自由人员的遗嘱等所出具的证明书；其四，部队政治机关或军官，对其所属军职人员的遗嘱、委托行为等所出具的证明书。

公证机构超越执业区域受理公证业务，其出具的公证文书效力如何，国内外一直存在争议。各国立法不一，学理上也有不同看法。[①]从我国现行相关规定看，虽有所涉及，其内容却

---

① 参见王斌：《公证执业区域制度若干问题探析》，载《中国公证》2011年第8期。

失之简略。根据司法部《公证机构执业管理办法》第三十六条第二款之规定，公证机构违反《公证法》第二十五条规定，跨执业区域受理公证业务的，由所在地或设区的市司法行政机关予以制止，并责令改正。很明显，上述法律责任条款并未否定已出具公证文书的效力，这种"问题"公证文书的法律效力究竟如何，尚有待进一步探讨。

 问题与思考

1. 公证业务范围有哪些？
2. 如何理解公证执业区域？

第十二章 公证程序与公证效力

【本章概要】

公证程序是公证制度中最为重要的组成部分,所有公证行为均必须遵循公证程序。本章介绍公证的一般程序、特别程序以及公证效力等内容。通过对本章的学习,了解公证基本程序和流程,掌握公证效力和法律责任。

【关键术语】

普通公证程序 特别公证程序 公证效力

【重难点提示】

本章重点是掌握公证一般程序的基本构成环节、公证特别程序的范围、公证效力;难点在于全面理解公证效力与公证法律责任的相互关系。

第一节 公证程序

公证程序是公证机构和公证当事人依照法律、法规实施公证行为、办理公证事项时必须遵循的步骤和方法的总称。公证程序在公证制度体系中具有重要意义。这表现在:公证程序是公证机构进行公证活动的基础,也是整个公证制度中最重要的部分。没有公证程序,公证各方进行其行为时就有如置身迷雾而失去方向,整个公证活动将会陷入混乱无序的状态,公证效力也必将失去制度性支持。[①]目前,我国公证程序的主要依据是《公证法》第四章、第八章,以及《公证程序规则》中的相关规定。从类型上看,公证程序有普通公证程序和特殊公证程序之分。

一、普通公证程序

根据《公证法》《公证程序规则》相关规定,一般公证程序包括五个环节,即申请与受理、审查、出具公证书(出证)、公证卷宗归档、公证救济。

(一)公证申请

1. 公证当事人

公证遵循自愿原则,办理公证应以当事人申请为前提。非经当事人申请公证,公证机构和公证员不得强迫当事人办理公证,即使是一些法定必办的强制公证,公证机构和公证员也

---

① 参见蔡彦敏、涂蔚东主编:《现代公证制度研究》,广东人民出版社 2005 年版,第 158 页。

无权强迫当事人办理公证，只不过其不利后果由当事人自己承担。[①]

（1）公证申请人。根据《公证程序规则》的规定，公证当事人是指与公证事项有利害关系并以自己的名义向公证机构提出公证申请，在公证活动中享有权利和承担义务的自然人、法人或者其他组织。办理公证时，一般是由当事人本人提出申请，但无民事行为能力人或者限制民事行为能力人申办公证，应当由其监护人代理；法人申办公证，应当由其法定代表人代表；其他组织申办公证，应当由其负责人代表。

（2）公证代理。《公证法》规定当事人可以委托他人代理申办公证，但申办遗嘱、遗赠扶养协议、赠与、认领亲子、收养关系、解除收养关系、生存状态、委托、声明、保证以及其他与自然人人身有密切关系的公证事项，应当由当事人亲自办理，不得委托他人代理。当事人可以在一般公证事项中委托他人代理申办公证。同时，《公证法》基于回避原则作出了禁止性规定，即公证员和公证机构的其他工作人员不得代理当事人在本公证机构申办公证。

居住在我国香港、澳门、台湾地区的当事人，委托他人代理申办涉及继承、财产权利处分、人身关系变更等重要公证事项的，其授权委托书应当经其居住地的公证人（机构）公证，或者经司法部指定的机构或者人员证明；而居住在国外的当事人，委托他人代理申办涉及继承、财产权利处分、人身关系变更等重要公证事项的，其授权委托书应当经其居住地的公证人（机构）或我国驻外国使（领）馆公证。

2. 公证申请资料

当事人在申请办理公证时，应当履行以下手续：

（1）填写公证申请表。公证申请表具有简明、易懂、规范、便于填写的特点，既为公民、法人申请公证提供了方便，又有利于公证申请的规范化。此时需要注意的是，当公证事项是双方或多方法律行为时，各方当事人应分别填写公证申请表。当事人应当在申请表上签名或盖章。不能签名、盖章的由本人捺指印。

（2）提交必要的证明材料。根据《公证程序规则》的规定，必要的证明材料有：① 自然人的身份证明、法人的资格证明及其法定代表人的身份证明，其他组织的资格证明及其负责人的身份证明；② 委托他人代为申请的，代理人须提交当事人的授权委托；③ 法定代理人或者其他代理人须提交有代理权的证明；④ 申请公证的文书，如学历证书等；⑤ 申请公证事项的证明材料，比如涉及财产关系的须提交有关财产权利证明；⑥ 与申请公证的事项有关的其他材料。对于上述第④点、第⑤点中的证明材料，公证机构能够通过政务信息资源共享方式获取的，当事人可以不提交，但应当作出有关信息真实合法的书面承诺。

（二）公证受理

公证受理是指公证机构审查申请公证事项当事人申请，并同意给予办理公证的行为。受理是公证机构公证行为的开始，标志着公证机构与公证当事人之间公证法律关系的形成。申请与受理二者结合才能启动公证程序。申请和受理一般是连续的过程。当然，公证机构对于不符合法定要求的申请可以不予受理，所以受理不是申请的必然结果。[②]

---

① 参见熊先觉、刘远宏：《中国司法制度学》，法律出版社 2007 年版，第 381 页。
② 参见蔡彦敏、涂蔚东：《现代公证制度研究》，广东人民出版社 2005 年版，第 160-161 页。

1. 受理条件

根据《公证程序规则》第十九条的规定，当事人的申请满足以下条件时，公证机构可以受理：（1）申请人与申请公证的事项有利害关系；（2）申请人之间对申请公证的事项无争议；（3）申请公证的事项属于公证处的业务范围；（4）申请公证的事项属于本公证处执业区域。

符合前述条件的，公证机构应当受理。对不符合上述规定条件的申请，公证机构不予受理，并通知申请人。对因不符合第（4）项规定不予受理的，应当告知申请人向可以受理该公证事项的公证机构申请。

2. 受理程序

根据《公证程序规则》的规定，公证机构受理当事人的公证申请后，应履行下列手续：

（1）制作受理通知单。申请人或其代理人应当在回执上签收。

（2）通知、告知当事人。公证机构受理公证申请后，应当指派承办公证员，并通知当事人。当事人要求该公证员回避，经查属于《公证法》第二十三条第（三）项规定应当回避情形的，公证机构应当改派其他公证员承办。同时，公证机构应当告知当事人申请公证事项的法律意义和可能产生的法律后果，告知其在办理公证过程中享有的权利、承担的义务。告知内容、告知方式和时间，应当记录归档。

（3）在公证登记簿上登记，并在全国公证管理系统录入办证信息。

（4）建立公证卷宗。公证档案是司法业务档案，公证机构将办理公证过程中收集和形成的所有法律文件立卷归档形成公证档案。公证档案应当依照《公证法》以及《公证程序规则》《公证文书立卷归档办法》《公证档案管理办法》的规定进行管理。

3. 公证费用

公证服务收费是指公证机构根据自然人、法人或非法人组织（即当事人）申请，依照法定程序和规则为当事人提供公证法律服务时收取的费用。

（1）政府指导价与市场价相结合。《公证法》第四十六条规定，公证费的收费标准由省、自治区、直辖市人民政府价格主管部门会同同级司法行政部门制定。根据《国家发展改革委、司法部关于进一步完善公证服务价格形成机制的指导意见》（发改价格〔2021〕1081号）的要求，公证费用目前采取的是分类定价模式，即关系民生的基本公证服务，以及具有区域垄断性、竞争不充分的项目，原则上应实行政府定价或指导价管理，其他服务项目价格由市场形成。据此，各地纷纷制定了符合当地情况的"政府定价公证服务收费项目及收费执行标准"，各个公证处也因地制宜地确定了自己的收费标准。比如，《四川省发展和改革委员会 四川省司法厅关于调整和规范公证服务收费项目及标准的通知》（川发改价格〔2021〕393号）规定：关系民生的基本公证服务实行政府定价管理，其他服务项目价格由市场形成。关系民生的基本公证服务包括证明法律事实类公证服务、证明文件文书类公证服务两类。政府定价公证服务收费实行最高上限价格管理。公证机构在不超过政府规定最高上限价格的范围内确定具体公证服务收费标准。应当说，公证服务价格机制改革推进后，公证服务价格调整机制日趋规范，企业和群众公证费用负担得到了减轻，有效促进了公证服务供给总量、质量、效率提升和行业高质量发展。

（2）公证费用的收取和结算。综合各地规定看，公证机构收取公证服务费可在受理时预收，也可在办证或提供公证服务期间分期收取，出具公证书或完成公证事务前须足额收取公证服务费或履行相关减免手续。公证员及其他工作人员不得私自向当事人收取任何费用。对符合法律援助条件的当事人，公证机构还应当按照规定减收或者免收公证费。

（三）公证审查和调查

公证审查是指公证机构受理申请后，由公证员审查核对申请公证的事实、材料和证件等是否真实合法、完备的程序。这是办理公证的必经程序，也是整个公证程序的中心环节，是保证公证行为有效性和证明文书真实合法的关键。

1. 审查的内容

公证审查的内容主要包括当事人主体资格审查和公证事项审查两个方面。根据《公证法》第二十八条和《公证程序规则》第二十三条的规定，公证机构审查的重点内容包括：

（1）当事人的人数、身份、申请办理该项公证的资格及相应的权利；

（2）当事人的意思表示是否真实；

（3）申请公证的文书的内容是否完备，含义是否清晰，签名、印鉴是否齐全；

（4）提供的证明材料是否真实、合法、充分；

（5）申请公证的事项是否真实、合法。

2. 审查方式与程序

现行《公证法》和《公证程序规则》未规定公证机构应采用形式审查还是实质审查，实践中总体上是倾向于实质审查。公证机构在审查中，对自然人身份应当采取使用身份识别核验设备等方式。《公证法》第二十九条规定："公证机构对申请公证的事项以及当事人提供的证明材料，按照有关办证规则需要核实或者对其有疑义的，应当进行核实，或者委托异地公证机构代为核实，有关单位或者个人应当依法予以协助。"根据《公证程序规则》第二十七条的规定，公证机构可采用下列方式核实公证事项的有关情况以及证明材料：

（1）通过询问当事人、公证事项的利害关系人核实。

（2）通过询问证人核实。

（3）向有关单位或者个人了解相关情况或者核实、收集相关书证、物证、视听资料等证明材料。

（4）通过现场勘验核实。

（5）委托专业机构或者专业人员鉴定、检验检测、翻译。

公证机构进行核实，应当遵守有关法律、法规和有关办证规则的规定。公证机构派员外出核实的，应当由两人进行，但核实、收集书证的除外。特殊情况下只有一人外出核实的，应当有一名见证人在场。此外，《公证程序规则》第二十八至第三十三条中，还详细规定了各种核实方式的具体要求，限于篇幅，这里就不再展开了。

（四）出证

出证即出具公证书，出证是公证机构对当事人提出的公证事项进行审查和调查后，认为符合法律规定，具有真实性、合法性的，由公证员签署并出具公证文书的行为。出证是一般公证程序里最后的、十分重要的环节。

1. 出证条件

《公证法》第三十条中规定：公证机构经审查，认为申请提供的证明材料真实、合法、充分，申请公证的事项真实、合法的，应当自受理公证申请之日起十五个工作日内向当事人出具公证书。另外，根据不同公证事项，《公证程序规则》又分别规定了各类公证事项的出证条件。

（1）民事法律行为公证的出证条件：当事人具有从事该行为的资格和相应的民事行为能力；当事人的意思表示真实；该行为的内容和形式合法，不违背社会公德；《公证法》规定的其他条件。不同的民事法律行为公证的办证规则有特殊要求的，从其规定。

（2）有法律意义的事实或者文书公证的出证条件：该事实或者文书与当事人有利害关系；事实或者文书真实无误；事实或者文书的内容和形式合法，不违背社会公德；《公证法》规定的其他条件。不同的有法律意义的事实或者文书公证的办证规则有特殊要求的，从其规定。

（3）文书上的签名、印鉴、日期公证的出证条件：其签名、印鉴、日期应当准确、属实；文书的副本、影印本等文本的公证，其文本内容应当与原本相符。

（4）具有强制执行效力的债权文书公证的出证条件：债权文书以给付为内容；债权债务关系明确，债权人和债务人对债权文书有关给付内容无疑义；债务履行方式、内容、时限明确；债权文书中载明当债务人不履行或者不适当履行义务时，债务人愿意接受强制执行的承诺；债权人和债务人愿意接受公证机构对债务履行情况进行核实；《公证法》规定的其他条件。

2. 公证书的拟制和审批

（1）拟制公证书。

《公证程序规则》第四十二条的规定，公证书应当按照司法部规定的格式制作，一般包括以下内容：公证书编号；当事人及其代理人的基本情况；公证证词，这是公证书的核心内容，应写明公证证明的事项、具体范围和内容，以及适用的法律、法规等；承办公证员的签名（签名章）、公证机构印章；出证日期。

需要注意的是，若办证规则对公证书格式有特殊要求的，从其规定。制作公证书应当使用全国通用的文字。在民族自治地方，根据当事人的要求，可以同时制作当地通用的民族文字文本。两种文字的文本，具有同等效力。香港、澳门、台湾地区使用的公证书应当使用全国通用的文字。国外使用的公证书应当使用全国通用的文字，根据需要和当事人的要求，公证书可以附外文译文。

（2）公证审批。

对符合《公证法》《公证程序规则》及有关办证规则规定条件的公证事项，由承办公证员拟制公证书，连同被证明的文书、当事人提供的证明材料及核实情况的材料、公证审查意见，报公证机构的负责人或其指定的公证员审批。有关人员审批公证事项及拟出具的公证书时，应当审核以下内容：申请公证的事项及其文书是否真实、合法；公证事项的证明材料是否真实、合法、充分；办证程序是否符合《公证法》《公证程序规则》及有关办证规则的规定；拟出具的公证书的内容、表述和格式是否符合相关规定。

审批重大、复杂的公证事项，应当在审批前提交公证机构集体讨论。讨论的情况和形成的意见，应当记录归档。

3. 送达公证书

公证书出具后，可以由当事人或其代理人直接到公证机构领取，也可以应当事人要求由公证机构送达。当事人或其代理人收到公证书应当在回执上签收。公证机构制作的公证书正本，由当事人各方各收执一份，并可以根据当事人的需要制作若干份副本。公证机构留存公证书原本（审批稿、签发稿）和一份正本归档。

（五）公证期限、终止公证和不予办理公证

1. 公证期限

公证期限是公证机构办理公证事项和处理某些公证事务的法定时间限制。法律规定公证期限的意义在于，督促公证机构及时有效地依法履行职责，提高公证效率，维护当事人的合法权益。[①]根据《公证法》第三十条的规定，在符合条件的情况下，公证机构一般应当在自受理公证申请之日起十五个工作日内向当事人出具公证书。但因不可抗力、补充证明材料或者需要核实有关情况的，所需时间不计算在期限内。《公证法》没有规定特殊程序办证期限，而由相关办证规则确定。例如，《招标投标公证程序细则》第七条规定，公证机构应当在七日内作出受理或不受理的决定；第二十六条规定，公证机构应在公证员宣读公证词的七日内出具公证书。

2. 终止公证

终止公证，是指公证申请受理后，在办理公证过程中，由于出现法定事由致使公证事项不能继续办理，或者继续办理已无意义时，作出停止公证程序的决定。终止公证是公证程序的一种特殊结束方式。根据《公证程序规则》第五十条的规定，公证事项有下列情形之一的，公证机构应当终止公证：

（1）因当事人的原因致使该公证事项在六个月内不能办结的；

（2）公证书出具前当事人撤回公证申请的；

（3）因申请公证的自然人死亡、法人或者其他组织终止，不能继续办理公证或继续办理公证已无意义的；

（4）当事人阻挠、妨碍公证机构及承办公证员按规定的程序、期限办理公证的；

（5）其他应当终止的情形。

若出现了应当终止公证的事项，则由承办公证员写出书面报告，报公证机构负责人审批。终止公证的决定应当书面通知当事人或其代理人。终止公证的，公证机构应当根据终止的原因及责任，酌情退还部分收取的公证费。

3. 不予办理公证

不予办理公证是指在办理公证的过程中，公证机构发现证明对象不真实、不合法或者当事人有妨害公证活动的行为时，拒绝给予办理公证。

（1）不予办理公证的法定原因。根据《公证法》和《公证程序规则》规定，有下列情形之一的，公证机构不予办理公证：无民事行为能力人或者限制民事行为能力人没有监护人代理申请办理公证的；当事人与申请公证的事项没有利害关系的；申请公证的事项属专业技术鉴定、评估事项的；当事人之间对申请公证的事项有争议的；当事人虚构、隐瞒事实，或者提供虚假证明材料的；当事人提供的证明材料不充分或者拒绝补充证明材料的；申请公证的事项不真实、不合法的；申请公证的事项违背社会公德的；当事人拒绝按照规定支付公证费的。

（2）不予办理公证的程序。不予办理公证的，由承办公证员写出书面报告，报公证机构

[①] 参见陶建国、曾红主编：《公证与律师制度实务教程》，中国民主法制出版社2016年版，第26页。

负责人审批。不予办理公证的决定应当书面通知当事人或其代理人。不予办理公证的，公证机构应当根据不予办理的原因及责任，酌情退还部分或者全部公证费。

二、特别公证程序

公证特别程序只适用于特定公证事务，特别公证程序主要是指《公证程序规则》第八章"特别规定"中的公证程序。根据该章的规定，特别公证程序主要是招标投标、拍卖、开奖等现场监督类公证、遗嘱公证、保全证据公证、出具执行证书、公证调解、提存公证等。

（一）现场监督类公证

现场监督类公证是指公证机构根据当事人申请，对其现场举办的开奖、招投标、拍卖等行为真实性、合法性当场予以证明并宣读公证词的业务活动。这是近年来公证机构经常开展的业务。招投标是指企业单位通过公开发表招标公告，由多家投标人前来投标，最后由发包者从中择优选择承包商的一种经济行为。投标就是投标人在同意招标人拟定的招标文件所提出条件的前提下，对招标项目提出报价。招标投标公证，是指公证机构依法证明招标投标行为真实性、合法性的活动。拍卖是指拍卖人按照事先公告的程序，公开叫价、竞争购买的活动。拍卖公证是指公证机构应拍卖人申请，依照有关法律、法规、规章规定，对于整个拍卖活动的真实性、合法性进行审查、监督，予以证明的活动。开奖是指对设定的奖品、奖金，采取抽奖、摇奖或评奖方式确定中奖人的活动。开奖公证是公证机构通过事前审查、现场监督方式，依法证明面向社会发行彩票或者其他有奖活动的开奖行为真实、合法的活动。

1. 现场监督类公证的特点

现场监督类公证业务与其他公证业务相比较，具有以下特点：

（1）公证申请通常由主办现场活动一方提出。尽管现场活动往往有多方主体参加，但其他参加主体往往在现场活动开始前处于不确定状态。公证机构在现场活动开始前对现场活动主办方的主体资格进行审查。

（2）现场活动主办方应当在活动前制定活动规则（或程序）并予以公开。

（3）公证机构的审查，包括两部分内容：一是对活动规则（或程序）进行审查，确定其合法、可行；二是对活动过程是否符合事前公布的活动规则（或程序）进行现场监督。

（4）活动结束后现场宣读公证词，公证书自现场宣读公证词之日起生效。

2. 现场监督类公证程序

（1）申请。当事人申请招投标、拍卖、开奖公证，应当向现场活动举办地公证机构提出申请，填写公证申请表，并提交主办者资质文件。

（2）审查。现场公证风险较大、现场活动通常无法重复或重复成本极高；公证机构受理申请后应当指派二名公证员亲自到场共同办理。

主要审查内容包括：承办公证员应审查开奖主办者资质，确认其具备举办开奖事项的资格；审查招投标、拍卖、开奖规则（或程序）是否公正合法，并以谨慎态度审查活动规则（或程序）的可行性；必要时应当督促主办者制定可能发生突发事件的应对措施；特别是办理现场开奖公证时，公证机构应关注奖项设置与开奖程序是否协调，关注突发停电或开奖器具突发故障等紧急事件的应对预案；检查现场招投标、拍卖、开奖等器具设备是否完好、有无人为破坏或改动、是否处于正常工作状态；在现场监督过程中，公证人员应当自始至终参加现场活动；现场监督的重点在于监督当事人是否遵循事前公布的活动规则（或程序）。

在现场监督中，如发现当事人有弄虚作假、违反活动规则或违法行为，应当场责令当事人予以改正；拒不改正的，公证员应当不予办理公证；如因技术原因或人为原因导致现场秩序混乱、活动无法继续进行时，公证人员应建议中止活动，待秩序恢复后继续，切不可强行宣读公证词。

（3）出证。经现场监督审查，如认为现场活动真实、合法、符合事前公布的活动规则（或程序），公证人员当场宣读公证词，并在七日内作成公证书发给当事人。该公证证明从宣读之日起生效。

（二）遗嘱公证

遗嘱是遗嘱人生前按照法律规定的方式处分个人财产或处理其他事务，并于死亡时发生效力的单方法律行为。[①]遗嘱公证是公证机构依照法定程序证明遗嘱人设立遗嘱行为真实、合法的活动。应当注意到，随着《民法典》的颁布施行，公证遗嘱已经丧失了其效力优先性，对于遗嘱公证特别程序来讲，2020 年修正的《公证程序规则》对 2000 年制定的《遗嘱公证细则》进行了部分实质性修改。

1. 遗嘱公证申请

当事人办理遗嘱公证应当亲自到公证处提出申请。遗嘱人因身体原因不能亲自到公证处办理的，可以书面或口头形式请求公证处指派公证人员到遗嘱人所在地办理。申办遗嘱公证要提交的材料主要有：

（1）立遗嘱人的居民身份证、户口簿或护照等有关身份方面的资料。

（2）遗嘱文本，遗嘱中一般不得包括与处分财产及处理死亡后事宜无关的其他内容。

（3）遗嘱涉及的不动产、交通工具或者其他有产权凭证的财产产权证明。

申办遗嘱公证首先要填写公证申请表，遗嘱人填写申请表有困难的，由公证人员代写，遗嘱人应在申请表上签名或按手印。

2. 遗嘱公证程序

根据《公证程序规定》规定，遗嘱公证应遵循以下程序。

（1）公证机构办理遗嘱公证，应当由二人共同全程亲自办理。特殊情况下只能由一名公证员办理时，应当请一名见证人在场，见证人应当在询问笔录上签名或者盖章。

（2）遗嘱人订立遗嘱的过程录音录像。

（3）公证遗嘱应当采用打印形式，公证人员对遗嘱草稿进行审查后打印，遗嘱人核对后在打印的遗嘱上签名。遗嘱人不会签名或签名有困难的，可以盖章的方式代替在申请表、笔录和遗嘱上的签名；遗嘱人既不能签字又无印章的，应以按手印的方式代替签名或盖章。上述情形，公证人员应在笔录中注明。以按手印代替签名或盖章的，公证人员还要提取遗嘱人全部的指纹存档。

（4）公证机构办理遗嘱公证，应当查询全国公证管理系统。出具公证书的，应当于出具当日录入办理信息。

上述规定，不但较好地适应了信息化时代办证方式转变的需要，在一定意义上也可以缓

---

① 参见魏振瀛主编：《民法》（第八版），北京大学出版社、高等教育出版社 2021 年版，第 757 页。

冲《民法典》实施背景下公证遗嘱丧失优先效力后其他遗嘱方式对公证遗嘱的影响和冲击，促使公证遗嘱能够以融合多种遗嘱设立方式的特殊优势，对立遗嘱人产生新的吸引力。①

3. 公证遗嘱的撤销和变更

公证遗嘱生效前，遗嘱人本人可以经申请并履行公证程序后，撤销或变更自己所立的公证遗嘱。遗嘱公证卷宗在遗嘱人死亡前，列为密卷保存在公证处，遗嘱生效前不对外借阅。公证人员必须遵守保密义务，不得向外界透露遗嘱内容。

（三）保全证据公证

保全证据公证是指公证机构根据自然人、法人或者其他组织的申请，依法对与申请人权益有关的、有法律意义的证据、行为过程加以提取、收存、固定、描述或者对申请人的取证行为的真实性予以证明的活动。②随着人民法院民事审判方式改革的推进，公证证据保全已经成为近年公证事务中最受人们关注的一项新兴业务。许多公证处纷纷设立了专门办理证据保全公证（含公证证据保全）的业务部门。公证处的公证证据保全业务量呈逐年上升态势。这一发展态势说明公证证据保全具有很强的社会需求。

保全证据公证的主要办理程序如下：

（1）由当事人向公证机构提出证据保全申请。具体而言，保全证据公证由当事人住所地、行为或者事实发生地的公证机构受理。涉及不动产保全的，由不动产所在地公证处管辖。

（2）公证机构派员外出办理保全证据公证的，由二人共同办理，承办公证员应当亲自外出办理。

（3）公证员对证据合法性进行审查。审查合格的予以公证，如果承办公证员发现当事人是采用法律、法规禁止的方式取得证据的，应当不予办理公证。

（4）具体在对证据进行保全时，应针对不同证据种类和特性采取不同方法。③

（四）赋予强制执行效力债权文书公证

根据《公证法》第三十七条的规定，对经公证的以给付为内容并载明债务人愿意接受强制执行承诺的债权文书，债务人不履行或者履行不适当的，债权人可以依法向有管辖权的人民法院申请执行。但是，该条并未明确具体办理的程序。由于《公证法》并未将强制执行公证纳入其第二章第十一条公证事项条款中，而是列入了第五章"公证效力"范围。

《公证程序规则》第五十五条规定："债务人不履行或者不适当履行经公证的具有强制执行效力的债权文书的，公证机构应当对履约情况进行核实后，依照有关规定出具执行证书。债务人履约、公证机构核实、当事人就债权债务达成新的协议等涉及强制执行的情况，承办公证员应当制作工作记录附卷。"该规则第三十九条进一步明确了具有强制执行效力的债权文书的公证，应当符合下列条件：

（1）债权文书以给付为内容；

<hr>

① 李全一：《〈公证程序规则〉新修订内容的理解与适用——以〈民法典〉实施为视角》，载《中国公证》2021 年第 2 期，第 60 页。
② 详见中国公证协会第五届常务理事会第七次会议修订通过的《办理保全证据公证的指导意见（修订）》（2008 年 11 月 25 日）第二条之规定。
③ 具体方法可参见《办理保全证据公证的指导意见（修订）》中的相关规定。

（2）债权债务关系明确，债权人和债务人对债权文书有关给付内容无疑义；

（3）债务履行方式、内容、时限明确；

（4）债权文书中载明当债务人不履行或者不适当履行义务时，债务人愿意接受强制执行的承诺；

（5）债权人和债务人愿意接受公证机构对债务履行情况进行核实；

（6）《公证法》规定的其他条件。

2017年7月，《最高人民法院、司法部、中国银监会关于充分发挥公证书的强制执行效力服务银行金融债权风险防控的通知》发布，将银行业金融机构运营中签署的各类融资合同、债务重组合同、还款合同、还款承诺、各类担保合同、保函等，纳入公证债权文书的范围。据此，赋予强制执行力公证的范围从一般债权文书扩大到金融领域的各种债权文书，公证的预防风险功能得到了进一步发挥。

（五）提存公证

提存是指债务人于债务已届履行期时，将无法给付的标的物交提存机关，以消灭债务的行为。提存公证是指公证机构作为提存机关，对债权人提存行为的真实性、合法性予以证明的活动。司法部于1995年发布了《提存公证规则》，明确确立了提存公证制度。该规则详细规定了提存目的、条件、程序、法律效力等问题。1999年《合同法》明确把"债务人依法将标的物提存"作为合同权利义务关系终止的情形之一，并规定了提存原因、风险责任、法律后果等。2006年《公证法》第十二条更是明确把提存作为公证机构业务范围之一。2020年《民法典》合同编通则部分也对提存制度作了明确规定。

公证机构办理提存公证时，除了遵循一般规则外，还应遵循以下特别程序：

（1）提存标的物的验收。《提存公证规则》第十四条中规定："公证处应当验收提存标的物并登记存档。对不能提交公证处验收的提存物，公证处应当派公证员到现场实地验收。验收时，提存申请人（或其代理人）应当在场，公证员应制作验收笔录"，"对难以验收的提存标的物，公证处可予以证据保全，并在公证笔录和公证书中注明"。

（2）公证期限。《提存公证规则》第十七条规定，公证处应当从提存之日起三日内出具提存公证书。提存之债从提存之日即告清偿。

（3）通知或公告。《提存公证规则》第十八条中规定，以清偿为目的的提存或提存人通知有困难的，公证处自提存之日起七日内以书面形式通知提存受领人，告知其领取提存物的时间、期限、地点、方法；提存受领人不清或下落不明、地址不详无法联系的，六十日内以公告方式通知。公告通知的，公证处应自提存之日起告应刊登在国家或债权人在国内住所地的法制报刊上，一个月内在同一报刊刊登三次，报刊刊登提存标的物的保管。

（4）公证处有妥善保管提存标的物的义务。保管期限视提存标的物的性质而定，短的可以是六个月，最长为二十年。《提存公证规则》第二十一条规定，从提存之日起，超过二十年无人领取的提存标的物，视为无主财产；公证处应在扣除提存费用后将其余额上缴国库。保管方式可以是封存、自行保管或委托代管。

（5）拍卖。《提存公证规则》第十九条规定，对不宜保存的、提存受领人到期不领取或超过保管期限的提存物品，公证处可以拍卖，保存其价款。

（6）领取。《提存公证规则》第二十三条规定，公证处应当按照当事人约定或法定条件给付提存标的。以对待给付为条件的提存，在提存受领人未为对待给付之前，公证处不得给付提存标的物。提存受领人的继承人请求交付的，应当提交继承公证书或其他有效的法律文书。因债权转让、抵销等原因需要由第三人领取提存标的物的，该第三人应当提供已经取得提存之债债权的有效法律文书。

（7）取回和上交。根据《提存公证规则》第二十六条的规定，提存人可以凭人民法院生效的判决、裁定或提存之债已经清偿的公证证明取回提存物；提存受领人以书面形式向公证处表示抛弃提存受领权的，提存人可取回提存物。提存人取回提存物的，视为未提存。第二十一条规定，从提存之日起超过二十年无人领取的提存标的物，视为无主财产，上交国库。

三、公证调解

（一）概述

《公证法》中并没有明确规定公证调解。《公证程序规则》第五十六条规定：经公证的事项在履行过程中发生争议的，出具公证书的公证机构可以应当事人的请求进行调解。经调解后当事人达成新的协议并申请公证的，公证机构可以办理公证；调解不成的，公证机构应当告知当事人就该争议依法向人民法院提起民事诉讼或者向仲裁机构申请仲裁。2009年，最高人民法院在《关于建立健全诉讼与非诉讼相衔接的矛盾纠纷解决机制的若干意见》中，对公证调解文书执行力、司法确认做出了规范。2010年，最高人民法院提出《关于进一步贯彻"调解优先、调判结合"工作原则的若干意见》后，各种调解工作均得到不同程度发展。尤其是，2017年最高人民法院、司法部发布了《关于开展公证参与人民法院司法辅助事务试点工作的通知》后，公证调解活动更是蓬勃展开。

实践中，公证调解一般可分为证前调解和证后调解。证前调解是指当事人之间在公证机构未介入之前就发生的矛盾，出于对公证机构的信任，邀请公证人员主持调解，达成和解协议后，再办理公证证明。证后调解是指公证后的公证事项由于各种原因发生纠纷，公证人员在原公证的基础上进行调解，促使当事人如约履行或达成新的补充协议并经公证。应当注意到，在规范层面公证调解被框定在已办理的公证事项之内，不涉及公证事项以外的其他社会纠纷矛盾，这与近年来多元化纠纷解决背景下"公证调解"的内涵外延显然有所不同，因此公证调解制度依据上存在一定合法性危机，[①]未来迫切需要加强顶层设计。

（二）公证调解的原则

根据我国法律规定，调解活动要遵循自愿合法基本原则。公证调解作为调解方式之一种，当然也要遵循调解原则，以保证公证调解公平、公正。

1. 自愿原则

调解活动的进行和调解协议的达成，都必须以当事人自愿为前提。一是进行公证调解必须是当事人双方的共同意愿，主要是通过当事人向公证机构提出调解申请。二是所达成的调解协议的内容必须是双方当事人真实意思表示。调解协议可以是当事人协商后形成，也可是由公证人员提出解决方案建议后经当事人同意。

---

① 参见王丽萍、李全息：《公证调解存在的困难与发展建议》，载《中国公证》2022年第2期，第21页。

2. 合法原则

公证机构进行调解必须依法进行，调解的过程和达成的调解协议内容应当符合法律规定。一是程序合法。调解活动的进行要遵循一定的程序，保证各方当事人的发言权，听取各方当事人对自己意思的陈述。二是实体合法。调解协议的内容不违反法律、法规的规定，不损害国家、社会、公共利益和他人的合法权益。

第二节　公证效力

公证效力是指公证证明在法律上的效果和约束力。从具体效力内容来看，公证具有证据效力、强制执行效力和特定公证事项的生效效力。当然，公证书仅对公证当事人和公证事项有效，这体现了公证书证明效力的有限性和相对性。[①]

一、证据效力

所谓证据效力是指公证书作为一种可靠的证据，具有证明公证对象真实、合法的证明力，可直接作为认定事实的根据。公证机构是法定证明机构，公证过程中，公证机构要对公证对象进行认真全面的调查、核实。因此，公证证明是法定证明机构对公证对象的真实性、合法性已经审查、确认的证明，可以直接作为认定事实的根据。我国《民事诉讼法》第七十二条规定："经过法定程序公证证明的法律事实和文书，人民法院应当作为认定事实的根据，但有相反证据足以推翻公证证明的除外。"这表明，公证证明具有法院认定案件事实的证据效力。另外，公证证明就约束法院对案件事实的认定而言是一种义务，对提出公证证明的当事人而言，就具有了免除以其他的证据对自己的主张予以证明的法律效果。[②]

证据效力是公证书（公证证明）的最基本的效力。公证的证据效力是广泛的，不仅体现在诉讼活动中，还表现在日常民事、经济交往和行政管理活动中，公证书是证明法律行为、有法律意义的事实和文书的真实性、合法性的可靠法律文书。在国际上，公证书也得到广泛承认，在域外也具有法律证明力，是进行国际民事、经济交往不可缺少的法律文书。这是公证证据效力在空间上的延伸。[③]

二、强制执行效力

强制执行效力是指公证机关依法赋予强制执行效力的债权文书，债务人不履行时，债权人可以直接向有管辖权的人民法院申请强制执行，而不再经过诉讼程序。公证的强制执行效力是法律赋予公证机关的特殊职能，是法律强制性在公证活动中的体现，对充分发挥公证职能，规范和及时调整民事、经济活动，维护正常的经济秩序和当事人的合法权益具有重要意义。《公证法》第三十七条明确赋予了特定债权文书的强制执行力：对经公证的以给付为内容

---

①　参见宋朝武、张力主编：《律师与公证》，高等教育出版社 2007 年版，第 275-276 页。

②　参见张卫平：《公证证明效力研究》，载《法学研究》2011 年第 1 期，第 101 页。

③　参见关今华主编：《律师与公证》（第二版），厦门大学出版社 2008 年版，第 412 页。

并载明债务人愿意接受强制执行承诺的债权文书，债务人不履行或者履行不适当的，债权人可以依法向有管辖权的人民法院申请执行。需要注意的是与公证的证据效力不同，公证机关赋予公证文书具有强制执行效力是一种特殊公证，仅限于《公证程序规则》第三十九条规定的范围，一般公证文书不具有强制执行效力。

另外，公证的强制执行效力并不意味着对公证机构赋予强制执行效力的债权文书，人民法院可以不加审查地强制执行。在公证证明过程中，由于各种因素影响，难免存在错误，因此，人民法院在执行公证机构赋予强制执行效力的债权文书时，应当对其认真审查。《民事诉讼法》第二百四十五条规定："对公证机关依法赋予强制执行效力的债权文书，一方当事人不履行的，对方当事人可以向有管辖权的人民法院申请执行，受申请的人民法院应当执行。　　公证债权文书有错误的，人民法院裁定不予执行，并将裁定书送达双方当事人和公证机关。"对此，2018年发布的《最高人民法院关于公证债权文书执行若干问题的规定》中，对不予执行的审查标准、申请执行与提起诉讼的程序选择、利害关系人的权利救济途径等问题作出了明确规定，极大地完善了这一制度。

三、特定事项生效效力

公证的特定事项证明效力是指依照法律、法规的规定或国际惯例，以及当事人的约定，特定法律行为只有经过公证证明才能成立，并产生法律效力；不履行公证程序，则该项法律行为就不能成立或生效，不具有法律效力。特定事项的公证内容主要有三个类型：

（一）法定事项的公证证明

《公证法》第三十八条规定：法律、行政法规规定未经公证的事项不具有法律效力的，依照其规定。从目前的相关规定看，常见法定公证事项主要有：

《民事诉讼法》第二百七十一条规定：在中华人民共和国领域内没有住所的外国人、无国籍人、外国企业和组织委托中华人民共和国律师或者其他人代理诉讼，从中华人民共和国领域外寄交或者托交的授权委托书，应当经所在国公证机关证明，并经中华人民共和国驻该国使领馆认证，或者履行中华人民共和国与该所在国订立的有关条约中规定的证明手续后，才具有效力。

《婚姻登记条例》第五条第二款规定，办理结婚登记的香港居民、澳门居民、台湾居民应当出具下列证件和证明材料：（1）本人的有效通行证、身份证；（2）经居住地公证机构公证的本人无配偶以及与对方当事人没有直系血亲和三代以内旁系血亲关系的声明。

（二）当事人约定将公证行为作为法律行为成立或生效要件的情形

尽管法律无相关要求，但为预防出现纠纷，使合同履行更为顺畅，当事人在合同中约定经公证后合同方正式成立或生效的，根据意思自治原则，当然应承认其法律效力。

（三）依照国际惯例、国际条约、双边条约，某些事项必须办理公证方能发生法律效力

在国际交往中，如学历证书、亲属关系证明等文件，都必须办理公证才能在域外发生效力。从上述特定公证事项的内容来看，其不仅限于法定事项，当事人之间约定的事项，以及国际交往中的一些事项也需要公证。故不宜简单地称之为"法定公证"。

问题与思考

1. 试比较公证员对公证证据的核实与法官对证据进行审查判断之间的异同。

2. 如何理解公证事项在诉讼中的免证效力？有关当事人是根本无需举证，还是需要举证？

3. 公证机关依法赋予强制执行效力的债权文书如何与我国民事诉讼法规定的执行救济程序进行对接？

4. 如何全面理解公证机构的定位，公证收费、公证法律责任之间的互动关系？

第三编

仲裁法

第十三章　仲裁制度概述

【本章概要】

仲裁是现代社会常用的一种纠纷解决方式，作为典型的非诉讼解决纠纷程序，在民商事领域应用颇为广泛。本章介绍仲裁的特点、原则和受案范围等基本理论。通过对本章的学习，了解仲裁制度与诉讼制度的关系。

【关键术语】

仲裁　特征　原则　范围

【重难点提示】

本章重点在于掌握仲裁的含义及特点，掌握仲裁受案范围、仲裁与民事诉讼的关系等内容；难点在于掌握协议仲裁、或裁或审和一裁终局。

第一节　仲裁特征、种类和范围

一、仲裁的法律特征

《中华人民共和国仲裁法》(以下简称《仲裁法》)于 1994 年 8 月 31 日第八届全国人民代表大会常务委员会第九次会议通过、1995 年 9 月 1 日施行，2009 年和 2017 年分别进行了修正；2021 年 7 月，司法部公布《中华人民共和国仲裁法(修订)(征求意见稿)》(以下简称《2021征求意见稿》)及其说明，向社会公开征求意见。

根据《现代汉语词典》的定义：仲裁是指"争执双方同意的第三者对争执事项做出决定"[①]；根据《仲裁法》之规定，仲裁是指在法律规定范围内，双方当事人把他们之间的争议自愿交由第三方，依据争议双方当事人签订的协议，进行裁决的一种活动。[②]据此，仲裁应具备构成要素：采用仲裁方式解决纠纷是建立在双方当事人自愿的基础上；仲裁机构为双方当事人共同选择的中立的第三方；该第三方不是国家司法机关；仲裁裁决对双方当事人具有法律约束力和执行力。

仲裁法泛指调整仲裁法律关系的法律规范。具体而言，是指国家制定或认可，用以规范仲裁机构、仲裁参与人的行为、仲裁程序和调整仲裁法律关系的法律规范的总称。仲裁法有广义和狭义之分。狭义的仲裁法即仲裁法典，是国家最高权力机关制定颁行的关于仲裁的专门法律。广义的仲裁法包括仲裁法典在内所有涉及仲裁制度的相关法律规范。仲裁制度与诉

[①] 参见《现代汉语词典》(第 5 版)，商务印书馆 2005 年版，第 1769 页。

[②] 陈光中主编：《中华法学大辞典·诉讼法卷》，中国检察出版社 1995 年版，809 页。

讼制度相比，具有以下法律特征：

（一）高度体现当事人意思自治

仲裁当事人在整个仲裁程序中具有自愿性和较强的自主性。仲裁过程中，选择仲裁方式、仲裁委员会、仲裁庭的组成、仲裁审理形式、仲裁程序等等，都是建立在当事人自愿协商、自主选择基础之上的。

（二）仲裁具备专业性和权威性

仲裁，尤其是国际商事仲裁往往会涉及错综复杂的法律关系、经贸术语以及专业性极强的技术性问题。仲裁员往往是各行各业的专家，这些专业团队在审理过程中，既能正确地认定事实，又能准确地适用法律，从而保证了仲裁裁决的专业性和权威性。

（三）仲裁灵活、快捷，成本较低

《仲裁法》对仲裁程序的规定较为原则，具体程序由仲裁规则规定或当事人约定，仲裁程序非常灵活、快捷和高效；一裁终局和仲裁庭不能形成多数意见时以首席仲裁员意见为准的议事规则，也极大地缩短了仲裁时间，免去了当事人辗转和等待之苦；程序灵活和裁断快捷既能节约当事人时间，也减少了当事人的经济成本。当然，仲裁成本较低并非绝对，不同国家和地区，仲裁费用标准也不同。例如，当事人选择异地或国外仲裁，仲裁费用会高于在本国的诉讼费用。

（四）仲裁有利于保护商业秘密

商事纠纷往往涉及商业秘密，而仲裁不公开审理原则对商业秘密起到了非常积极的保护作用；《仲裁法》第五十四条中还规定，如果当事人协议不愿在仲裁裁决书中注明争议事项和裁决理由的，可以不写，这也有利于保护商业秘密。

（五）仲裁将友好性和强制性较好结合

仲裁的友好性体现在解决纠纷过程中。首先，贯彻当事人意思自治原则使得当事人在整个仲裁过程中都能友好协商，共同选择。其次，仲裁庭与当事人之间的平等性也体现了仲裁的友好性。最后，我国仲裁理论和实践都注重调解，而调解往往能消融当事人之间的对应情绪，有利于友好妥善解决纠纷。

仲裁的强制性体现在仲裁裁决的法律效力上。前已提及，仲裁裁决具有法律约束力和强制执行力，这两方面的效力敦促当事人自觉及时履行裁决，对当事人合法权益的保护起到极其重要的作用。

（六）仲裁具有独立性和一裁终局性

尽管仲裁机构具有民间性，但各国仲裁机构在设置上独立于行政机关，仲裁机构之间也不存在隶属关系，仲裁的法律法规规定仲裁独立进行，不受任何机关、团体和个人干涉。仲裁裁决一经作出即发生法律效力，具有一裁终局性。

二、仲裁与相关制度的关系

（一）仲裁与行政仲裁

（1）性质不同。除了《仲裁法》规定的商事仲裁外，我国《人事争议处理规定》《农村土地承包经营纠纷调解仲裁法》《劳动争议调解仲裁法》等法律法规中也规定了"仲裁"，这一类仲裁可以称为行政仲裁，属于《仲裁法》中"依法应当由行政机关处理的行政争议"（第三条）。《仲裁法》所规定的商事仲裁与行政仲裁在性质上具有本质不同：商事仲裁具有民间性。仲裁机构属于非政府性质的社团法人，仲裁程序是一种"准司法"程序。而行政仲裁机构具有官方性，行政仲裁程序是一种行政程序。

（2）受案范围不同。民商事仲裁涵盖民事、商事的绝大多数领域，包括各类合同纠纷和其他财产权益纠纷；而行政仲裁的受案范围，根据我国相关规定，涉及劳动争议、人事争议、农业集体经济组织内部的农业承包合同纠纷等方面，受到了诸多限制。

（3）管辖权获得方式不同。仲裁委员会的管辖权完全基于当事人之间的仲裁协议，而行政仲裁委员会的管辖权由法律明文规定，具有强制性。

（4）仲裁程序不同。《仲裁法》对民商事仲裁的程序仅是原则性规定，具体程序多由当事人约定或仲裁机构的仲裁规则确定；而行政仲裁程序则是严格法定。

（5）仲裁结果的效力不同。民商事仲裁裁决具有终局性质；而行政仲裁裁决往往不具有终局性质，当事人对行政仲裁裁决有异议可以向有管辖权的人民法院起诉。

可见，《仲裁法》规定的仲裁制度与行政仲裁制度具有本质不同，本编"仲裁"一词特指民商事仲裁，而不包括行政仲裁。

（二）仲裁与民事诉讼

仲裁与民事诉讼有许多相似之处。比如，二者都是由第三者基于相似的程序性规定居中独立裁判，在查明争议事实，明晰争议事项涉及的争议双方权利义务的基础上，公平公正地解决纠纷，裁判结果对双方当事人都具有法律约束力，等等。不过，二者在许多方面也有很大差异。就我国而言，其差异主要有以下几个方面：

（1）仲裁的受案范围比民事诉讼窄。仲裁只受理平等主体间的财产权益纠纷，而民事诉讼的受案范围包括平等主体之间的所有民事纠纷，既包括财产权益纠纷，也包括人身权益纠纷。

（2）管辖权来源不同。仲裁委员会的管辖权依赖于当事人自愿达成的仲裁协议，而人民法院的管辖权则基于《民事诉讼法》的强制性规定，当事人无权任意选择。

（3）程序启动条件不同。启动仲裁程序须以存在有效的仲裁协议为前提，而启动民事诉讼程序无须任何协议，只要一方当事人的起诉符合《民事诉讼法》的法定条件即可。

（4）尽管仲裁与民事诉讼的审理都是以开庭审理为原则，但是《仲裁法》明确规定，仲裁不公开进行，而民事诉讼以公开审理为原则。

（5）评议规则不同。当仲裁庭的组成形式为合议庭时，作出仲裁裁决时须遵循少数服从多数原则，这一点与法院合议庭形成判决时遵循的原则相同。但若不能形成多数意见，在仲裁中，仲裁裁决应当按照首席仲裁员的意见作出，而在民事诉讼中则不能以审判长的意见作出，而须将案件提交审判委员会讨论决定。

（6）效力不同。仲裁采取一裁终局制，当事人只有在仲裁裁决被依法撤销或者被人民法院裁定不予执行时方可就同一争议起诉；而民事诉讼案件除适用小额诉讼程序审理外，采两审终审制。

从上述比较可以看出，相较于民事诉讼，仲裁具有许多优势。例如，当事人自愿选择仲裁委员会既充分尊重当事人的意愿，有利于纠纷更快更友好地解决，又有效避免了民事诉讼中常常出现的管辖权争议问题；不公开审理有助于商业秘密保护。此外，不能形成多数意见时以首席仲裁员的意见为准及一裁终局体现出了仲裁快捷和高效的优点。但不能忽视的是，仲裁也存在着一定局限，例如受案范围较窄，只能在纯财产权益纠纷方面发挥作用。一裁终局在保障了效率的同时，也一定程度地牺牲了当事人诉权。

（三）仲裁与调解

"双方或多方当事人之间发生民事权益纠纷，由当事人申请，或者人民法院、群众组织认为有和好的可能时，为了减少讼累，经法庭或者群众组织从中排解疏导、说服教育，使当事人互相谅解，争端得以解决，是谓调解。"[1]从我国相关法律法规和实践情况看，调解可以分为诉讼或仲裁内的调解和诉讼或仲裁外的调解。此处所指调解，特指诉讼或仲裁外的调解，也称为独立的调解。从广义而言，仲裁与调解均属于 ADR（Alternative Dispute Resolution），[2]即"解决争议的替代方式"，或者翻译为"非诉讼纠纷解决程序"，二者最大的相似之处就在于具有非讼性质，都是由非司法性质的第三方居中裁判，解决纠纷。如果说仲裁还具有"准司法"性，那么调解就完全是民间性的，从这一点出发，二者的差异也就比较明显。

首先，调解的范围明显要宽于仲裁。调解员可以是专门的调解机构，例如人民调解委员会，也可以是争议双方均认可的某个机构或个人。对调解员的选择原则上基于双方合意，但若争议双方选择的是人民调解委员会时，由于其在村民委员会或居民委员会等基层组织上建立，因此实际实行的是地域管辖原则。这一点上，仲裁当事人比调解当事人的自主性更强一些。其次，在程序启动方面，调解无须事先存在协议，但须双方合意将纠纷提交调解，而仲裁要求以有效仲裁协议为前提。在裁断方式上，仲裁原则上是不公开开庭审理，而调解则并无特定要求。再次，基于调解的民间性，调解员在调解过程中不必然适用某些具体的法律规定，只要不违反法律原则性规定即可，而仲裁则在程序上须适用《仲裁法》，并根据具体案件适用不同的实体法审理。最后，调解协议没有直接的法律效力，须依靠当事人自觉履行，一方当事人不愿履行调解协议，另一方当事人可起诉或申请仲裁，或请求法院确认其效力。而仲裁裁决具有法律效力，既对当事人和相关机关、机构和个人具有法律约束力，也具有强制执行力。

同作为 ADR 之一，仲裁和调解各有所长，调解以合意为解决纠纷为要件，因此更有利于纠纷的彻底解决和自觉履行，而仲裁裁决的内容尽管可能得不到双方当事人完全认可，但裁决所具有的法律效力使裁决能够得到强制执行，最终仍能保障当事人的合法权益。

综上，相较于民事诉讼，仲裁更加灵活、高效，更能体现当事人意思自治原则；而相较于调解，仲裁更具权威性，更能保障当事人的合法权益。

三、仲裁种类

根据不同划分标准，仲裁主要可以划分为以下几类：

（一）国内仲裁和涉外仲裁

按照是否具有涉外因素，仲裁可划分为国内仲裁和涉外仲裁。涉外因素就是指仲裁的主

---

[1] 参见《中国大百科全书·法学》，中国大百科全书出版社 1984 年版，第 589 页。

[2] 有一些学者认为现代仲裁已经高度制度化，因此应当被排除在 ADR 之外。本书从最广义的角度来划分，还是将仲裁归入 ADR。

体、客体或者内容至少有一个与外国有联系。《仲裁法》主要对国内仲裁进行介绍，第七章为"涉外仲裁的特别规定"。因此若无特别说明，本编所称的仲裁专指国内仲裁。

（二）机构仲裁和临时仲裁

按照是否由常设的专门仲裁机构仲裁，仲裁可划分为机构仲裁和临时仲裁。机构仲裁，又称常设仲裁、制度性仲裁，是指由常设仲裁机构受理当事人的仲裁申请并作出裁决；这类仲裁机构不会因为仲裁案件的有无而存在或解散。临时仲裁又称特别仲裁，是根据当事人的仲裁协议临时组建仲裁庭审理和裁决，仲裁结束后，仲裁庭自行解散。需要指出的是，常设仲裁机构并不是指仲裁庭是常设、固定的，仲裁庭不论在机构仲裁还是在临时仲裁中都是为特定案件临时组建的，仲裁结束即告解散。

（三）依法仲裁和友好仲裁

按照仲裁裁决所依据的实体规范不同，仲裁被划分为依法仲裁和友好仲裁。依法仲裁是指仲裁庭依据一定的实体法规范进行审理并作出仲裁裁决；友好仲裁是指仲裁庭往往按照法律精神、公序良俗或商业惯例等进行裁断，因此友好仲裁也称为依原则仲裁。友好仲裁必须建立在当事人明示同意基础上，并且不得违反仲裁地法的强制性规定。目前，依法仲裁是各国对仲裁的原则性要求，部分国家并不排除友好仲裁。尽管友好仲裁存在不确定性，但较能体现当事人意思自治，采取友好仲裁更能满足当事人的仲裁要求。

四、仲裁范围

（一）可仲裁范围

《仲裁法》第二条以概述方式规定了可仲裁范围，即"平等主体的公民、法人和其他组织之间发生的合同纠纷和其他财产权益纠纷，可以仲裁"。

（1）合同纠纷。这里"合同"不仅包括《民法典》合同编中的典型合同，还包括平等主体之间签订的其他无名合同。

（2）其他财产纠纷。《仲裁法》以及司法解释未对"其他财产权益纠纷"进行界定，在理论和实践中一直存在争议。人们普遍认为，"其他财产权益纠纷"主要指因财产权属、侵权而引起的各类纠纷。如，侵犯知识产权纠纷、产品质量纠纷、海事侵权纠纷等等。

（二）不可仲裁范围

《仲裁法》第三条和第七十七条以列举的方式规定了不可仲裁的范围：

（1）婚姻、收养、监护、扶养、继承纠纷；

（2）依法应当由行政机关处理的行政争议；

（3）劳动争议和农业集体经济组织内部的农业承包合同纠纷。

需指出的是，《2021征求意见稿》删除了第二条中"平等主体"的限制、增加了兜底条款"其他法律有特别规定的，从其规定"，为实践中已经出现的投资仲裁、体育仲裁等提供依据；将"公民"修改为"自然人"，强化了"促进国际经济交往"的立法宗旨，有利于增强我国仲裁的国际公信力和竞争力。

第二节　仲裁原则和基本制度

一、仲裁基本原则

根据《仲裁法》的相关规定，我国仲裁法主要包含以下几项基本原则：

（一）自愿原则

自愿原则赋予当事人高度的自治权，是仲裁法最基本的原则。世界各国都将自愿原则作为其仲裁制度建立的基础。纵观《仲裁法》不难发现，自愿原则贯穿始终，当事人有权自主决定是否将他们之间的纠纷提交仲裁、将哪些事项提交仲裁、交由哪一个仲裁委员会仲裁、具体由哪些仲裁员仲裁、仲裁庭采取何种形式审理、是否和解或调解等。贯彻自愿原则有利于迅速解决纠纷，并能够使整个仲裁程序在友好的氛围下进行，反映了仲裁的特色，体现了仲裁的优势。

（二）独立原则

独立原则赋予仲裁委员会不受干涉的仲裁权。独立原则包含两层意思：首先，仲裁委员会独立。机构设置上的独立，即仲裁委员会独立于行政机关，与行政机关没有隶属关系。其次，仲裁庭、仲裁员独立。仲裁权配置上独立，即仲裁庭在对案件进行审理、裁判时，不得受到任何机关、团体和个人的干涉。独立原则，能保证仲裁裁决的公平与公正。当然，独立原则并不排除法院对仲裁的依法监督。

（三）公正、公平和合理仲裁原则

公正仲裁，要求仲裁员公道正派、勤勉敬业、不偏私、不拖沓。对仲裁员来说，这既是对工作质量的要求，也是对工作态度的要求。《仲裁法》为贯彻公正仲裁原则，明确了担任仲裁员的资格、条件，也规定了相应的回避制度，还专门列举了仲裁员在违反公正仲裁原则时须承担的法律责任。公平仲裁，要求仲裁员要在查明事实的基础上，根据法律精神，公平地作出裁决。合理仲裁，要求仲裁员仲裁时尽可能遵循公序良俗和惯例。这一原则也是仲裁异于民事诉讼的原则之一，民事诉讼追求"以事实为根据，以法律为准绳"，合法是最基本也是最严格的要求，而仲裁在满足公平的基础上，还要追求合理裁断。

二、仲裁基本制度

《仲裁法》确立了一套颇具特色的仲裁基本制度体系，主要有：

（一）协议仲裁制度

协议仲裁制度是以仲裁的自愿原则为理论依据确立起来的制度。根据自愿原则，"当事人采用仲裁方式解决纠纷，应当双方自愿"，而"自愿"正是由当事人之间达成的仲裁协议[①]来

---

① 此处的仲裁协议应当做广义的理解，即合同中订立的仲裁条款和以其他书面方式在纠纷发生前或者发生后达成的请求仲裁的协议。后文"或裁或审制度"中提及的"仲裁协议"也应当如此理解。

体现。也就是说，仲裁委员会的仲裁权来源于当事人自愿达成的仲裁协议，没有有效的仲裁协议，无法启动仲裁程序。而民事诉讼制度，人民法院的管辖权系法定，只要符合起诉条件，民事诉讼程序即可启动。

（二）或裁或审制度

"裁"就是仲裁庭裁断，"审"就是人民法院审理，"或裁或审"就是指当事人之间发生的纠纷，或者以仲裁方式解决，或者以诉讼方式解决，两者只能选择其一。或裁或审制度的核心内容就是当事人对解决纠纷的方式具有选择权：达成有效的仲裁协议，即表示当事人选择了"裁"；没有仲裁协议，即表示当事人选择了"审"。或裁或审制度在赋予当事人选择权的同时，也对仲裁委员会和人民法院进行了限制：当事人选择了一种方式就意味着排除了另一种方式。因此，对没有仲裁协议的当事人提出的仲裁申请，仲裁委员会不能受理；对达成有效仲裁协议的当事人提起的诉讼，人民法院也不能受理。

（三）一裁终局制度

一裁终局是指仲裁裁决作出后具有终局性法律效果，仲裁裁决一经作出就意味着：第一，仲裁程序即告终结；第二，仲裁当事人的权利义务就此确定；第三，当事人不得就同一纠纷再行仲裁或起诉。当然，一裁终局制度并非绝对。若仲裁裁决被人民法院依法裁定撤销或不予执行，当事人可就同一纠纷重新申请仲裁或起诉，仲裁委员会和人民法院根据具体情况决定受理与否。

问题与思考

1. 仲裁与民事诉讼有何异同？
2. 相较于调解，仲裁具有哪些优势？
3. 何谓或裁或审制度？
4. 甲、乙因遗产继承发生纠纷，双方书面约定由某仲裁委员会仲裁。后甲反悔，向遗产所在地法院起诉。法院受理后，乙向法院声明双方签订了仲裁协议。请问，法院应当如何处理？为什么？

第十四章　仲裁员和仲裁机构

【本章概要】

仲裁员是仲裁活动的实施者，仲裁机构是商事仲裁的主体。本章介绍仲裁员的资格条件、聘任及行为规范，仲裁机构和仲裁协会的性质、设立条件、组成等。通过对本章的学习，掌握仲裁员的任职资格和程序、仲裁机构的组成、仲裁规则的内容和作用，仲裁协会的性质和任务。

【关键术语】

仲裁员　仲裁机构　仲裁协会　仲裁规则

【重难点提示】

本章重点在于掌握仲裁机构和仲裁协会的性质、设立条件，仲裁委员会与仲裁协会的关系，熟悉仲裁规则的适用；难点在于掌握仲裁责任的理论与实践。

第一节　仲裁员

一、仲裁员资格与聘任

（一）仲裁员资格条件

仲裁员是纠纷的裁判者，是指仲裁机构按一定规则聘任的、列入其仲裁员名册的人员。仲裁员资格直接关系到仲裁公信力及仲裁制度的健康发展。各国在商事仲裁立法、仲裁机构的仲裁规则中都会对仲裁员的资格作出具体规定。根据《仲裁法》的规定，我国仲裁员资格条件有：

1. 国籍条件

国内仲裁机构聘任的仲裁员一般为中国籍公民，涉外仲裁机构除可以在中国籍公民中聘任仲裁员外，还可以从外籍人士中聘任仲裁员。

2. 品德条件

《仲裁法》对仲裁员的品德要求是：办事公道、作风正派。仲裁委员会在聘任仲裁员时，应特别重视仲裁员的品德条件。仲裁员能否公正行事，是仲裁信誉的重要保证。

3. 专业条件

仲裁员应当具有下列专业条件之一：（1）通过国家统一法律职业资格考试取得法律职业资格，从事仲裁工作满 8 年的；（2）从事律师工作满 8 年的；（3）曾任法官满 8 年的；（4）从事法律研究、教学工作并具有高级职称的；（5）具有法律知识、从事经济贸易等专业工作并且具有高级职称或具有同等专业水平的。

（二）仲裁员的聘任

仲裁员由仲裁机构从符合法定条件的人士中聘任、颁发聘书并将其列入仲裁员名册。

根据《仲裁委员会登记暂行办法》规定，仲裁委员会办理设立登记时，需提交拟聘任的仲裁员名册。即设立仲裁委员会时，仲裁委员会筹备组应确定拟聘任仲裁员名册，提交《拟聘任仲裁员登记表》。仲裁员的聘任期为3年，期满可以继续聘任。此后，仲裁委员会可视需要修订仲裁员名册。

二、仲裁员回避制度

仲裁员的回避，是指仲裁员具有影响或可能影响案件公正裁决的情形时，依照法律的规定应当退出仲裁程序。根据《仲裁法》的规定，仲裁员回避制度的内容包括：

（一）回避事由

根据《仲裁法》第三十四条的规定，仲裁员有以下情形之一的，必须回避：是本案当事人或者当事人、代理人的近亲属；与本案有利害关系；与本案当事人、代理人有其他关系，可能影响公正仲裁的；私自会见当事人、代理人，或者接受当事人、代理人的请客送礼的。

（二）回避程序

1. 回避方式

《仲裁法》规定了两种回避方式，即仲裁员自行回避以及当事人申请回避。仲裁员自行提出回避没有时间限制，按通常理解，仲裁员可在仲裁程序的全过程中的任何时间依法定事由自行提出回避。当事人提出回避申请的，应在首次开庭前提出。回避事由在首次开庭后知道的，可以在最后一次开庭终结前提出。

2. 仲裁员回避的决定权

《仲裁法》规定，仲裁员的回避由仲裁委员会主任决定；仲裁委员会主任担任仲裁员时，由仲裁委员会集体决定。针对仲裁员回避的最终决定权由谁享有，各国和地区商事仲裁制度有不同的规定，有的规定由法院决定，如《瑞士联邦苏黎世州民事诉讼法》）；有的规定由商事仲裁机构决定，如我国《国际商会仲裁规则》《仲裁法》；有的规定先由当事人提请仲裁庭决定，若当事人对仲裁庭的裁决不服则由法院最终决定，如我国台湾地区仲裁法有关规定；有的规定由任命仲裁员的机构最终决定，如《联合国国际贸易法委员会仲裁规则》。

（三）仲裁员回避的法律效力

仲裁员因回避不能履行职责的，应当依照《仲裁法》的规定重新选定或者指定仲裁员。当事人可以请求已进行的仲裁程序重新进行，是否准许由仲裁庭决定；仲裁庭也可以自行决定已进行的仲裁程序是否重新进行。仲裁员回避决定作出之前，被申请回避的仲裁员能否继续行使仲裁权？《仲裁法》对此并无明确规定。2021年《中国海事仲裁委员会仲裁规则》以及2015年《中国国际经济贸易仲裁委员会仲裁规则》均规定在回避决定作出之前，被请求回避的仲裁员应当继续履行职责。

三、仲裁员行为规范

我国《仲裁法》对仲裁员行为规范没有做出具体规定。结合各地仲裁委员会的具体做法，仲裁员应当遵循以下行为规范。

1. 独立公正地仲裁案件

这是仲裁员必须遵守的一个最基本的行为规范。仲裁员在仲裁案件时，既不受外来因素的影响，也不受仲裁委员会的内部干涉，并且不代表任何一方当事人的利益。仲裁庭应当根据事实，遵循公平合理的原则，独立公正地作出裁决。另外，在仲裁过程中，仲裁员应当平等地对待双方当事人。

2. 不得私自接触当事人及其代理人

仲裁员私自接触当事人、代理人，会产生对该仲裁员公正性的合理怀疑。根据《仲裁法》的规定，仲裁员私自会见当事人、代理人，或者接受当事人、代理人的请客送礼的，必须回避；以上情形情节严重的，或者仲裁员在仲裁案件时有索贿受贿、徇私舞弊、枉法裁决行为的，应当承担法律责任，仲裁委员会应当将其除名。仲裁员在仲裁案件调解过程中，与一方当事人或代理人单独会见的情况不在禁止之列，但是应当慎重。

3. 自觉披露可能有损独立公正审理的任何情况并回避

仲裁员是本案当事人或当事人、代理人的近亲属，仲裁员与本案有利害关系，仲裁员与本案当事人、代理人有其他关系可能影响公正仲裁的，仲裁员应当及时向仲裁委员会披露情况，并主动回避。当事人也有权提出回避申请。

4. 勤勉审慎地履行职责

仲裁员一旦接受当事人的选定或仲裁委员会主任的指定，成为仲裁庭组成人员，就应妥善调整和安排自己的工作计划，付出当事人合理期望的时间和精力，以保证仲裁程序的顺利进行，不能随意地在一个案件的审理过程中提出请假或辞职。确有特殊情况，应及时和仲裁秘书联系，不得已时，可予更换，被更换下来的仲裁员应积极配合秘书处（局）妥善解决遗留问题。

5. 严格保守仲裁秘密

仲裁员应保守仲裁秘密，不得向外界透露任何有关案件实体和程序的情况，包括案情、审理过程、合议庭意见等情况。

6. 依法获得报酬

仲裁委员会统一向当事人收取仲裁案件受理费用，并按规定向仲裁员支付仲裁报酬。在仲裁委员会付给的报酬之外，仲裁员不得另行向当事人收取任何费用或好处。

7. 熟悉仲裁业务，提高仲裁水平

仲裁是一项专业性很强的工作，有其自身的特点和内在规律。仲裁员应该积极参加仲裁委员会组织的培训、研讨或经验交流，以提高自己的业务水平、提高办案质量，树立、维护仲裁的良好声誉。

四、仲裁员法律责任

仲裁员责任是指仲裁员在履行职责时，因存在法律规定的过错行为而对当事人或社会所承担的责任。①根据《仲裁法》、2006 年 6 月 29 日通过并施行的《刑法修正案（六）》第二十条之规定，我国仲裁员的责任表现在两个方面：

（一）除名

根据《仲裁法》规定，仲裁员出现以下行为之一的，应予除名：（1）私自会见当事人、代理人，或者接受当事人、代理人的请客送礼的，情节严重的；（2）仲裁员在仲裁该案时有索贿受贿，徇私舞弊，枉法裁决行为的。

根据国务院法制办公室文件精神，仲裁员一旦被除名，应通报全国各仲裁委员会；凡被其他仲裁委员会聘任为仲裁员的，也一并除名，并终身不得再被其他仲裁委员会聘任。

（二）刑事责任（枉法仲裁罪）

2006 年 6 月 29 日通过并施行的《刑法修正案（六）》第二十条规定，在刑法第三百九十九条后增加一条，作为第三百九十九条之一，即"依法承担仲裁职责的人员，在仲裁活动中故意违背事实和法律作枉法裁决，情节严重的，处三年以下有期徒刑或者拘役；情节特别严重的，处三年以上七年以下有期徒刑"。这就是刑法中新增加的罪名——"枉法仲裁罪"。该罪的构成要件有：

（1）客体是正常的仲裁活动、仲裁秩序和仲裁当事人的合法权益。

（2）客观方面表现为：在仲裁活动中，故意违背事实和法律作枉法裁决，情节严重。如何界定"违背事实和法律"，可以参考"民事行政枉法裁判罪"：① 枉法裁判致使公民财产损失或者法人或者其他组织财产损失重大的；② 枉法裁判引起当事人及其亲属自杀、伤残、精神失常的；③ 伪造有关材料、证据，制造假案枉法裁判的；④ 串通当事人制造伪证，毁灭证据或者篡改庭审笔录而枉法裁判的；⑤ 其他情节严重的情形。

（3）主体是特殊主体，即依法承担仲裁职责的人员。承担仲裁职责的主要是仲裁员，仲裁机构的相关人员承担辅助性的职责，故相关人员无法单独成为枉法仲裁罪的主体。

（4）主观方面是故意，故意包括直接故意和间接故意。

仲裁员的法律定性及其责任制度的确定，归根到底还是反映了一国对仲裁性质的认识以及公共权力对仲裁私权让与的界限。是否追究仲裁员的责任背后实质上是国家通过法院将司法人员责任制度扩及到仲裁领域，实质上是代表公权力的法院与作为私权解决机制的仲裁之间的博弈。失去了自治性，仲裁就失去了生命，"仲裁并不排斥制度化，只是排斥按照诉讼模式和诉讼思维理念的制度化"。仲裁环境的优化并非刑法修正案就可以解决的，仲裁理念的推广和教育才是仲裁制度健康发展的基石，我国普及仲裁理念仍然任重而道远。

第二节　仲裁机构

一、仲裁机构特征

仲裁机构是指依法成立的，有权根据仲裁协议受理、裁决仲裁案件的机构。我国现行商

---

① 参见谭兵主编：《中国仲裁制度的改革与完善》，人民出版社 2005 年版，第 171 页。

事仲裁机构统称为仲裁委员会。我国《仲裁法》仅规定了机构仲裁，未规定临时仲裁；仲裁委员会由市人民政府的有关部门和商会统一组建，无论是国内仲裁还是涉外仲裁都必须由法定的仲裁机构来承担。根据《仲裁法》，目前仲裁机构包括涉外仲裁机构和国内仲裁机构。涉外仲裁机构指中国国际经济贸易仲裁委员会和中国海事仲裁委员会；国内仲裁机构在较大的市设立，以办理国内案件为主。一般来说，仲裁机构大致具备以下三个显著特征：

（1）非营利性。非营利性是指仲裁机构不是营利机构，其设立及存续不是为了营利。仲裁收费应当用于机构自身的发展。

（2）独立性。商事仲裁机构的独立性对于保障商事仲裁裁决的公正性和权威性具有至关重要的作用。仲裁机构的独立性是指仲裁机构在法律上是独立的，其独立行使仲裁职能，任何机构和组织，尤其是行政机关、法院不能干预仲裁机构的独立运作。

（3）民间性。与独立性紧密相关的一点是仲裁机构的民间性。仲裁机构的民间性强调仲裁机构独立于国家机关。虽然行政机关对仲裁机构的设立拥有审批权限，但这是行政机关行使公共服务职能的一种体现，不是为了管理和控制仲裁机构。仲裁机构不是政府的组成部分。

二、仲裁委员会

在我国，无论是涉外仲裁机构，还是依照《仲裁法》设立的仲裁机构，都称为仲裁委员会。《仲裁法》只规定了常设性仲裁机构，统称为仲裁委员会。仲裁委员会是依法成立的，依据当事人之间自愿达成的仲裁协议受理争议案件的常设性仲裁机构。[①]

（一）设立

1. 设立机制

根据《仲裁法》第十条的规定，仲裁委员会可以在直辖市和省、自治区人民政府所在地的市设立，也可以根据需要在其他设区的市设立，不按行政区划层层设立。仲裁委员会由可以设立仲裁委员会的市的人民政府组织有关部门和商会统一组建，并经省、自治区、直辖市的司法行政部门登记。仲裁机构不与任何行政机关发生隶属关系，彼此之间也无隶属关系。

2. 设立条件

根据《仲裁法》第十一条的规定，仲裁委员会应当具备下列条件：

（1）有自己的名称、住所和章程。仲裁委员会的名称应当规范，即在仲裁委员会前冠以仲裁委员会所在市的地名；仲裁委员会的住所是仲裁委员会作为常设仲裁机构的固定地点，是其主要办事机构所在地；章程是规定仲裁委员会的组成、机构，规范其行为的准则，是社会了解其职权的依据。仲裁委员会的章程应按照《仲裁法》的规定具体制定。

（2）有必要的财产。仲裁委员会必须具备必要的物质条件，即应当具有业务活动所必须的、与业务活动相适应的财产，包括必备的设施、装备和独立的经费等。仲裁委员会应当做到自收自支。

（3）有该委员会的组成人员。仲裁委员会由主任一人、副主任二至四人和委员七至十一人组成。仲裁委员会的主任、副主任和委员由法律、经济贸易专家和有实际工作经验的人员担任。仲裁委员会的组成人员中，法律、经济贸易专家不得少于三分之二。仲裁委员会设秘

---

① 参见李政、徐秋菊、韩红俊主编：《仲裁法学》，中国政法大学出版社2009年版，第59页。

书长一人，负责仲裁委员会下设办事机构的日常工作。

（4）有聘任的仲裁员。仲裁员是直接实施具体仲裁行为的人，没有仲裁员，仲裁委员会将不能开展正常工作。仲裁委员会应当从具备仲裁员资格的人员中聘任仲裁员，并按照不同的专业设仲裁员名册。

3．登记程序

（1）登记机关：省、自治区、直辖市的司法行政部门。

（2）设立登记。应提交的材料：① 设立仲裁委员会申请书；② 组建仲裁委员会的市人民政府设立仲裁委员会的文件；③ 仲裁委员会章程；④ 必要的经费证明；⑤ 仲裁委员会住所证明；⑥ 聘任的仲裁委员会组成人员的聘书副本；⑦ 拟聘任的仲裁员名册。登记机关在收到上述文件之日起 10 日内，对符合设立条件的仲裁委员会予以设立登记，并发给登记证书；对符合设立条件，但所提交申请文件不合规定的，在要求补正后予以登记；对不属于直辖市和省、自治区人民政府所在地的市以及设区的市申请成立仲裁委员会的，不予登记。未经设立登记的，仲裁裁决不具有法律效力。

（二）法律地位

仲裁委员系法定的仲裁机构。仲裁委员会是根据《仲裁法》设立的，而不是仲裁委员会的委员或仲裁员基于一定的目的自愿协商成立的。仲裁委员会的仲裁活动，主要目的不是营利，而是向社会服务。设立仲裁委员会，应当经省、自治区、直辖市的司法行政部门登记。国务院办公厅制定的《重新组建仲裁机构方案》中规定，仲裁委员会设立初期，其所在地的市人民政府应当参照有关事业单位的规定，解决仲裁委员会的人员编制、经费、用房等问题。

仲裁委员会具有其民间性、准司法性。《仲裁法》第十四条规定，仲裁委员会独立于行政机关，与行政机关没有隶属关系。这是《仲裁法》对仲裁机构性质的根本性的变革，把原来隶属于行政机关的行政性仲裁机构变成了独立的民间性仲裁组织。

（三）内部组织

1．仲裁委员会的组成和职权

（1）组成。仲裁委员会由主任 1 人、副主任 2 至 4 人和委员 7 至 11 人组成。仲裁委员会的主任、副主任和委员由法律、经济贸易专家和有实际工作经验的人员担任，法律、经济贸易专家不得少于2/3。第一届仲裁委员会的组成人员，由政府法制、经贸、体改、司法、工商、科技、建设等部门和贸促会、工商联等组织协商推荐，由市人民政府聘任。仲裁委员会每届任期 3 年。任期届满，更换 1/3 的组成人员。仲裁委员会任期届满的 2 个月前，应当完成下届仲裁委员会组成人员的更换；有特殊情况不能完成更换的，应当在任期届满后 3 个月内完成更换。上一届仲裁委员会履行职责到新一届仲裁委员会组成为止。新一届仲裁委员会组成人员由上一届仲裁委员会主任会议商市人民政府有关部门、商会后提名，由市人民政府聘任。在仲裁委员会组成人员中，驻会专职人员 1 至 2 人，其他组成人员均应当兼职。仲裁委员会组成人员名单应报中国仲裁协会备案。

（2）职权。仲裁委员会以委员会制的形式行使其作为仲裁机构的职权。仲裁委员会会议由主任或者主任委托的副主任主持，每次会议须有 2/3 以上的组成人员出席方能举行。修改章程或者对仲裁委员会作出解散决议，须经全体组成人员的 2/3 以上通过，其他决议须出席会议组成人员的 2/3 以上通过。仲裁委员会主任、副主任和秘书长组成主任会议，在仲裁委员会会议闭会期间，负责仲裁委员会的重要日常工作。

仲裁委员会会议的主要职责是：① 审议仲裁委员会的工作方针、工作计划等重要事项，并作出相应的决议；② 审议、通过仲裁委员会秘书长提出的年度工作报告和财务报告；③ 决定仲裁委员会秘书长、专家咨询机构负责人人选；④ 审议、通过仲裁委员会办事机构设置方案；⑤ 决定仲裁员的聘任、解聘和除名；⑥ 仲裁委员会主任担任仲裁员的，决定主任的回避；⑦ 修改仲裁委员会章程；⑧ 决议解散仲裁委员会；⑨ 仲裁法、仲裁规则和章程规定的其他职责。主要包括：根据当事人请求，对仲裁协议的效力作出认定；审查受理当事人的仲裁申请；向申请人送达仲裁规则、仲裁收费表和仲裁员名册；向被申请人送达仲裁申请书副本和仲裁规则、仲裁收费表和仲裁员名册；接受被申请人答辩书，并送达给申请人；将当事人财产保全、证据保全申请提交相应的人民法院；接受当事人委托代理人的授权委托书；仲裁委员会主任应当事人要求为其指定仲裁员；按规则规定，仲裁委员会主任指定仲裁庭组成方式或仲裁员；将组庭情况书面通知双方当事人；仲裁委员会主任决定仲裁员的回避问题；通知当事人开庭日期；在调解书和裁决书上加盖仲裁委员会印章；确定仲裁员的报酬；主任会议决定聘用办事机构工作人员；等等。

2. 仲裁委员会的办事机构

仲裁委员会下设办事机构，即秘书处，其日常工作由秘书长负责。办事机构主要处理仲裁中的一些程序性事务，其主要职责是：① 具体办理案件受理、仲裁文书送达、档案管理等程序性事务；② 收取和管理仲裁费用；③ 对仲裁庭的所有合议及庭审进行记录，核校裁决书；④ 办理仲裁委员会交办的其他事务。

办事机构工作人员，由仲裁委员会主任会议决定聘用。办事机构工作人员的思想品质、业务素质及行为规范均应达到一定的水准，不得担任兼职律师或法律顾问。在处理日常工作时，办事机构工作人员应谦虚谨慎、和气待人，对双方当事人一视同仁，不得有任何偏向性；碰到重要的问题要及时请示，不得自作主张对外答复或解释问题；严格遵守保密制度，不得向外界透露任何有关案件的实体和程序的情况，更不得向当事人透露仲裁庭合议案件的情况；与当事人及有关部门联系仲裁案件时，要注意使用书面形式；秉公办事，不接受当事人或其代理人的请客送礼，也不得介绍请客送礼；要积极配合仲裁庭的工作，完成仲裁庭交办的各项任务；及时做好有关文件和材料的整理归档工作。

3. 专家咨询委员会

仲裁委员会可以根据需要在其组成人员或仲裁员中聘请若干名专家组成专家咨询委员会，为仲裁委员会和仲裁员提供对疑难问题的咨询意见。专家咨询委员会设负责人 1 名，由仲裁委员会副主任兼任，其人选由仲裁委员会会议决定。专家咨询委员会的成员都是兼职。

专家咨询委员会对具体仲裁案件的程序或实体的重大疑难问题所作的研究和提供的咨询意见，只供仲裁委员会和仲裁庭参考，并不对仲裁委员会和仲裁庭具有约束力。这一点与人民法院设立的审判委员会对重大疑难案件的程序和实体问题的决定，审判庭必须遵守的做法是完全不同的。

4. 其他机构

随着仲裁事业的发展，需要在仲裁委员会中进一步设立和完善内部机构，如仲裁员资格审查机构、仲裁员惩戒机构等。

（四）变更与注销

（1）变更登记：经登记的仲裁委员会变更其住所、组成人员的，应当在变更后 10 日内向登记机关备案，并提交与变更事项相关的文件。

（2）注销登记。应提交的材料：① 注销登记申请书；② 组建仲裁委员会的市人民政府同意注销该仲裁委员会的文件；③ 有关机关确认的清算报告；④ 仲裁委员会登记证书。登记机关应当在收到上述材料之日起 10 日内，对符合终止条件的仲裁委员会予以注销登记，收回仲裁委员会登记证书。

三、仲裁规则

仲裁规则是指仲裁活动应遵循和适用的程序规范，即由仲裁机构事先制定或当事人在仲裁活动开始前约定或选定的，用于调整和规范仲裁程序和仲裁行为，为具体的仲裁活动提供行为准则的程序规范。仲裁规则不同于仲裁法，仲裁规则是任意性较强的行为规范，但仲裁规则不得违反仲裁法中的强制性规定。

（一）仲裁规则的制定

目前我国各仲裁委员会制定了各自的仲裁规则，《仲裁法》明确规定，制定仲裁规则的依据是《仲裁法》和《民事诉讼法》的有关规定。

（二）主要内容

仲裁规则的主要包括以下内容：仲裁管辖、仲裁申请和答辩、反请求、仲裁庭的组成、仲裁程序、保全措施、仲裁裁决，仲裁员和当事人的权利义务，仲裁语言、翻译、送达，仲裁费用等方面的内容，等等。

（三）作用

仲裁规则是进行仲裁活动时必须遵循和适用的程序规范。仲裁规则具有以下作用：[①]

（1）为当事人提供一套科学、系统而又方便的采用仲裁方法解决其争议的程序。

（2）为仲裁机构、仲裁庭进行仲裁活动提供适用的程序规则，使当事人之间的纠纷能够得到公正、及时地解决。

（3）为当事人和仲裁机构、仲裁员提供程序上的权利义务规范。

（4）为对仲裁的支持和监督提供依据。

四、仲裁协会

（一）设立

中国仲裁协会成立于 2022 年 10 月 14 日，注册地位于北京市丰台区六里桥甲 1 号天程大厦 2-3 层。设立中国仲裁协会，必须依《社会团体登记管理条例》的规定到民政部门办理法人

---

① 参见杨秀清、史飚主编：《仲裁法学》，厦门大学出版社 2007 年版，第 44-50 页。

登记手续。申请时应提交下列材料：由仲裁协会筹备组负责人签署的登记申请书；有关部门的审查文件；中国仲裁协会章程草案；拟设的中国仲裁协会的住所；仲裁协会筹备组负责人的姓名、年龄、简历；会员状况。中国仲裁协会经民政部登记后成立，并取得社会团体法人资格。社会团体法人通常实行会员制。因此，各仲裁委员会是中国仲裁协会的会员。

中国仲裁协会章程由全国会员大会制定。仲裁协会应有自己的章程。仲裁协会章程应载明下列事项：名称，即中国仲裁协会；宗旨；组织机构；仲裁协会会长的产生程序和职权；职责；仲裁委员会和仲裁员的监督；经费来源；章程的修改程序；其他必要事项。

（二）性质与职责

中国仲裁协会是社会团体法人，是仲裁委员会的自律性组织，其民间性是非常明确的。根据《仲裁法》第十五条的规定，仲裁协会是依法成立的，以仲裁委员会为会员的仲裁自律性组织。从比较法的角度来看，国外鲜有对仲裁实行行业管理的机构。中国仲裁协会与中华律师协会等一样，属于一种行业性管理机构。

中国仲裁协会的主要职责有：根据章程对各仲裁委员会及其组成人员、仲裁员的违纪行为进行监督；依法制定全国统一适用的仲裁规则；在宏观上指导、协调全国各地仲裁委员会的工作；组织仲裁员培训和交流仲裁经验；建立与加强和其他国家或国际仲裁界的联系与交往；维护仲裁委员会及仲裁员的合法权益；组织对仲裁理论与实践问题的研究与探讨；等等。可见，中国仲裁协会履行的两大职能是监督职能和制定仲裁规则。

（三）仲裁协会与仲裁机构的关系

根据《仲裁法》，中国仲裁协会实行会员制，各仲裁委员会是中国仲裁协会的法定会员。中国仲裁协会以团体会员为主，也可以接纳个人会员。中国仲裁协会是仲裁委员会的自律性组织。其指导、协调仲裁委员会的工作。中国仲裁协会根据《仲裁法》和《民事诉讼法》的有关规定制定仲裁规则，以及其他仲裁规范性文件。同时，中国仲裁协会对仲裁委员会及其组成人员、仲裁员的违纪行为进行监督。

问题与思考

1. 担任仲裁员应具备哪些条件？
2. 仲裁员的法律责任体现在哪些方面？
3. 简述仲裁委员会的设立条件。
4. 如何理解仲裁规则的作用。
5. 中国仲裁协会的性质、法律地位及主要职能是什么？

第十五章 仲裁协议

【本章概要】

仲裁协议是仲裁制度的基石和重要组成部分，是仲裁委员会受理仲裁案件的前提。本章介绍仲裁协议内容、种类，法律效力及效力异议制度。通过对本章的学习，掌握仲裁协议的内容和法律效力，熟悉仲裁协议的写作规则。

【关键术语】

仲裁协议　种类　内容　效力异议制度

【重难点提示】

本章重点在于掌握仲裁协议内容、效力及其认定；难点在于理解与掌握仲裁协议效力异议制度。

第一节　仲裁协议的特征和种类

仲裁协议是争议得以提交仲裁解决的前提和基础，既是取得仲裁管辖权并排斥司法管辖权的依据，也是仲裁机构受理仲裁案件的根据。仲裁协议，是当事人自愿把已经发生或者将来可能发生的特定争议提交仲裁解决的书面协议。特定争议，指民商事领域的财产性权益争议，既包括因合同关系而发生的争议，也包括因非合同关系而产生的财产争议。

一、仲裁协议特征

（一）仲裁协议的主体特定

仲裁协议的主体只能是财产性权益争议的当事人，既包括因合同关系而发生的争议当事人，也包括因非合同关系而产生的财产争议当事人。《仲裁法》第十七条规定，仲裁协议当事人应具备完全民事行为能力，无民事行为能力人或限制民事行为能力人订立的仲裁协议无效。

根据《最高人民法院关于适用〈中华人民共和国仲裁法〉若干问题的解释》（2008 调整）规定，当事人订立仲裁协议后合并、分立的，仲裁协议对其权利义务的继受人有效（当事人另有约定的除外）；当事人订立仲裁协议后死亡的，仲裁协议对承继其仲裁事项中的权利义务的继承人有效（当事人另有约定的除外）；债权债务全部或者部分转让的，仲裁协议对受让人有效，但当事人另有约定、在受让债权债务时受让人明确反对或者不知有单独仲裁协议的除外。

（二）仲裁协议的内容特定

仲裁协议不直接约定当事人之间的实体权利义务，而是约定当事人之间的实体权利发生争议后采取何种方式解决。即，仲裁协议的内容系当事人在自愿、协商的基础上达成的、将争议提交仲裁的纠纷解决方式。

（三）仲裁协议的形式特定

《仲裁法》规定，仲裁协议应采用书面形式。

（四）仲裁协议的效力特定

一方面，一份有效的仲裁协议，其效力及于各方当事人、所选定的仲裁机构、仲裁员，以及人民法院。另一方面，一份有效的仲裁协议，其效力具有相对的独立性，不受主合同是否有效的影响。即使主合同无效、失效，仲裁协议独立有效。

二、仲裁协议种类

从仲裁协议的表现形式看，仲裁协议有三种类型：

（一）仲裁条款

仲裁条款，即各方当事人在其签订的合同中，约定将有关合同的争议提交仲裁的争议解决条款。仲裁条款实质是合同中的争议解决条款，当事人约定将可能发生的合同争议提交仲裁解决，其表现形式为合同的一个条款，是合同的组成部分。仲裁条款虽然是合同的组成部分，但其效力独立于主合同。一般来说，合同的变更、解除、终止或者无效，不影响仲裁条款的效力。当事人在合同中约定的争议事项仍通过仲裁解决。仲裁条款是仲裁协议最常见的形式。

（二）仲裁协议书

仲裁协议书是指当事人之间订立的，一致表示愿意将他们之间已经发生或可能发生的争议提交仲裁解决的单独协议。仲裁协议系双方当事人为了将争议提交仲裁而单独订立的一种协议，独立性强。仲裁协议可以在争议发生之前订立，也可以在争议发生之后订立；其约定提交仲裁的争议，既可以是合同争议，也可以是其他非合同财产权益争议。

（三）其他文件中包含的仲裁协议

在民商事活动中，当事人除了订立合同之外，相互之间还可能有信函、电报、电传、传真、电子数据交换、电子邮件或其他书面材料的往来。这些往来文件中如果包含双方当事人同意将他们之间已经发生或可能发生的争议提交仲裁的内容，那么该文件即仲裁协议。其特点是：既可以存在于争议发生之前，也可以存在于纠纷发生之后，甚至可以在争议发生过程中产生；一般不集中表现于某一份文件中，往往分散在当事人之间的多次相互往来的文件中。实践中，该类仲裁协议内容和效力的判断较为复杂。

第二节　仲裁协议的内容和效力

一、仲裁协议的内容

一份完整、有效的仲裁协议必须具备法定的内容。根据《仲裁法》第十六条的规定，仲裁协议应当包括下列内容：

（一）仲裁的意思表示明确

仲裁的意思表示是仲裁协议的首要内容。仲裁的意思表示至少应具备如下条件：

（1）将争议提交仲裁的意思表示明确。仲裁的意思表示不明确的仲裁协议无法判断当事人的真实意思，仲裁机构也无法受理当事人的仲裁申请。申请仲裁的意思表示明确，最主要是要求通过该意思表示，可以得出当事人排除司法管辖而选择仲裁解决争议的结论。

（2）必须是当事人在协商一致的基础上达成的共同意思表示。

（3）必须是所有当事人的真实意思表示。

（二）仲裁事项明确、且属于仲裁范围

仲裁事项即当事人提交仲裁的具体争议事项，它解决的是"仲裁什么"的问题。当事人只有把订立于仲裁协议中的争议事项提交仲裁，仲裁机构才能受理。否则，就不应受理。同时，仲裁事项也是仲裁庭审理和裁决纠纷的范围，即仲裁庭只能在仲裁协议确定的仲裁事项的范围内进行仲裁，超出这一范围进行仲裁，所作出的仲裁裁决，经一方当事人申请，法院不予执行或者撤销。因此仲裁协议应约定清楚仲裁事项。

《最高人民法院关于适用〈中华人民共和国仲裁法〉若干问题的解释》（2008 调整）第二条规定："当事人概括约定仲裁事项为合同争议的，基于合同成立、效力、变更、转让、履行、违约责任、解释、解除等产生的纠纷都可以认定为仲裁事项。"实践中有关合同争议的仲裁事项一般都尽可能作广义解释。仲裁协议中约定的仲裁事项，应当符合下面两个条件：

1. 争议事项具有可仲裁性

我国《仲裁法》第二条和第三条分别规定了可以仲裁的范围和不可仲裁的范围。仲裁协议中双方当事人约定提交仲裁的争议事项，必须为《仲裁法》中允许采用仲裁方式解决的争议事项，约定的仲裁事项超出法律规定的仲裁范围的，仲裁协议无效。这已成为各国仲裁立法、国际公约和仲裁实践所认可的基本准则。

2. 仲裁事项明确

将什么争议提交仲裁解决应该明确，仲裁只解决仲裁事项范围内的争议。在具体约定时，对于已经发生的争议事项，其具体范围比较容易约定明确和具体；对于未来可能性争议事项，应尽量避免在仲裁协议中作限制性规定，包括争议性质上的限制、金额上的限制以及其他具体事项的限制，宜采用宽泛、概括式约定。这样有利于仲裁机构全面迅速地审理纠纷，充分保护当事人的合法权益。

（三）选定具体的仲裁委员会

仲裁协议应明确选定具体的仲裁机构，即明确约定将争议提交哪个仲裁委员会仲裁。按照《仲裁法》规定，仲裁委员会可以在直辖市和省、自治区人民政府所在地的市设立，也可以根据需要在其他设区的市设立，仲裁委员会不实行级别管辖和地域管辖。到底由哪个仲裁委员会裁决争议，完全由当事人自己选定。当事人可以选择本地的仲裁机构，也可以选定双方共同信任的其他地方的仲裁机构。需强调的是，无论当事人如何选择，仲裁协议中必须约定清楚其选定的具体仲裁委员会的准确名称，否则容易产生歧义、继而影响仲裁协议的效力。

根据《最高人民法院关于适用〈中华人民共和国仲裁法〉若干问题的解释》（2008 调整）

规定，仲裁机构约定不明的处理规则为：

（1）仲裁协议约定的仲裁机构名称不准确，但能够确定具体的仲裁机构的，也应当认定选定了仲裁机构。

（2）仲裁协议仅约定纠纷适用的仲裁规则的，视为未约定仲裁机构，但当事人达成补充协议或者按照约定的仲裁规则能够确定仲裁机构的除外。

（3）仲裁协议约定两个以上仲裁机构的，当事人可以协议选择其中一个仲裁机构申请仲裁；当事人不能就仲裁机构选择达成一致的，仲裁协议无效。

（4）仲裁协议约定由某地的仲裁机构仲裁且该地仅有一个仲裁机构的，该仲裁机构视为约定的仲裁机构。该地有两个以上仲裁机构的，当事人可以协议选择其中的一个仲裁机构申请仲裁；当事人不能就仲裁机构选择达成一致的，仲裁协议无效。

（5）当事人约定争议可以向仲裁机构申请仲裁也可以向人民法院起诉的，仲裁协议无效。但一方向仲裁机构申请仲裁，另一方未在《仲裁法》第二十条第二款规定期间内提出异议的除外。

以上为仲裁协议必须具备的内容，缺一不可。

二、仲裁协议的效力

一份有效的仲裁协议的效力包括对当事人的效力、对仲裁机构的效力和对法院的效力。

（一）对当事人的效力

仲裁协议一经成立，即对当事人产生法律效力。当事人只能通过向仲裁协议中所确定的仲裁机构申请仲裁的方式解决该纠纷，而丧失了就该纠纷向法院提起诉讼的权利。如果一方当事人违背仲裁协议向法院起诉，另一方当事人有权在首次开庭前向法院提出异议，法院应当裁定驳回当事人的起诉。仲裁协议对当事人的效力范围通常仅限于签订仲裁协议的当事人，而不及于第三人。

（二）对仲裁机构的效力

与法院的诉讼管辖权不同，仲裁机构对仲裁事项的管辖权并不是基于国家立法赋权，而是基于当事人的权利让渡。有效的仲裁协议是仲裁机构行使管辖权和仲裁权的依据，没有仲裁协议，仲裁机构就没有对案件的仲裁管辖权。《仲裁法》第四条规定，没有仲裁协议，一方申请仲裁的，仲裁委员会不予受理。同时，仲裁机构的管辖权又受到仲裁协议的严格限制，即仲裁庭只能对当事人在仲裁协议中约定的争议事项进行仲裁，而对仲裁协议约定范围以外的其他争议无权仲裁。仲裁协议还制约仲裁权的行使方式。当事人在仲裁协议中有权选择所要适用的仲裁规则，仲裁程序的进展受此约束。

（三）对法院的效力

仲裁协议同样对法院具有拘束力，具体表现为排除法院对仲裁事项的诉讼管辖权。有效的仲裁协议可以排除法院对仲裁协议中的争议事项的司法管辖权，这是仲裁协议法律效力的重要体现，也是各国仲裁普遍适用的准则。《仲裁法》明确规定，当事人达成仲裁协议，一方向人民法院起诉的，人民法院不予受理，但仲裁协议无效的除外。当事人达成仲裁协议，一方向人民法院起诉未声明有仲裁协议的，人民法院受理后，另一方在首次开庭前提交仲裁协议的，人民法院应当驳回起诉，但仲裁协议无效的除外。当然如果另一方在首次开庭前未对人民法院受理该案提出异议的，视为放弃仲裁协议，人民法院应当继续审理。当事人在首次开庭前未对人民法院受理该案提出异议的，推定当事人默示司法管辖。

三、仲裁协议效力异议制度

仲裁协议效力异议制度是指各方当事人对仲裁协议是否成立、是否生效发生异议后的处理制度。一旦仲裁协议发生效力异议，应依法提交仲裁委员会或人民法院作出决定或裁定。根据《仲裁法》《最高人民法院关于适用〈中华人民共和国仲裁法〉若干问题的解释》（2008调整）的规定，仲裁协议效力异议的处理规则主要有：

1. 异议处理机构

《仲裁法》第二十条第一款规定："当事人对仲裁协议的效力有异议的，可以请求仲裁委员会作出决定或者请求人民法院作出裁定。一方请求仲裁委员会作出决定，另一方请求人民法院作出裁定的，由人民法院裁定。"

2. 管辖法院

《最高人民法院关于适用〈中华人民共和国仲裁法〉若干问题的解释》规定，当事人向人民法院申请确认仲裁协议效力的案件，由仲裁协议约定的仲裁机构所在地的中级人民法院管辖；仲裁协议约定的仲裁机构不明确的，由仲裁协议签订地或者被申请人住所地的中级人民法院管辖；申请确认涉外仲裁协议效力的案件，由仲裁协议约定的仲裁机构所在地、仲裁协议签订地、申请人或者被申请人住所地的中级人民法院管辖；涉及海事、海商纠纷仲裁协议效力的案件，由仲裁协议约定的仲裁机构所在地、仲裁协议签订地、申请人或者被申请人住所地的海事法院管辖；上述地点没有海事法院的，由就近的海事法院管辖。

3. 法律适用

对涉外仲裁协议的效力审查，适用当事人约定的法律；当事人没有约定适用的法律但约定了仲裁地的，适用仲裁地法律；没有约定适用的法律也没有约定仲裁地或者仲裁地约定不明的，适用法院地法律。

4. 异议期限

当事人对仲裁协议的效力有异议，应当在仲裁庭首次开庭前提出。《最高人民法院关于适用〈中华人民共和国仲裁法〉若干问题的解释》规定，"首次开庭"是指答辩期满后人民法院组织的第一次开庭审理，不包括审前程序中的各项活动；当事人在仲裁庭首次开庭前没有对仲裁协议的效力提出异议，而后向人民法院申请确认仲裁协议无效的，人民法院不予受理。仲裁机构对仲裁协议的效力作出决定后，当事人向人民法院申请确认仲裁协议效力或者申请撤销仲裁机构的决定的，人民法院不予受理。

5. 处理结果

根据《最高人民法院关于适用〈中华人民共和国仲裁法〉若干问题的解释》，当事人对仲裁协议效力有异议的，一方申请仲裁机构确认仲裁协议的效力，另一方申请法院确认仲裁协议无效，如果仲裁机构先于法院接受申请并作出决定，法院不予受理；如果仲裁机构接受申请后尚未作出决定，法院应予受理，同时通知仲裁机构终止仲裁。一方当事人就合同纠纷或者其他财产权益纠纷申请仲裁，另一方当事人对仲裁协议的效力有异议，请求人民法院确认仲裁协议无效并就合同纠纷或者其他财产权益纠纷起诉的，人民法院受理后应当通知仲裁机构中止仲裁。人民法院依法作出仲裁协议有效或者无效的裁定后，应当将裁定书副本送达仲裁机构，由仲裁机构根据人民法院的裁定恢复仲裁或者撤销仲裁案件。

当事人在仲裁程序中未对仲裁协议的效力提出异议，在仲裁裁决作出后以仲裁协议无效为由主张撤销仲裁裁决或者提出不予执行抗辩的，人民法院不予支持。当事人在仲裁程序中对仲裁协议的效力提出异议，在仲裁裁决作出后又以此为由主张撤销仲裁裁决或者提出不予执行抗辩，经审查符合《仲裁法》第五十八条或者《民事诉讼法》第二百一十三条、第二百五十八条规定的，人民法院应予支持。

四、仲裁协议无效和失效

（一）仲裁协议的无效

法律在赋予仲裁协议一定约束力的同时，也往往明确规定达到具有这一约束力的强制性条件和规范。当仲裁协议违反了该条件和规范时，该仲裁协议无效。作为合同的一种，仲裁协议如果欠缺合同生效的一般要件或者违反了法律对仲裁协议的强制性规定，将不发生法律效力。具有以下情形之一的仲裁协议无效：

（1）约定的仲裁事项超出法律规定的范围。这是指约定的仲裁事项根据法律规定不具有可仲裁性。《仲裁法》第二条和第三条规定，平等主体之间的合同纠纷和其他财产权益纠纷可以仲裁，而婚姻、收养、监护、扶养、继承纠纷以及依法应当由行政机关处理的行政争议不能仲裁。

（2）订立仲裁协议的当事人属无民事行为能力人或限制民事行为能力人。为了维护民商事关系的稳定性及保护未成年人和其他无民事行为能力人、限制民事行为能力人的合法权益，法律要求签订仲裁协议的当事人必须具备完全的民事行为能力，否则，仲裁协议无效。

（3）一方采取胁迫手段迫使对方订立仲裁协议。自愿原则是仲裁制度的根本原则，它贯穿于仲裁程序的始终。仲裁协议的订立也必须是双方当事人在平等协商基础上的真实意思表示。而以胁迫的手段与对方当事人订立仲裁协议，违反了自愿原则，所订立的仲裁协议不是双方当事人的真实意愿，不符合仲裁协议成立的有效要件。

（二）仲裁协议的失效

仲裁协议的失效是指有效的仲裁协议因特定事由的发生而丧失其原有的法律效力。仲裁协议的失效不同于仲裁协议的无效。它们的根本区别在于，仲裁协议的失效是原本有效的仲裁协议在特定条件下失去了其效力，而仲裁协议的无效是该仲裁协议自始就没有法律效力。具有以下情形之一的仲裁协议失效：

（1）仲裁协议约定事项已经仲裁。仲裁协议约定的提交仲裁的争议事项已经仲裁，该仲裁协议因此而失效。《仲裁法》第九条规定，裁决作出后，当事人就同一纠纷再申请仲裁或者向人民法院起诉的，仲裁委员会或者人民法院不予受理。

（2）因当事人放弃而仲裁协议失效。仲裁协议一经放弃，则失去效力。当事人协议放弃仲裁协议包括两种情况：一是"合意放弃"，即各方当事人经协商一致，放弃有效的仲裁协议；二是"推定放弃"或"视为放弃"，即《仲裁法》第二十六条规定的情形：当事人达成仲裁协议，一方向人民法院起诉未声明有仲裁协议，人民法院受理后，另一方在首次开庭前未对人民法院受理该案提出异议的，视为放弃仲裁协议。

（3）仲裁裁决被法院裁定撤销或者不予执行。根据《仲裁法》第九条的规定，裁决被人民法院依法裁定撤销或者不予执行的，当事人就该纠纷可以根据双方重新达成的仲裁协议申请仲裁，也可以向人民法院起诉。这就意味着当事人之间的原仲裁协议已失效。

（4）附期限的仲裁协议因期限届满而失效。

（三）仲裁协议无效、失效的法律后果

仲裁协议无效或者失效的法律后果：

（1）对当事人来说，当事人之间的纠纷既可以通过向法院提起诉讼的方式解决，也可以重新达成仲裁协议通过仲裁方式解决。

（2）对法院来说，由于排斥司法管辖权的原因已经消失，法院对于当事人之间的纠纷具有管辖权。

（3）对于仲裁机构来说，因其没有行使仲裁权的依据而不能对当事人之间的纠纷进行审理并作出裁决。

问题与思考

1. 仲裁协议有何法律特征？
2. 有效的仲裁协议有什么法律效力？
3. 如何理解仲裁协议的独立性？
4. 如何处理仲裁协议效力异议？

第十六章　仲裁程序

【本章概要】

仲裁程序是仲裁委员会、仲裁庭在仲裁当事人的参加下，审理仲裁案件必须遵循的一系列程序性规则、步骤和方式，是仲裁制度的重要组成部分。本章着重介绍了普通仲裁程序、简易仲裁程序，仲裁庭审、仲裁裁决，等等。通过对本章的学习，掌握仲裁程序的基本流程和重要规则，把握仲裁程序在仲裁制度中的重要性。

【关键术语】

普通程序　简易程序　仲裁裁决

【重难点提示】

本章重点在于充分理解并灵活掌握普通仲裁程序，以及仲裁庭组成规则、议事规则、仲裁裁决的效力等；难点在于准确把握仲裁裁决与司法审判的异同。

第一节　普通仲裁程序

一、申请与受理

（一）申请

申请仲裁是指合同纠纷或其他财产权益纠纷的当事人，根据仲裁协议约定将争议提交其选定的仲裁委员会进行仲裁的意思表示。当事人申请仲裁必须满足相应要件并提交《仲裁法》规定的相关材料。

1. 实质要件

根据《仲裁法》第二十一条的规定，当事人申请仲裁须满足以下三个方面的实质要件：

（1）有仲裁协议。有效的仲裁协议是当事人申请仲裁的依据，也是仲裁机构取得管辖权的前提。一方面，仲裁协议存在并且有效；另一方面，申请人与被申请人必须是同一仲裁协议的当事人。

（2）有具体的仲裁请求及所依据的事实、理由。仲裁请求是仲裁申请人针对被申请人提出的权利主张，仲裁请求必须具体明确。申请人还须提供相应证据支撑自己的仲裁请求。

（3）属于仲裁委员会受案范围。第一，接受仲裁申请的仲裁委员会须为当事人在仲裁协议中选定或根据仲裁协议可以予以确定的仲裁委员会。第二，须符合《仲裁法》第二条和第三条的规定，申请事项属于可仲裁范围。

2. 形式要件

申请仲裁必须采取书面形式。《仲裁法》第二十二条规定，申请人提出仲裁申请的同时须提交仲裁协议和仲裁申请书及相关证明材料。根据《仲裁法》第二十三条规定，仲裁申请书须载明下列事项：

（1）当事人的基本情况。它包括当事人的姓名、性别、年龄、职业、工作单位、住所以及联系方式，法人或者其他组织的名称、住所和法定代表人或主要负责人的姓名、职务以及联系方式。若当事人委托了仲裁代理人，还应当注明代理人的上述基本情况，并附上授权委托书。

（2）仲裁请求以及所根据的事实、理由。这部分是仲裁申请书的主文，申请人应当尽可能做到基于详细的事实和充分的理由提出明确而具体的仲裁请求。

（3）证据和证据来源、证人姓名和住所。《仲裁法》第四十三条第一款规定："当事人应当对自己的主张提供证据。"据此，申请人在提出申请时，须提交相应证据并说明证据来源，若有证人，还应当注明证人姓名、住所以及其联系方式。

（4）仲裁机构的名称与提交申请的日期。

（二）受理

仲裁委员会收到申请人提交的仲裁申请后，应当根据《仲裁法》第二十一、二十二条的规定进行实质性审查和形式审查。根据《仲裁法》第二十四条的规定，仲裁委员会自收到仲裁申请书之日起五日内须结束审查，分别作出决定：

1. 受理

经审查，当事人的申请符合法定受理条件的，仲裁委员会应当受理，并通知当事人。受理又分为直接受理和补正后受理。《仲裁法》未明确规定补正后受理，但各地仲裁委员会在仲裁规则中规定了对仲裁申请有瑕疵的可要求申请人补正，申请人按期补正后予以受理，逾期未补正，视为未申请。

2. 不予受理

经审查，当事人的申请不符合受理条件的，仲裁委员会不予受理，并应当书面通知当事人，说明不予受理的理由。值得注意的是，《仲裁法》特别规定了不予受理的通知应当采取书面形式，这样规定能确保让申请人明确了解仲裁申请不被受理的理由，便于其另外寻找救济途径。

仲裁委员会受理仲裁案件将产生一系列的法律效果。表现在：（1）仲裁委员会取得了对案件的仲裁权。仲裁程序始于当事人申请，但只有在受理之后，仲裁委员会才取得了对争议案件的实质仲裁权，当事人与仲裁委员会产生仲裁法律关系。（2）取得了仲裁当事人资格。受理后，申请人和被申请人取得仲裁当事人资格，可以行使相应的仲裁程序权利。（3）排除了法院的管辖权。仲裁案件已经受理，任何一方不得向法院再提起诉讼，法院也不得受理。

二、庭前程序

（一）送达仲裁受理文书

根据《仲裁法》第二十五条第一款、参照 1995 年 7 月 28 日国务院办公厅发布的《仲裁委员会仲裁暂行规则示范文本》规定，仲裁委员会受理仲裁申请后，应当在仲裁规则规定的期限内将仲裁规则和仲裁员名册送达申请人，将仲裁申请书副本和仲裁规则、仲裁员名册送达被申请人。由于仲裁规则由各仲裁委员会自行制定，不同仲裁委员会的仲裁规则对上述期限的规定不一。参照 1995 年 7 月 28 日国务院办公厅发布的《仲裁委员会仲裁暂行规则示范文本》规定，这一送达期限应当在 15 日内。

（二）答辩与反请求

1. 答辩

根据《仲裁法》第二十五条第二款的规定，被申请人收到仲裁申请书副本后，应当在仲裁规则规定的期限内向仲裁委员会提交答辩书。仲裁委员会收到答辩书后，应当在仲裁规则规定的期限内将答辩书副本送达申请人。被申请人未提交答辩书的，不影响仲裁程序的进行。参照《仲裁委员会仲裁暂行规则示范文本》和多数仲裁委员会的仲裁规则，这一期限一般为 15 天。

2. 反请求

仲裁反请求是指在已开始的仲裁程序中，被申请人以原仲裁申请人为被申请人，向仲裁机构提出与原仲裁请求在事实上和法律上有牵连的、目的在于抵消或吞并原仲裁请求的独立仲裁请求，类似于民事诉讼程序中的反诉。反请求体现了当事人在仲裁中的平等地位，既能有效地保障双方当事人的合法权益，又有利于提高仲裁效率，节约仲裁成本。被申请人的反请求与申请人的仲裁请求具有关联性，如果没有申请人的仲裁请求，被申请人无法提起反请求，这就决定了反请求的特定性与对抗性，即动摇、抵消或者吞并申请人的仲裁请求。

尽管反请求以申请人的仲裁请求为前提，但反请求一经受理就不会因申请人撤回或者放弃仲裁请求而失效。同时反请求就其请求的内容和要素而言，也具有独立性。如果不存在申请人的仲裁请求，针对申请人的反请求确实无法提起，但并不妨碍被申请人基于相同理由另案申请仲裁。本仲裁委员会应当在收到被申请人提出反请求申请书之日起 15 日内，将反请求申请书副本送达申请人。

参照《仲裁委员会仲裁暂行规则示范文本》和多数仲裁委员会的仲裁规则，申请人应当自收到反请求申请书之日起 15 日内向本仲裁委员会提出书面答辩；未提出书面答辩的，不影响仲裁程序的进行。

（三）缴纳仲裁费用

仲裁委员会通过仲裁解决纠纷，当事人须缴纳一定仲裁费用。实践中，仲裁委员会往往是将仲裁费用表附于仲裁规则和仲裁员名册之后送达申请人与被申请人。

（四）组成仲裁庭

仲裁庭是指具体负责仲裁案件审理和裁决的组织，是代表仲裁委员会对仲裁案件进行审理并作出裁决的临时性组织，是具体行使仲裁权的主体。

1. 仲裁庭特征

仲裁庭具有如下两个特征：

（1）仲裁庭是当事人争议案件的直接管辖者、审理者和裁决者。仲裁委员会负责审查和受理仲裁申请，但在受理申请后，并不会直接审理、裁决案件。直接管辖和裁决案件的是仲裁庭，仲裁庭依照《仲裁法》以及仲裁规则对仲裁案件进行审理并作出裁决。

（2）仲裁庭具有临时性。每一个仲裁庭都是仲裁委员会在受理仲裁案件后临时组成的，在审理案件并作出裁决后，即行解散。

2. 仲裁庭类型

各国对仲裁庭组成人数的规定不一，但就仲裁庭的类型而言，通常有独任仲裁庭和合议仲裁庭。

（1）独任仲裁庭。由一名仲裁员组成独任仲裁庭。

（2）合议仲裁庭。由一名以上（不包含一名）单数仲裁员组成合议仲裁庭。各国对合议仲裁庭的人数规定不同，大致分为三种情况：三名或三名以上奇数；两名仲裁员以及一名公断人，该公断人系事先推举，一般不介入仲裁，但当两名仲裁员不能形成一致意见时，则由公断人作出裁决①；固定为三名仲裁员。根据我国《仲裁法》第三十条规定，仲裁庭可以由三名仲裁员或者一名仲裁员组成；由三名仲裁员组成的，设首席仲裁员。

3. 仲裁庭组成程序

（1）选择仲裁庭的类型。我国《仲裁法》明确规定了仲裁庭的类型由当事人协商决定；当事人没有在仲裁规则规定的期限内约定仲裁庭的组成方式或者选定仲裁员的，由仲裁委员会主任指定。实践中，大部分仲裁委员会在仲裁规则中都规定了独任仲裁庭和合议仲裁庭的适用范围。

（2）选择仲裁员。《仲裁法》第三十一条和第三十二条规定，当事人约定由三名仲裁员组成仲裁庭的，应当各自选定或者各自委托仲裁委员会主任指定一名仲裁员，第三名仲裁员由当事人共同选定或者共同委托仲裁委员会主任指定，第三名仲裁员是首席仲裁员；当事人约定由一名仲裁员成立仲裁庭的，应当由当事人共同选定或者共同委托仲裁委员会主任指定仲裁员。

（3）通知当事人。《仲裁法》第三十三条规定："仲裁庭组成后，仲裁委员会应当将仲裁庭的组成情况书面通知当事人。"

4. 更换仲裁员

仲裁庭组成之后，可能会出现更换仲裁员的情况，这些情况有以下两种：

（1）仲裁员的回避。如果仲裁员存在可能影响案件公正审理和裁决而不应当继续参与仲裁的情况，应主动或根据当事人的申请退出仲裁。仲裁员回避的法定情形、程序及法律后果详见上文，这里不再赘述。

（2）其他原因更换。其他原因更换主要是指仲裁员因死亡、生病、被除名以及其他不宜继续履行仲裁员职责等的原因被更换的情形。根据《仲裁法》规定，仲裁员因回避以外的其他原因不能履行职责的，应按照《仲裁法》的规定重新选定或指定仲裁员。

三、仲裁保障措施

《2021征求意见稿》在《仲裁法》的基础上规定了"临时措施"一节，除规定财产保全和证据保全外，还规定了行为保全和仲裁庭认为有必要的其他短期措施。该最新立法动态，有利于快速推进仲裁程序，提高纠纷解决效率，体现了司法对仲裁的支持态度，有利于增强仲裁制度的竞争力。

---

① 参见黄进、宋连斌、徐前权：《仲裁法学》，中国政法大学出版社2007年版，第121页。

（一）仲裁财产保全

《仲裁法》对仲裁财产保全的规定较为笼统。《仲裁法》第二十八条第一款规定："一方当事人因另一方当事人的行为或者其他原因，可能使裁决不能执行或者难以执行的，可以申请财产保全"。仲裁财产保全具有强制性，由人民法院依法强制执行，具体措施包括查封、扣押、冻结、责令提供担保等。被保全的财产仅限于与案件有关的财物，且价值不应超过仲裁请求的数额。

1. 仲裁财产保全条件

根据法律规定，仲裁中的财产保全应当符合下列条件：

（1）仲裁案件必须具有给付内容。仲裁案件的内容由仲裁申请人的仲裁请求决定，申请人若请求被申请人给付一定金钱，给付某一或某些特定财物，为某一或某些能产生给付效果的行为都可视为案件具有给付内容。

（2）有正当理由。必须因一方当事人的行为或者其他原因，可能使将来的仲裁裁决不能执行或难以执行。例如一方当事人擅自将争议标的物转移、毁损等。

（3）依法提供担保。仲裁申请人申请财产保全，应依法提供担保。

2. 仲裁财产保全程序

（1）向仲裁委员会提交仲裁财产保全申请。根据《仲裁法》第二十八条的规定，申请财产保全应注意以下三个问题：第一，仲裁财产保全申请人须是仲裁案件当事人，仲裁委员会或仲裁庭不能主动向人民法院提出保全申请，人民法院也无权主动作出财产保全裁定；第二，申请人应向仲裁委员会提出保全申请；第三，提出仲裁财产保全申请应在仲裁委员会受理仲裁之后仲裁裁决作出之前。《2021征求意见稿》第四十三条至第四十六条规定当事人在仲裁程序"进行前或者进行期间"均可申请财产保全；仲裁前申请保全措施的，可以直接向人民法院提起；仲裁后申请的，可以选择向人民法院或仲裁庭提起。该最新立法动态，有利于保障仲裁裁决的顺利执行。

（2）仲裁委员会向人民法院提交财产保全申请。仲裁委员会收到申请人的财产保全申请后应当提交相关人民法院审查。根据《仲裁法》和《民事诉讼法》的相关规定，涉外仲裁案件应当向被申请人住所地或者财产所在地中级人民法院提交，国内仲裁案件则向被申请人住所地或被申请保全的财产所在地基层人民法院提交。

（3）人民法院审查并作出保全裁定。人民法院收到经仲裁委员会提交的财产保全申请后，应依法予以审查。对符合条件的申请，可责令申请人提供担保，并在其提供担保后作出保全裁定；对拒绝提供担保的申请人，人民法院裁定驳回申请；对不符合条件的申请，应裁定驳回申请。

（4）人民法院采取保全措施。人民法院执行保全裁定，可依据《民事诉讼法》采取查封、冻结、扣押等保全措施。人民法院采取保全措施后，应将有关法律文书及时送达给仲裁委员会。如果申请人需要续封、解封的，也必须经过仲裁委员会提交人民法院办理。

3. 仲裁财产保全效力

法院的财产保全裁定一经作出立即生效，一经保全，被申请人不能再处分被保全财产。对该裁定双方当事人不得上诉，可以申请复议一次，但复议期间不影响执行。《仲裁法》第二十八条第三款规定："申请有错误的，申请人应当赔偿被申请人因财产保全所遭受的损失。"

这是申请人应承担的法定责任，而仲裁委员会则不需承担任何赔偿责任。

（二）仲裁证据保全

1. 仲裁证据保全的条件

根据《民事诉讼法》和《仲裁法》第四十六条"在证据可能灭失或者以后难以取得的情况下，当事人可以申请证据保全"之规定，仲裁证据保全的法定条件是：证据存在灭失的可能或以后难以取得。

2. 仲裁证据保全程序

（1）向仲裁委员会提交证据保全申请。申请人须向仲裁委员会提出仲裁证据保全申请，申请书中须写明：申请保全证据的名称、内容及与案件的关联性；证据所在地；证人姓名、住所和联系方式；申请证据保全的理由。《2021征求意见稿》第四十六条将证据保全的申请提出时间一并作出了新的规定，申请人在提起仲裁前也可以申请。

（2）仲裁委员会向法院提交证据保全申请。根据《仲裁法》第四十六条，当事人申请证据保全的，仲裁委员会应当将当事人的申请提交证据所在地的基层人民法院。《仲裁法》第六十八条规定，涉外仲裁的当事人申请证据保全的，涉外仲裁委员会应当将当事人的申请提交证据所在地的中级人民法院。

（3）人民法院审查并作出保全裁定。人民法院收到经仲裁委员会转交的证据保全申请后，应根据依法予以审查，对符合条件的申请，可责令申请人提供担保，并在其提供担保后作出保全裁定；对拒绝提供担保的申请人，人民法院裁定驳回申请；对不符合条件的申请，应裁定驳回申请。

（4）人民法院采取保全措施。人民法院执行保全裁定，可依据《民事诉讼法》采取查封、冻结、扣押等保全措施。人民法院采取保全措施后，应将有关法律文书及时移交给仲裁委员会。如果申请人需要续封、解封的，也必须经过仲裁委员会提交人民法院办理。

第二节　简易仲裁程序

《仲裁法》未规定简易程序，但该法有关独任仲裁员和书面审理程序的规定均带有强烈的简易程序色彩。实践中，绝大部分仲裁委员会制定的《仲裁规则》规定了简易程序，在一些仲裁规则中，也被称为快速程序，具有较强的实用性。本节在参考部分《仲裁规则》的基础上介绍仲裁简易程序。仲裁简易程序是指根据仲裁规则的规定，仲裁机构审理争议金额不超过一定数额的仲裁案件所适用的，以及当事人约定或同意适用的一种简单易行的仲裁程序。[1]

一、适用范围

（一）争议金额不大

不同的仲裁委员会规定的适用简易程序的标的金额不尽相同。如，2015《中国国际经济贸易仲裁委员会仲裁规则》、2021《中国海事仲裁委员会仲裁规则》规定，争议标的金额500

---

[1] 参见肖建国主编：《仲裁法学》，高等教育出版社2021年版，第135页。

万元以下的案件适用简易程序^①；2020《深圳国际仲裁院仲裁规则》规定，争议标的金额 300 万元以下^②的案件适用简易程序。随着经济的发展，各地仲裁委员会制定的这些标准随之发生变化。

（二）案情简单

尽管有些争议案件的争议金额较大，但法律关系简单、案情简单，也可适用简易程序，具体由仲裁委员会综合考虑案情、涉及利益的大小等因素决定。

（三）经双方当事人默示或者书面同意

仲裁程序贯穿着当事人意思自治原则，是否采用简易程序还有一个重要的条件就是当事人的意愿。争议金额超过标准金额时，如果当事人事先有约定或者事后协商采用简易程序，可适用简易程序。

二、简易程序特点

相较于普通仲裁程序，简易程序呈现如下特点：

1. 独任审理

普通程序中仲裁庭一般由三名仲裁员组成，而简易程序中仲裁庭由一名仲裁员独任审理。实践中，还可以采取"名单法"确定独任仲裁员，即：首先，双方当事人各自推荐一至三名候选人作为候选仲裁员名单，或经双方当事人同意由仲裁机构提供五至七名候选仲裁员名单；其次，由双方当事人在候选仲裁员名单中选出一至四名作为仲裁员，若双方所选出仲裁员中有一名人选相同的，该人选为双方当事人共同选定的仲裁员；若有一名以上人选相同的，由仲裁委员会主任确定一名仲裁员组成仲裁庭；推荐名单中没有相同人选时，由仲裁委员会主任直接指定名单以外的仲裁员。^③

2. 审理方式更加灵活

普通程序以开庭审理为原则，而简易程序的审理规则是：除非当事人另有约定，仲裁庭可以按照其认为适当的方式审理案件。在任何情形下，仲裁庭均应公平和公正地行事，给予双方当事人陈述与辩论的合理机会。双方当事人约定并经仲裁庭同意，或仲裁庭认为不必开庭审理并征得双方当事人同意的，可以只依据书面文件进行审理。除非当事人另有约定，仲裁庭可以根据案件的具体情况采用询问或辩论方式审理案件。

3. 期限缩减、迅速结案

相较于普通程序，简易程序对各种期限都作了适度的缩减，以《中国国际经济贸易仲裁委员会仲裁规则》为例，被申请人提交答辩书、反请求的期限从普通程序的 45 日缩短为 20 日，裁决期限从普通程序的 6 个月缩减到 3 个月^④。这些缩减有助于迅速结案，既更有效率地

---

① 参见《中国国际经济贸易仲裁委员会仲裁规则》第五十六条、《中国海事仲裁委员会仲裁规则》第六十六条之规定。

② 参见《深圳国际仲裁院仲裁规则》第五十六条之规定。

③ 参见肖建国主编：《仲裁法学》，高等教育出版社 2021 年版，第 137 页。

④ 参见《中国国际经济贸易仲裁委员会仲裁规则》第十五条、第十六条、第四十八条、第五十九条、第六十二条之规定。

保障了当事人的合法权益，又节约了仲裁成本，充分体现了简易程序的优势。

第三节　仲裁审理与裁决

仲裁庭组成后，仲裁程序便进入了仲裁审理这一中心环节，仲裁审理的主要任务是查明双方争议的事实、核实相关证据，并通过适用相关法律规范来确认当事人之间的权利义务关系，解决当事人之间的纠纷。相较于审判程序，仲裁审理活动集中地体现出了仲裁的灵活性与快捷性。

一、仲裁审理

（一）审理方式

按照《仲裁法》第三十九、四十条之规定，仲裁审理方式有：

（1）开庭审理。仲裁应当开庭进行，开庭审理是仲裁审理的主要方式。

（2）书面审理。当事人协议公开的，可以公开进行，但涉及国家秘密的除外。当事人协议不开庭的，仲裁庭可以根据仲裁申请书、答辩书以及其他材料作出裁决，即进行书面审理。书面审理是开庭审理的必要补充。

（二）开庭审理程序

1. 开庭通知

一般来讲，通知应采书面形式。仲裁委员会应当在仲裁规则规定的期限内将开庭日期通知双方当事人。当事人收到开庭通知后，有正当理由的，可以在仲裁规则规定的期限内请求延期开庭。是否延期，由仲裁庭决定。经书面通知，申请人无正当理由不到庭或未经仲裁庭许可中途退庭的，可以视为撤回仲裁申请。《仲裁委员会仲裁暂行规则示范文本》规定，仲裁委员会应当在仲裁庭开庭 10 日前将开庭日期通知双方当事人；双方当事人与仲裁庭协商同意，可以提前开庭。当事人有正当理由的，可以在开庭前 7 日内请求延期开庭；是否延期，由仲裁庭决定。

2. 宣布开庭

在首次开庭时，宣布开庭是一个相当重要的程序。因为当事人申请回避、对仲裁协议或案件管辖权的抗辩，原则上均须在首次开庭前提出。当事人及其代理人应当对这一程序足够重视。由首席仲裁员或者独任仲裁员宣布开庭。正式开庭前，首席仲裁员或者独任仲裁员核对当事人、宣布案由、宣布仲裁庭组成人员和记录人员名单，告知当事人有关的仲裁权利义务、询问当事人是否提出回避申请。在双方当事人均无异议的情况下方能正式开庭。

3. 庭审调查

《仲裁法》并未对这一程序进行明确规定，体现了仲裁审理程序的灵活性。实践中，仲裁庭可参照《民事诉讼法》的相关规定组织庭审调查。庭审调查涉及举证、质证、宣读鉴定结论等程序。根据《仲裁法》第四十五条的规定，所有与案件有关的证据，不论是当事人提供的证据，还是仲裁庭收集的证据，都应当在开庭时出示，并由当事人相互质证。根据《仲裁法》第四十四条的规定，专门性问题可以由当事人约定或者仲裁庭指定鉴定部门鉴定，鉴定部门应当派鉴定人参加开庭，而当事人也可以在经仲裁庭许可后向鉴定人提问。

4. 当事人辩论

《仲裁法》第四十七条明确了当事人在仲裁过程中的辩论权，当事人进行辩论通常按照下列顺序进行：（1）申请人及其仲裁代理人发言；（2）被申请人及其仲裁代理人发言；（3）双方相互辩论。开庭辩论终结前，首席仲裁员或者独任仲裁员可以按照申请人、被申请人的顺序征询当事人的最后意见。

5. 庭审笔录

庭审笔录是在仲裁的开庭审理过程中，记录人员对整个开庭审理情况所作的记载，是仲裁程序中重要的法律文书。《仲裁法》第四十八条中规定，"当事人和其他仲裁参与人认为对自己陈述的记录有遗漏或者差错的，有权申请补正。如果不予补正，应当记录该申请。""笔录由仲裁员、记录人员、当事人和其他仲裁参与人签名或盖章。"

（二）书面审理程序

书面审理相较于开庭审理具有更快捷、更节约仲裁成本的优点。我国《仲裁法》规定仲裁案件以开庭审理为原则，但针对一些争议金额不大、案情简单、事实清楚的案件，在当事人达成协议的前提下，可以采用书面审理。为了保证书面审理的质量，进行书面审理时应当注意以下问题：①

1. 仲裁庭应限期举证

书面审理以快捷为最显著的特点。因此，如果当事人在提交材料环节上故意拖沓就会影响案件审理进度，无法体现书面审理的高效率。仲裁庭应限定当事人提交材料的期限，无正当理由而超过期限未提交者，视为放弃了提交材料的权利，对当事人逾期提交的材料，仲裁庭不予接受。

2. 仲裁庭应当将证据材料及时送达对方当事人

在书面审理过程中，一方当事人提供了证据材料或进行了陈述，仲裁庭应当及时将证据材料或陈述意见副本送达另一方当事人；仲裁庭自行收集的证据、鉴定意见、勘验笔录等文件，也应当及时将副本送达双方当事人。对于需要被送达人质证或答辩的，仲裁庭还应要求或提醒被送达人及时提交质证意见或答辩意见。

3. 不排除当面询问当事人

书面审理并不是绝对排除通知一方或双方当事人到审理地点就案件中的某些问题进行询问，客观公正地审理和作出裁决是仲裁庭最首要的任务。因此，针对具体案件进行灵活处理，询问时应通知双方当事人到场，以示公平。

二、仲裁和解与调解

（一）仲裁和解

仲裁和解是指仲裁当事人通过协商，自行解决已提交仲裁的争议事项的行为。仲裁和解

---

① 参见黄进、宋连斌、徐前权：《仲裁法学》，中国政法大学出版社 2007 年版，第 135 页。

是仲裁当事人行使处分权的表现。《仲裁法》第四十九条规定，"当事人申请仲裁后，可以自行和解。"根据《仲裁法》第四十九条规定，当事人达成和解协议后，有两种处理方式：

（1）请求仲裁庭根据和解协议作出仲裁裁决书，裁决书自作出之日起发生法律效力。

（2）仲裁申请人撤回仲裁申请，仲裁庭经审查准许后，仲裁程序终结。根据《仲裁法》第五十条规定："当事人达成和解协议，撤回仲裁申请后反悔的，可以根据仲裁协议申请仲裁。"

（二）仲裁调解

仲裁调解是指在仲裁程序进行的过程中，应当事人请求或征得双方当事人同意，由仲裁员对案件进行的调解。[①]《仲裁法》第五十一条中规定，"仲裁庭在作出裁决前，可以先行调解。当事人自愿调解的，仲裁庭应当调解"。可见，仲裁调解的开始有两种方式：第一，仲裁庭根据案件审理情况主动提起，但须在征得当事人同意后方能开始调解；第二，仲裁庭应双方当事人要求主持调解。

调解达成协议的，仲裁庭应当制作调解书或者根据协议的结果制作裁决书。调解书与裁决书具有同等法律效力。调解书应当写明仲裁请求和当事人协议的结果。调解书由仲裁员签名，加盖仲裁委员会印章，送达双方当事人。调解书经双方当事人签收后，即发生法律效力。在调解书签收前当事人反悔的，仲裁庭应当及时作出裁决。《仲裁法》第五十一条中规定，"调解不成的，应当及时作出裁决"。

三、仲裁裁决

仲裁裁决是仲裁庭对争议进行审理后所作出的决定。[②]仲裁裁决具有终局性和权威性，标志着当事人之间纠纷的最终解决。

（一）仲裁庭议事规则

仲裁裁决由仲裁庭作出的。独任仲裁庭进行的审理，由独任仲裁员作出仲裁裁决；合议仲裁庭进行的审理，则由三名仲裁员集体作出仲裁裁决。根据《仲裁法》的规定，由合议仲裁庭作出仲裁裁决时，根据不同的情况，采取不同的方式：

1. 按多数仲裁员的意见作出仲裁裁决

仲裁庭合议案件时实行少数服从多数原则。《仲裁法》第五十三条中规定，裁决应当按照多数仲裁员的意见作出，少数仲裁员的不同意见可以记入笔录。若合议仲裁庭不能形成多数意见，则无法以此种方式作出仲裁裁决。

2. 按首席仲裁员的意见作出仲裁裁决

《仲裁法》第五十三条中规定，仲裁庭不能形成多数意见时，裁决应当按照首席仲裁员的意见作出。可见，按首席仲裁员的意见作出仲裁裁决是在仲裁庭无法形成多数意见的情况下所采用的作出仲裁裁决的方式。

（二）仲裁裁决种类

通常情况下，仲裁裁决是仲裁庭经过审理后就当事人申请仲裁的全部争议事项作出的终

---

① 参见肖建国主编：《仲裁法学》，高等教育出版社 2021 年版，第 171 页。
② 参见《法学词典》（增订版），上海辞书出版社，1984 年版，第 322 页。

局性判定。实践中,仲裁裁决的种类有:

1. 缺席裁决

《仲裁法》第四十二条第二款规定:"被申请人经书面通知,无正当理由不到庭或者未经仲裁庭许可中途退庭的,可以缺席裁决。"可见,缺席判决均须满足两个条件:第一,仲裁委员会确已依法送达书面开庭通知;第二,被申请人(包括反请求中的被申请人)及其代理人无正当理由不到庭或者未经仲裁庭许可中途退庭。

2. 部分仲裁

部分裁决是指仲裁庭在审理过程中,如果认为案件的部分事实已经查明且有必要先行作出裁决,而就该部分事实作出的裁决。《仲裁法》第五十五条规定:"仲裁庭仲裁纠纷时,其中一部分事实已经清楚,可以就该部分先行裁决。"部分裁决适用于争议事项分离或分阶段进行,或者不先行裁决就可能引起当事人极大损失的仲裁案件,旨在及时有效地保护当事人的合法权益。如,最终裁决须建立在一些数据或者技术支持上,而这些数据或技术支持须通过裁决的执行方能获得,即可进行部分裁决。

实践中,还有与先行裁决相似的中间裁决。如,2015 年《中国国际经济贸易仲裁委员会仲裁规则》第四十四条规定:"如果仲裁庭认为必要或者当事人提出请求经仲裁庭同意时,仲裁庭可以在作出最终仲裁裁决之前的任何时候,就案件的任何问题作出中间裁决或部分裁决。任何一方当事人不履行中间裁决,不影响仲裁程序的继续进行,也不影响仲裁庭作出最终裁决。"可见,中间裁决是指仲裁庭在审理过程中就一些程序性的问题做出的临时裁决。《2021征求意见稿》结合实践和国际、涉外仲裁的经验,增加了中间裁决的规定,并与部分裁决相结合,促进纠纷快速解决。[1]

3. 合意裁决

合意裁决是指仲裁庭根据双方当事人达成协议的内容作出的仲裁裁决。既包括仲裁庭根据当事人自行达成和解协议而作出的仲裁裁决,也包括经调解、双方达成调解协议而作出的仲裁裁决。合意裁决是基于当事人自愿协商作出的,相较于仲裁庭依职权作出的裁决,当事人会更加自觉履行。

(三)仲裁裁决书的格式和内容

根据《仲裁法》第五十四条规定,仲裁裁决书具有较为固定的格式,须写明下列内容:

1. 首部

写明仲裁机构的名称、裁决书的编号、双方当事人及其代理人的基本情况、仲裁庭受理的依据、仲裁庭的组成以及基本的审理情况,例如被申请人是否答辩、是否提出反请求、审理的形式等。

2. 正文

仲裁裁决书应当写明:(1)仲裁请求及其理由;(2)争议的事实及其经过。仲裁裁决书中写明的事实及其经过应当是经仲裁庭认定的事实及其经过,包括双方当事人合同约定的与争议有关的内容,双方争议的焦点,争议发生的时间、地点,争议的经过,等等。若当事人

---

① 参见《中华人民共和国仲裁法(修订)(征求意见稿)》第七十四条之规定。

协议不愿写明争议事实的，可以不写。（3）仲裁庭作出裁决的理由。主要包括仲裁庭根据认定的事实和适用的法律，双方当事人的主张及其理由，对当事人责任承担进行的分析。与争议事实一样，若当事人协议不愿写明该部分的，可以不写。（4）仲裁庭裁决的结果以及仲裁费用。

3. 尾部

写明裁决的种类以及裁决生效的时间，仲裁员签名（对裁决持不同意见的仲裁员是否签名由其自己决定），并加盖仲裁委员会的印章。

根据《仲裁法》第五十七条的规定，仲裁裁决书自其作出之日起即发生法律效力。若裁决书存在文字方面的错误、计算错误、遗漏的事项，仲裁庭应当补正。《仲裁法》第五十六条中规定，"当事人自收到裁决书之日起三十日内，可以请求仲裁庭补正"。

（四）仲裁裁决的效力

仲裁裁决具有一裁终局的效力，裁决书自作出之日起生效，仲裁裁决的具体效力体现在以下几个方面：

1. 对当事人的效力

（1）确定力。仲裁裁决对当事人之间争议的法律关系具有确定力，经作出即具有不可争议性，当事人不得就已经裁决的事项再行申请仲裁，也不得就此提起诉讼。

（2）强制执行力。仲裁裁决具有强制执行力，裁决一经作出，负有履行义务的当事人就须在裁决书规定的期限内履行义务。如不履行，另一方当事人可依法向法院申请强制执行，受申请的人民法院应当执行。

2. 对仲裁委员会的效力

仲裁裁决具有法律约束力，作出裁决的仲裁委员会不得随意变更已生效的仲裁裁决。当事人就已经裁决的事项向其他仲裁委员会提出仲裁申请，其他仲裁委员会也不应当受理。

3. 对人民法院的效力

当事人就已经裁决的事项提起诉讼，人民法院不应当受理。

4. 对其他机关或个人的效力

其他任何机关或个人均不得变更仲裁裁决。

仲裁裁决具有法律效力，当事人必须执行该裁决。一方当事人拒不执行的，另一方当事人可以向有关人民法院申请执行该仲裁裁决。

（五）仲裁裁决的执行

仲裁裁决的执行是指基于当事人申请，人民法院运用强制措施，依法定程序使生效的裁决书的内容付诸实现的行为。仲裁裁决的执行是法院对仲裁制度予以支持的最重要的表现。它在保障当事人权利的实现，支持仲裁制度的发展，以及保证法院对仲裁制度的司法监督上都有重要的意义。

1. 执行条件

执行仲裁裁决需要满足以下条件：

（1）必须由当事人申请。一方当事人不履行裁决时，另一方当事人（权利人）须向人民法院提出执行申请，人民法院才会予以执行，人民法院无权主动执行仲裁裁决。

（2）必须在一定期限内提出申请。申请执行的期限为二年。此期限从法律文书规定履行期间的最后一日起计算；法律文书规定分期履行的，从规定的每次履行期间的最后一日起算。

（3）必须向有管辖权的人民法院提出申请。根据《最高人民法院关于人民法院办理仲裁裁决执行案件若干问题的规定》，当事人申请执行仲裁裁决案件，由被执行人住所地或者被执行的财产所在地的中级人民法院管辖。

（4）必须依据生效的仲裁裁决提出申请，且裁决具有给付义务。若裁决不具有给付义务，如保密义务，则不能予以执行。

2. 执行程序

（1）申请执行。

根据《仲裁法》第六十二条的规定，一方当事人不履行仲裁裁决的，另一方当事人可以依照《民事诉讼法》的有关规定向人民法院申请执行。受申请的人民法院应当执行。

（2）法院审查和实施执行。

人民法院审查认为符合执行条件的，应当立案执行，否则应当驳回执行申请。根据《民事诉讼法》的规定，执行工作由执行员进行。执行员接到申请执行书或者移交执行书，应当向被执行人发出执行通知，并可以依法采取强制执行措施。被执行人未按执行通知履行法律文书确定的义务，人民法院有权向有关单位查询被执行人的存款、债券、股票、基金份额等财产情况。人民法院有权根据不同情形扣押、冻结、划拨、变价被执行人的财产。人民法院查询、扣押、冻结、划拨、变价的财产不得超出被执行人应当履行义务的范围。被执行人未按判决、裁定和其他法律文书指定的期间履行给付金钱义务的，应当加倍支付迟延履行期间的债务利息。被执行人未按判决、裁定和其他法律文书指定的期间履行其他义务的，应当支付迟延履行金。

（3）中止执行。

中止执行指执行仲裁裁决过程中，由于出现特定情形，人民法院暂时停止执行程序，待该特定情形消除后，再决定执行程序是否恢复的制度。《仲裁法》第六十四条第一款规定，一方当事人申请执行裁决，另一方当事人申请撤销裁决的，人民法院应当裁定中止执行。《最高人民法院关于人民法院办理仲裁裁决执行案件若干问题的规定》第七条规定，被执行人申请撤销仲裁裁决并已由人民法院受理的，或者被执行人、案外人对仲裁裁决执行案件提出不予执行申请并提供适当担保的，执行法院应当裁定中止执行。

另根据《民事诉讼法》第二百六十三条的规定，有下列情形之一的，人民法院应当裁定中止执行：申请人表示可以延期执行的；案外人对执行标的提出确有理由的异议的；作为一方当事人的公民死亡，需要等待继承人继承权利或者承担义务的；作为一方当事人的法人或者其他组织终止，尚未确定权利义务承受人的；人民法院认为应当中止执行的其他情形。

（4）恢复执行。

恢复执行指对已中止执行的仲裁裁决，由于引起中止的原因消失，而继续执行程序的制度。根据《仲裁法》第六十四条的规定，撤销裁决的申请被裁定驳回的，人民法院应当裁定恢复执行。根据《民事诉讼法》第二百六十三条的规定，中止执行的情形消失后，人民法院应当恢复执行。

（5）终结执行。

终结执行指执行过程中，由于出现特定情形，使执行程序没有必要进行或无法进行，人民法院结束执行程序的制度。根据《仲裁法》第六十四条的规定，人民法院裁定撤销裁决的，应当裁定终结执行。

根据《民事诉讼法》第二百六十四条的规定，有下列情形之一的，人民法院裁定终结执行：申请人撤销申请的；据以执行的法律文书被撤销的；作为被执行人的公民死亡，无遗产可供执行，又无义务承担人的；追索赡养费、扶养费、抚养费案件的权利人死亡的；作为被执行人的公民因生活困难无力偿还借款，无收入来源，又丧失劳动能力的；人民法院认为应当终结执行的其他情形。

问题与思考

1. 申请仲裁财产保全须满足哪些条件？

2. 申请仲裁证据保全需要遵循哪些程序？

3. 甲公司与乙公司因为购销合同发生争议，甲公司根据事先达成的仲裁协议向仲裁委员会申请仲裁，在仲裁中双方达成和解协议，甲公司向仲裁庭申请撤回仲裁申请。之后，乙公司拒不履行和解协议。请问，甲公司可否根据原仲裁协议申请仲裁？为什么？

第十七章　仲裁司法监督

【本章概要】

仲裁协议异议、仲裁裁决的撤销和不予执行，是法院对仲裁进行司法监督的重要途径和方式，目的在于确保仲裁裁决的合法性和公正性，也是法院对仲裁制度予以支持的最重要的表现。除上文介绍过的仲裁协议异议制度外，本章主要介绍法院对仲裁裁决的撤销和不予执行。通过对本章的学习，掌握仲裁裁决撤销和执行的条件、管辖、程序及其法律后果。

【关键术语】

仲裁裁决　撤销　执行　不予执行

【重难点提示】

本章重点在于撤销仲裁裁决、不予执行的条件和程序；难点在于正确理解不予执行仲裁裁决与撤销仲裁裁决的差异。

第一节　撤销仲裁裁决

撤销仲裁裁决，是指对具有法定可撤销事由的仲裁裁决，经当事人向有管辖权的人民法院提出申请，人民法院在组成合议庭审查核实后，裁定撤销仲裁裁决的制度。在一裁终局原则下，仲裁裁决一旦作出，即发生同生效判决同等的法律效力，当事人不得就同一纠纷再申请仲裁或提起诉讼。一裁终局体现了尊重仲裁效益的原则和仲裁迅速快捷的优势，但仲裁裁决难免会发生错误和偏差。《仲裁法》规定的申请撤销仲裁裁决制度，作为一项司法监督机制，对维护当事人的合法权益，确保仲裁裁决的合法性和公正性，完善仲裁监督机制，都有重要意义。

一、申请撤销仲裁裁决条件和程序

根据《仲裁法》的规定，申请撤销仲裁裁决的条件应包括：

（一）申请主体必须是当事人

仲裁裁决决定了当事人的权利义务和责任承担，与当事人有直接的利害关系。有权提出撤销仲裁裁决的主体必须是当事人，包括仲裁申请人和被申请人。

（二）当事人必须向有管辖权的人民法院提出申请

当事人的申请必须向仲裁委员会所在地的中级人民法院提出，向其他人民法院提出的，人民法院不予受理。人民法院审理撤销仲裁裁决之诉时，组成合议庭，适用特别程序，一审终审。

（三）当事人必须在法定期限内提出申请

根据《仲裁法》的规定，当事人申请撤销仲裁裁决的，应当自收到裁决书之日起 6 个月内提出。当事人逾期未提出的，视为放弃权利。

（四）当事人必须有法定事由

当事人提出申请时，必须提交证据证明仲裁裁决具有《仲裁法》规定的撤销法定事由，并经人民法院合议庭审查核实。

二、撤销仲裁裁决的法定事由

根据《仲裁法》第五十八条和《最高人民法院关于适用〈中华人民共和国仲裁法〉若干问题的解释》（简称《仲裁法司法解释》）之规定，申请撤销仲裁裁决的法定事由有：

（一）没有仲裁协议

仲裁协议是仲裁程序启动的法定依据，也是仲裁裁决得以承认和执行的重要根据。没有仲裁协议，仲裁程序就失去了存在基础。若仲裁委员会予以受理并作出裁决，则违反了当事人自愿原则，当事人可申请撤销。根据《仲裁法司法解释》第十八、十九条规定，"没有仲裁协议"是指：

（1）当事人没有达成仲裁协议。

（2）仲裁协议被认定无效或者被撤销的，视为没有仲裁协议。

（3）当事人以仲裁裁决事项超出仲裁协议范围为由申请撤销仲裁裁决，经审查属实的，人民法院应当撤销仲裁裁决中的超裁部分。但超裁部分与其他裁决事项不可分的，人民法院应当撤销仲裁裁决。

仲裁裁决被撤销后，当事人依据原仲裁协议又申请仲裁的，视为没有仲裁协议。仲裁裁决被撤销后，当事人若想再次仲裁，应重新达成仲裁协议。如果在仲裁程序中当事人未对仲裁协议提出异议，在裁决作出后又以仲裁协议无效为由申请撤销仲裁裁决的，法院不予支持。

（二）裁决事项不属于仲裁协议的范围或者仲裁委员会无权仲裁

仲裁委员会只能就仲裁协议中提交仲裁的事项行使仲裁权，对超越仲裁权作出的裁决，当事人可申请撤销。此类可撤销裁决包括：

（1）仲裁庭对请求范围以外的事项作出裁决的；

（2）仲裁庭对仲裁协议范围以外的事项作出的裁决。如当事人请求仲裁的事项超出了仲裁协议的范围，仲裁庭仍予受理并作出的裁决；

（3）仲裁庭对不可仲裁的事项作出裁决的。即仲裁庭对超出仲裁委员会受案范围的事项作出的裁决。根据《最高人民法院关于人民法院办理仲裁裁决执行案件若干问题的规定》第十三条的规定，仲裁裁决的事项应是依照法律规定可裁决的事项。

（三）仲裁庭的组成或者仲裁的程序违反法定程序

正当程序原则是争议得到公平公正裁决的有力保障，对违反正当程序作出的裁决，当事人可申请撤销。根据《仲裁法司法解释》第二十条规定，"违反法定程序"，是指违反仲裁法规定的仲裁程序和当事人选择的仲裁规则可能影响案件正确裁决的情形。包括：

（1）违反《仲裁法》第三十至三十二条规定的仲裁庭组成程序。

（2）违反当事人选择的仲裁规则或当事人对仲裁程序的特别约定，且可能影响案件正确裁决的情形。如，仲裁委员会没有及时将仲裁庭的组成情况、仲裁庭开庭时间地点等通知当事人，当事人未能获得充分陈述、辩论、质证的机会。

（3）仲裁员有法定回避情形而未回避等等。

（四）裁决所根据的证据是伪造的

证据是仲裁庭查明案件真实情况，确定当事人权利义务，作出公正裁决的关键。若仲裁庭依据伪造的证据作出了裁决，该裁决的公正性势必受到影响，当事人可申请撤销该裁决。

（五）对方当事人隐瞒了足以影响公正裁决的证据

足以影响公正裁决的证据，指对证明案件真实情况起着决定性作用的证据，是否对其采纳，直接关系到仲裁裁决的公正性。若一方当事人为了自身利益，故意隐瞒了对自己不利且不为他人掌握的证据，且该证据又属于"足以影响公正裁决的证据"，则仲裁庭对案件真实情况的判断就会受到影响，此时所作出的裁决就会缺乏公正性。当事人当然可以申请撤销此类裁决。

（六）仲裁员在仲裁该案时有索贿受贿、徇私舞弊、枉法裁决行为

仲裁员的中立性对保障仲裁裁决的公正起着重要作用，索贿受贿、徇私舞弊、枉法裁决将会严重影响仲裁员的中立性，使其不能作出公正裁决。索贿受贿指仲裁员在仲裁过程中，非法索要或接受当事人财物或获得其他不正当利益；徇私舞弊指仲裁员为了谋取私利或为了报答当事人已经给予或许诺给予的财物与利益，在仲裁中弄虚作假；枉法裁决指仲裁员在仲裁案件时，玩忽职守、颠倒是非、曲解法律或故意错误适用法律。

除以上六项法定事由外，《仲裁法》还规定：人民法院认定仲裁裁决违背社会公共利益，应当裁定撤销。所谓社会公共利益，或称公共政策、公共秩序，是指社会整体所享有的，保障社会正常运转所要维护的有效价值，包括国家基本制度、国家基本政策、基本的道德观念和法律原则。保护公共利益（public policy），是各国对仲裁进行司法监督的重要方面。根据《仲裁法》的规定，仲裁裁决违背公共利益时，人民法院可依职权撤销裁决，无需当事人申请。

三、撤销仲裁裁决的法律后果

当事人提出撤销仲裁裁决的申请后，经人民法院组成合议庭进行审查，有以下三种处理方式。

（一）通知仲裁庭重新仲裁

重新仲裁是人民法院在司法监督程序中给予仲裁庭弥补程序瑕疵、保障裁决效力的制度。根据《仲裁法》第六十一条的规定："人民法院受理撤销裁决的申请后，认为可以由仲裁庭重新仲裁的，通知仲裁庭在一定期限内重新仲裁，并裁定中止撤销程序。仲裁庭拒绝重新仲裁的，人民法院应当裁定恢复撤销程序。"这一规定适用于国内仲裁裁决的撤销和涉外仲裁裁决的撤销。

根据《仲裁法司法解释》第二十一条的规定："当事人申请撤销国内仲裁裁决的案件属于下列情形之一的，人民法院可以依照仲裁法第六十一条的规定通知仲裁庭在一定期限内重新

仲裁：（一）仲裁裁决所根据的证据是伪造的；（二）对方当事人隐瞒了足以影响公正裁决的证据的。　　人民法院应当在通知中说明要求重新仲裁的具体理由。"当事人对重新仲裁裁决不服的，可以在重新仲裁裁决书送达之日起六个月内，依据《仲裁法》第五十八条的规定，向人民法院申请撤销。

（二）裁定撤销仲裁裁决

人民法院审查认为仲裁裁决具有《仲裁法》第五十八条规定的法定事由的，应当在受理撤销裁决申请之日起两个月内作出撤销裁定。撤销裁定一经作出即生效，当事人不得提起上诉或复议。一经撤销，原仲裁裁决归于无效，当事人之间的争议回到未解决状态。当事人可以重新达成仲裁协议申请仲裁，也可以向有管辖权的法院提起诉讼。

（三）裁定驳回当事人的申请

人民法院审查认为仲裁裁决不具有《仲裁法》第五十八条规定的法定事由的，或不具备申请撤销条件的，应当在受理申请之日起两个月内作出驳回申请的裁定。

第二节　不予执行仲裁裁决

不予执行仲裁裁决是指人民法院受理仲裁裁决执行申请后，被执行人提出仲裁裁决具有不予执行的法定事由，经人民法院审查核实并裁定不予执行的制度。不予执行仲裁裁决是一项重要的司法监督制度，有利于法院行使司法监督，有利于保护被执行人的利益。

一、不予执行仲裁裁决的条件

不予执行仲裁裁决与撤销仲裁裁决均为仲裁司法监督制度，二者有着密切的联系，也存在着重大区别。不予执行仲裁裁决条件有：

（1）提出申请的主体不同。不予执行的申请由被执行人提出；撤销裁决的申请可由任何一方当事人提出。

（2）提出申请的期限不同。申请不予执行在进入执行程序之后；申请撤销裁决在接到仲裁裁决之日起6个月内提出。

（3）管辖法院不同。申请不予执行向受理执行申请的法院提出；申请撤销裁决，向仲裁机构所在地的中级人民法院提出。

（4）法院的处理不同。不予执行程序中，法院作出是否不予执行的裁定；撤销裁决程序中，法院可以作出是否撤销裁决的裁定，也可以通知仲裁庭重新仲裁。

二、不予执行仲裁裁决的法定事由

根据《仲裁法》第六十三条、《民事诉讼法》第二百四十四条第二款之规定，被申请人提出证据证明仲裁裁决有下列情形之一的，经人民法院组成合议庭审查核实，裁定不予执行：

（1）当事人在合同中没有订有仲裁条款或者事后没有达成书面仲裁协议的；

（2）裁决的事项不属于仲裁协议的范围或者仲裁机构无权仲裁的；

（3）仲裁庭的组成或者仲裁的程序违反法定程序的；

（4）裁决所根据的证据是伪造的；

（5）对方当事人向仲裁机构隐瞒了足以影响公正裁决的证据的；

（6）仲裁员在仲裁该案时有贪污受贿，徇私舞弊，枉法裁决行为的。

人民法院认定执行该裁决违背社会公共利益的，裁定不予执行。裁定书应当送达双方当事人和仲裁机构。

另，根据《仲裁法司法解释》第二十六、第二十七条的规定，当事人向人民法院申请撤销仲裁裁决被驳回后，又在执行程序中以相同理由提出不予执行抗辩的，人民法院不予支持；当事人在仲裁程序中未对仲裁协议的效力提出异议，在仲裁裁决作出后以仲裁协议无效为由主张撤销仲裁裁决或者提出不予执行抗辩的，人民法院不予支持；当事人在仲裁程序中对仲裁协议的效力提出异议，在仲裁裁决作出后又以此为由主张撤销仲裁裁决或者提出不予执行抗辩，经审查符合《仲裁法》或者《民事诉讼法》规定的，人民法院应予支持。

三、不予执行仲裁裁决的程序和法律效果

不予执行仲裁裁决的程序包括：（1）被执行人向人民法院提出不予执行的申请，并提交证明存在不予执行法定事由的证据；（2）人民法院依法组成合议庭进行审理，审查核实被执行人提交的证据；（3）对申请作出处理。人民法院认为不存在不予执行法定事由的，裁定驳回被执行人的申请；认为存在不予执行法定事由的，裁定不予执行该仲裁裁决，并将裁定书送达双方当事人及仲裁委员会。

仲裁裁决被人民法院裁定不予执行的，当事人可以根据双方达成的书面仲裁协议重新申请仲裁，也可以向人民法院起诉。

问题与思考

1. 撤销我国国内仲裁裁决的情形有哪些？

2. 申请执行仲裁裁决应具备哪些条件？

3. 不予执行国内仲裁裁决的情形有哪些？

4. 申请不予执行仲裁裁决与申请撤销仲裁裁决有哪些不同？

第十八章　涉外仲裁

【本章概要】

涉外仲裁，即含有涉外因素或国际因素的仲裁，涉外仲裁在涉外经济贸易纠纷的解决中发挥着极其重要的作用。本章介绍涉外仲裁基本理论、涉外仲裁机构、涉外仲裁规则和仲裁程序，以及涉外仲裁裁决的承认和执行等内容。通过对本章的学习，熟悉涉外仲裁的规则和程序及发展趋势。

【关键术语】

涉外仲裁　涉外常设仲裁机构　涉外仲裁协议　涉外仲裁程序

【重难点提示】

本章重点在于掌握涉外仲裁协议的效力认定和法律适用；难点在于掌握涉外仲裁的程序、涉外仲裁裁决的承认和执行，明晰涉外仲裁与国内仲裁、涉外民事诉讼在纠纷解决中发挥的不同作用。

第一节　涉外仲裁概述

一、涉外仲裁的界定

涉外仲裁，即含有涉外因素或国际因素的仲裁。"涉外仲裁"是相对国内仲裁而言的，也称"国际仲裁"。此类仲裁大多发生在国际商事领域，通常又被称为"国际商事仲裁"（international commercial arbitration）。

根据传统国际私法理论，凡民商事法律关系的主体、客体、内容三要素中，有一个或一个以上的因素与外国有一定联系，该民商事法律关系就具有涉外因素。联合国国际贸易法委员会《国际商事仲裁示范法》（UNCITRAL Model Law on International Commercial Arbitration）起草期间，委员会秘书处认为给"国际"一词下定义虽困难却有必要。[①]由此，1985年联合国《国际商事仲裁示范法》第1条第3款规定："仲裁如有下列情况即为国际仲裁：（A）仲裁协议的当事各方在缔结协议时，他们的营业地点位于不同的国家；或（B）下列地点之一位于当事各方营业地点所在国以外：（a）仲裁协议中确定的或根据仲裁协议而确定的仲裁地点；（b）履行商事关系的大部分义务的任何地点或与争议标的关系最密切的地点；或（c）当事各方明

---

① "necessary, though difficult, to define that term since the model law is designed to provide a special legal for those arbitrations where more than purely domestic interests are involved" Fourteenth Session of UNCITRAL, June 19-26, 1981, Report of the Secretary-General, UN Doc. A/CN.9/207, para.32.

确地同意，仲裁协议的标的与一个以上的国家有关。"根据这一规定，国际仲裁的外延为：（1）其营业地点在不同国家的当事人之间争议的仲裁；（2）仲裁地和当事人各方的营业地位于不同国家的仲裁；（3）主要义务履行地和当事人各方的营业地位于不同国家的仲裁；（4）与争议标的关系最密切的地点和当事人各方营业地位于不同国家的仲裁；（5）当事各方明确同意仲裁标的与一个以上国家有关的仲裁。

《仲裁法》对何谓"涉外"未作明确规定，该法第七章"涉外仲裁的特别规定"中仅指出"涉外经济贸易、运输和海事中发生的纠纷的仲裁，适用本章规定"。《最高人民法院关于适用〈中华人民共和国涉外民事关系法律适用法〉若干问题的解释（一）》第一条规定："民事关系具有下列情形之一的，人民法院可以认定为涉外民事关系：（一）当事人一方或双方是外国公民、外国法人或者其他组织、无国籍人；（二）当事人一方或双方的经常居所地在中华人民共和国领域外；（三）标的物在中华人民共和国领域外；（四）产生、变更或者消灭民事关系的法律事实发生在中华人民共和国领域外；（五）可以认定为涉外民事关系的其他情形。"最高人民法院对"涉外"的理解与传统的国际私法理论是一致的，即只要民商事法律关系的主体、客体、内容三要素中有一个要素同外国有一定的联系，即视为具有涉外因素。该解释还增加了兜底条款，以避免三要素判断标准过于僵化。涉及港、澳、台的仲裁案件，不具有涉外因素，但在实践中，我国仲裁机构对涉及我国香港、澳门或台湾地区的法人或自然人之间，或者同外国法人或自然人之间产生于契约性或非契约性的经济贸易等争议中的仲裁案件，参照涉外仲裁案件处理。

随着国际经济贸易关系的不断发展，以涉外仲裁方式解决在国际经济贸易和海事活动中的争议，已成为世界各国通行的习惯性做法。但是，对于涉外仲裁范围，即"国际商事仲裁"中"商事"一词的理解各法律文本也存在着争议。《联合国国际商事仲裁示范法》对"商事"一词给出的注解是："对'商事'一词应作广义解释，使其包括不论是契约性或非契约性的一切商事性质的关系所引起的种种事情。商事性质的关系包括但不限于下列交易：供应或交换货物或服务的任何贸易交易；销售协议，商事代表或代理；保付代理；租赁；建造工厂；咨询；工程；许可证；投资；融资；银行；保险；开采协议或特许权；合营企业或其他形成的工业或商业合作；货物或旅客的航空、海上、铁路或公路运输。"在我国，对于"商事"也同样给予比较广义的解释。根据我国加入《承认及执行外国仲裁裁决公约》（Convention on the Recognition and Enforcement of Foreign Arbitral Awards, the "New York" Convention）时所作的商事保留声明，和我国最高人民法院1987年《关于执行我国加入的〈承认及执行外国仲裁裁决公约〉的通知》第二条，"根据我国加入该公约时所作的商事保留声明，我国仅对按照我国法律属于契约性和非契约性商事法律关系所引起的争议适用该公约。所谓'契约性和非契约性商事法律关系'，具体的是指由于合同、侵权或者根据有关法律规定而产生的经济上的权利义务关系，例如货物买卖、财产租赁、工程承包、加工承揽、技术转让、合资经营、合作经营、勘探开发自然资源、保险、信贷、劳务、代理、咨询服务和海上、民用航空、铁路、公路的客货运输以及产品责任、环境污染、海上事故和所有权争议等，但不包括外国投资者与东道国政府之间的争端。"

综上所述，涉外仲裁是指在涉外经济贸易、运输和海事活动中，当事人依据书面仲裁协议或者合同中的仲裁条款，自愿将可能发生或已经发生的契约性或非契约性民商事争议，提交双方选定的仲裁机构进行审理并作出终局性仲裁裁决的活动。

二、涉外仲裁与其他仲裁

（一）涉外仲裁与国内仲裁

涉外仲裁与国内仲裁都是以仲裁方式解决纠纷的制度，但两者有以下明显区别：

（1）仲裁所涉民商事法律关系有无涉外性。涉外仲裁含有涉外因素，其所涉及的民商事法律关系的主体、客体、内容至少一项具有涉外因素；国内仲裁发生于国内当事人之间，不含有涉外因素。

（2）仲裁程序有无涉外性。涉外仲裁中的取证、送达、承认和执行常常涉及涉外问题。如涉及域外送达、域外取证、仲裁裁决的域外承认和执行；国内仲裁中的取证、送达、承认和执行一般不会涉及涉外问题。

（二）涉外仲裁与国际公法上的国际仲裁

涉外仲裁与国际公法上的国际仲裁虽然都涉及仲裁制度，但两者也有明显区别：

（1）仲裁解决纠纷类型不同。涉外仲裁是国际私法上的国际仲裁，用于解决自然人、法人之间，以及自然人、法人与国家之间的民商事纠纷。国际公法上的国际仲裁又称国际公断，用于解决国家间发生的争端，是解决国际争端的法律方法之一。

（2）仲裁裁决能否强制执行不同。涉外仲裁的裁决在一定条件下，可以得到有关国家法院的强制执行。而国际公法上国际仲裁的裁决由当事人出于道义上的责任自觉执行。

（三）涉外仲裁与涉外民事诉讼

涉外仲裁与涉外民事诉讼都是解决涉外民事纠纷的重要方式，但两者有本质区别：

（1）两种制度性质不同。审理涉外仲裁案件的涉外仲裁委员会一般属于民间机构，涉外仲裁也具有自愿性和合意性的特点。审理涉外诉讼案件的人民法院代表国家行使审判权，涉外民事诉讼具有强制性。

（2）两种制度的受案范围不同。涉外仲裁案件主要限于涉外经贸纠纷、涉外海事运输纠纷等。涉外诉讼受案范围要比涉外仲裁广。一般说来，只要案件与我国有连结点，当事人向我国人民法院起诉，人民法院都有权受理和审判。

（3）两种制度的程序不同。涉外仲裁实行一审终局制，涉外仲裁当事人有权选择仲裁员，有权商议仲裁程序。涉外民事诉讼实行二审终审制，当事人无权选择法官，无权修改民事诉讼程序。

第二节　涉外仲裁机构及仲裁规则

根据组织形式不同，涉外仲裁机构，分为临时仲裁庭和常设仲裁庭；根据案件提交的仲裁机构的不同，涉外仲裁分临时仲裁（ad hoc arbitration）和机构仲裁（institutional arbitration）。临时仲裁庭是根据争议双方当事人的协议，在法律规定或允许的范围内，由双方当事人选出的仲裁员自行组成的仲裁庭。临时仲裁庭的组织、地点、人员和仲裁规则依照当事人协议设立，在审理争议并作出裁决后，即行解散。临时仲裁庭曾经作为仲裁的主要组织形式发挥了重要作用，在全球范围内到现在仍被广泛采用。我国《仲裁法》并没有关于临时仲裁的规定。

常设仲裁机构是依据国际条约或一国法律而成立的，有固定名称、地址、人员及办事机构设置、组织章程、行政管理制度及程序规则的仲裁组织。常设仲裁机构不断发展完善，已成为现代国际商事仲裁的主要组织形式。当今国际商事争议的解决一般都提交常设仲裁机构并按其仲裁规则进行仲裁。

一、主要国际常设仲裁机构及其仲裁规则

国际上的主要常设仲裁机构，包括国际性商事仲裁机构，如国际商会国际仲裁院（International Chamber of Commerce International Court of Arbitration，ICC）、解决投资争议国际中心（International Center for The Settlement of Investment Disputes，ICSID）；国家性商事仲裁机构，如伦敦国际仲裁院（The London Court of International Arbitration，the LCIA Court）、瑞典斯德哥尔摩商会仲裁院（The Arbitration Institute of Stockholm Chamber of Commerce，AISCC）、瑞士苏黎世商会仲裁院（Court of Arbitration of the Zurich Chamber of Commerce）、美国仲裁协会（American Arbitration Association，AAA）。

（一）国际商会国际仲裁院及其仲裁规则

国际商会国际仲裁院（International Chamber of Commerce International Court of Arbitration，ICC）是现今世界上最重要的、最著名的国际商事仲裁机构。国际商会仲裁院成立于 1923 年，是附属于国际商会的国际性民间组织，不隶属于任何国家和地区，具有很强的独立性，总部设在巴黎。根据《国际商会仲裁规则》，如果仲裁协议授权，仲裁院也可以仲裁方式解决非国际性的商事争议。仲裁院由主席、副主席及委员和候补委员组成，由秘书处协助工作。该仲裁院的委员来自 40 多个国家和地区，均是法律或解决商事争议的专家。

2021 年 1 月 1 日生效的《国际商会仲裁规则》体现了"后疫情时代"争议解决机制对信息技术的应用。该规则的一般性规定包括：当事人可以约定仲裁庭的组成方式及仲裁员的人数，如无约定，除非仲裁院认为应由 3 名仲裁员审理，其将委任 1 名独任仲裁员；仲裁院在确认或委任仲裁员时，应考虑各仲裁员与当事人国籍、住址的关系以及该仲裁员适用本规则进行仲裁的时间和能力；仲裁庭应根据书面材料或会同当事人并依据其最新提交的材料，拟定审理范围书（terms of reference）；当事人可约定仲裁庭适用的法律，无约定时，仲裁庭适用其认为适当的法律。仲裁庭应在签署裁决书之前，将裁决书草案提交仲裁院；仲裁院可以对裁决书的形式进行修改，并且在不影响仲裁庭自主决定权的前提下，提请仲裁庭注意实体问题。在裁决书经仲裁院批准之前，仲裁庭不得作出裁决。

（二）伦敦国际仲裁院及其仲裁规则

伦敦国际仲裁院（The London Court of International Arbitration，the LCIA Court），成立于 1892 年，是世界上最古老的仲裁机构。该仲裁院可以受理任何性质的国际争议，该院仲裁员包括非法律专家，但都拥有很强的专业知识，能解决各类纠纷。全球范围内大多数国际海事仲裁案件都提交该院。

2020 年《伦敦国际仲裁院仲裁规则》吸收了优先使用电子沟通方式等新规定。该规则的一般性规定包括：当事人可约定仲裁庭的组成人数、是否设独任仲裁员以及委任程序；仲裁员的委任权属于仲裁院；仲裁庭只能依据当事人明示书面同意，才可对争议适用"公允及善良""友好仲裁"或"君子约定"的原则。

（三）美国仲裁协会及其仲裁规则

美国仲裁协会（American Arbitration Association，AAA）是世界上最大的冲突处理和争议解决机构。它成立于 1926 年，总部设在纽约市。协会是一家独立、非政府性、非营利性的多元化纠纷解决（Alternative Dispute Resolution，ADR）机构，大量通过调解、仲裁、选举以及其他法院外处理程序解决争议。该协会的仲裁员由多个国家各行业中享有盛誉和一定专业技能的六万余人组成。

2013 年颁布的《商事仲裁规则和调解程序》适用于国际性商事仲裁案件。根据该规则的规定，协会采用列名方式向当事人推荐仲裁员，但当事人选择不受名册限制。仲裁地点由当事人约定，无一致意见，协会可初步确定仲裁地点，仲裁庭有权在成立 60 日内最终确定仲裁地点。

二、我国常设涉外仲裁机构及其仲裁规则

依据《仲裁法》第六十六条的规定，涉外仲裁委员会由中国国际商会组织设立。涉外仲裁委员会由主任一人、副主任若干人和委员若干人组成。涉外仲裁委员会的主任、副主任和委员可以由中国国际商会聘任。依据《仲裁法》第六十七条的规定，涉外仲裁委员会可以从具有法律、经济贸易、科学技术等专门知识的外籍人士中聘任仲裁员。

目前，我国有两个主要的涉外常设仲裁机构：中国国际经济贸易仲裁委员会（China International Economic and Trade Arbitration Commission，CIETAC）和中国海事仲裁委员会（China Maritime Arbitration Commission，CMAC）。两者现都附属于中国国际贸易促进委员会，即中国国际商会。此外，按照有关规定，依据仲裁法设立或重新组建的仲裁机构也有权受理涉外仲裁案件。

（一）中国国际经济贸易仲裁委员会及其仲裁规则

1. 中国国际经济贸易仲裁委员会

中国国际经济贸易仲裁委员会是根据中华人民共和国中央人民政府政务院 1954 年 5 月 6 日的决定，于 1956 年 4 月设立的。最初名为对外贸易仲裁委员会，1980 年改名为对外经济贸易仲裁委员会，1988 年改名为中国国际经济贸易仲裁委员会，自 2000 年 10 月 1 日起同时启用"中国国际商会仲裁院"名称。该仲裁委员会已成为世界上重要的国际商事仲裁机构之一，受案量自 1990 年以来居于世界其他仲裁机构的前列。

仲裁委员会总会设在北京。1989 年，在深圳设立了中国国际经济贸易仲裁委员会深圳分会，2004 年更名为中国国际经济贸易仲裁委员会华南分会。1990 年在上海设立了中国国际经济贸易仲裁委员会上海分会。仲裁会员会的总会和分会是一个统一整体，整体上享有一个仲裁管辖权，适用相同的《仲裁规则》和《仲裁员名册》。1999 年仲裁委员会相继在大连、福州、长沙、成都和重庆设立了办事处，负责宣传联络和咨询服务工作。

仲裁委员会设名誉主任一人、名誉副主任一至三人，顾问若干人。在组织机构上实行委员会制度，设主任一人，副主任若干人，委员若干人。总会和分会设立秘书局与秘书处，负责处理仲裁委员会总会和分会的日常事务。仲裁委员会原则上实行仲裁员名册制度，设有《仲裁员名册》。仲裁员均是法律、经济贸易、科学技术等方面具有专门知识和实际经验的中外人士。

2. 中国国际经济贸易仲裁委员会仲裁规则

《仲裁法》第七十三条规定："涉外仲裁规则可以由中国国际商会依照本法和民事诉讼法的有关规定制定。"仲裁委员会 1956 年 4 月成立时，制订了仲裁委员会仲裁程序暂行规则。随着我国经贸形势的发展和仲裁业务的需要，仲裁委员会于 1988 年、1994 年、1995 年、1998 年、2000 年、2005 年、2012 年、2014 年先后七次修改完善其仲裁规则。现行仲裁规则为 2015 年 1 月 1 日起实施的《中国国际经济贸易仲裁委员会仲裁规则》。该规则分为"总则""仲裁程序""裁决""简易程序""国内仲裁的特别规定""香港仲裁的特别规定"和"附则"七章共 84 条。2003 年 5 月 8 日，仲裁委员会颁布实施了《金融争议仲裁规则》，其现行规则于 2015 年 1 月 1 日起施行。2017 年 10 月 1 日，《中国国际经济贸易仲裁委员会国际投资争端仲裁规则（试行）》开始施行。

根据《中国国际经济贸易仲裁委员会仲裁规则》的规定，凡当事人同意将争议提交仲裁委员会仲裁的，均视为同意按照本仲裁规则进行仲裁。当事人约定适用其他仲裁规则，或约定对本规则有关内容进行变更的，从其约定，但其约定无法实施或与仲裁地强制性法律规定相抵触者除外；当事人也可约定在《仲裁员名册》之外选定仲裁员，当事人选定的人士须经仲裁委员会主任确认；除非当事人另有约定，凡争议金额不超过人民币 500 万元的，或争议金额超过人民币 500 万元，经一方当事人书面申请并征得另一方当事人书面同意的，均适用简易程序；没有争议金额或争议金额不明确的，由仲裁委员会根据案件的复杂程度、涉及利益的大小以及其他有关因素综合考虑决定是否适用简易程序。

（二）中国海事仲裁委员会及其仲裁规则

中国海事仲裁委员会是根据中华人民共和国国务院 1958 年 11 月 21 日的决定，于 1959 年 1 月 22 日设立于中国国际贸易促进委员会内，受理国内外海事争议案件的常设仲裁机构，当时名为中国国际贸易促进委员会海事仲裁委员会，1988 年更名为中国海事仲裁委员会。仲裁委员会于 2003 年 1 月在上海设立了分会，并于分会内设立了中国海事仲裁委员会渔业争议解决中心，2004 年增设物流争议解决中心。2006 年仲裁委员会设立上海海事调解中心。该仲裁委员会有力地维护了中外当事人的正当权益，在国内外的航运、保险、贸易、法律等各界赢得了较高信誉。

1959 年 1 月 8 日，《中国国际贸易促进委员会海事仲裁委员会仲裁程序暂时规则》经中国国际贸易促进委员会通过，1988 年 9 月 22 日修改为《中国海事仲裁委员会仲裁规则》。现行规则于 2021 年 10 月 1 日开始实施。

（三）其他受理涉外仲裁案件的仲裁机构及其仲裁规则

自《仲裁法》实施以来，依照规定，我国在直辖市、省、自治区人民政府所在地的市和其他设区的市又设立或重新组建了一批常设仲裁机构。根据 1996 年 6 月 8 日国务院办公厅发布的《关于贯彻实施<仲裁法>需要明确的几个问题的通知》，"新组建的仲裁委员会的主要职责是受理国内仲裁案件；涉外仲裁案件的当事人自愿选择新组建的仲裁委员会仲裁的，新组建的仲裁委员会可以受理。"因此，依照仲裁法设立或重新组建的仲裁机构，如北京仲裁委员会、上海仲裁委员会等，在涉外仲裁案件的当事人自愿选择其进行仲裁时，该涉外仲裁案件具有管辖权。各仲裁委员会的仲裁规则及仲裁员行为规范由其自行制定。

第三节　涉外仲裁协议

涉外仲裁协议指当事人双方约定将可能发生或已经发生的涉外争议交付仲裁裁决的书面协议。涉外仲裁协议中的当事人国籍、当事人住所、契约订立地、仲裁程序进行地、仲裁准据法中，有一个或几个含有涉外因素（foreign elements）。涉外仲裁协议按其形式分为两类：（1）合同中的仲裁条款（arbitration clause）。它是指在争议发生之前，双方当事人在所订立的合同中包含同意将有关合同争议交付仲裁的条款。目前，这种形式在涉外仲裁普遍采用。（2）单独订立的仲裁协议书（arbitration agreement）。它是指在争议发生之前或发生之后，由当事人专门订立的表示同意将争议交付仲裁的协议。当事人在往来函电或有关文件中达成的将争议交付仲裁的专门书面约定也属于此类仲裁协议书，如在信件、电传、电报、传真、电子邮件中达成将争议交付仲裁的一致意见。涉外仲裁协议按其订立时间也可分为两类：（1）争议发生以前订立的仲裁协议（compromise）。（2）争议发生以后订立的仲裁协议（clause compromissoire）。

一、涉外仲裁协议的特点和内容

（一）涉外仲裁协议的特点

涉外仲裁协议的特点与国内仲裁协议相似：

（1）涉外仲裁协议是涉外仲裁机构受理争议的依据。

（2）涉外仲裁协议具有独立性。

（3）涉外仲裁协议可排除任何法院对有关争议行使管辖权，《民事诉讼法》第二百七十八条对此作了专门规定。

（4）涉外仲裁协议形式上必须合法，一般应采用书面形式。1958年《纽约公约》第二条、《中国国际经济贸易仲裁委员会仲裁规则》第五条第二项都有类似规定。

（二）涉外仲裁协议的内容

仲裁协议的主要内容一般包括：

（1）仲裁组织形式，即适用临时仲裁庭仲裁还是常设仲裁机构仲裁。但《仲裁法》没有规定临时仲裁庭仲裁。

（2）仲裁地点及仲裁使用的语言。这是仲裁协议的关键内容之一。当事人双方一般都会主张适用自己国家语言，选择自己国家的常设仲裁机构。在实践中，选择第三国常设仲裁机构的现象也很普遍。

（3）仲裁的范围，即提交仲裁的事项。

（4）仲裁中的法律适用，包括仲裁协议的准据法、仲裁程序的准据法、仲裁实体争议的准据法。

（5）仲裁规则。选择在外国适用临时仲裁庭仲裁的，当事人可以自行约定仲裁程序规则，也可以选择采用《联合国国际贸易法委员会仲裁规则》或某一常设涉外仲裁机构的仲裁规则。选择在外国适用常设涉外仲裁机构仲裁的，也可在机构同意的情况下，作类似约定。《中国国际经济贸易仲裁委员会仲裁规则》规定，当事人约定适用其他仲裁规则的，从其约定，但其约定无法实施或与仲裁程序适用法强制性规定相抵触者除外。

（6）仲裁裁决的效力，仲裁费用的承担等等。

二、涉外仲裁协议的独立性及效力认定

涉外仲裁协议的独立性指仲裁条款与主合同形成两项独立的契约，仲裁条款的有效性不受主合同有效性影响，即使主合同解除、无效或终止，仲裁条款仍然有效。仲裁协议的独立性在世界各国都得到了广泛认可。《仲裁法》第十九条规定，仲裁协议独立存在，合同的变更、解除、不生效、无效、被撤销或者终止，不影响仲裁协议的效力。美国法上的"severability"原则，法国和德国法上"autonomy"原则，均指仲裁协议的这一特性。

在国际上，仲裁庭和法院均有权认定仲裁协议的效力。在某些情况下，法院认定有优先效力。如按照美国法上的 Negative Kompetenz – Kompetenz 原则，当事人提出主合同不存在（属伪造）或仲裁条款本身无效时，仲裁条款可否执行由法院进行认定。美国最高法院判例，*First Options*[①]，*Howsam*[②]，均体现了这一原则。根据我国《仲裁法》的规定，认定涉外仲裁协议效力和认定国内仲裁协议效力的做法基本相同，但需遵守集中管辖原则[③]和报告制度。[④]

三、涉外仲裁协议的法律适用

仲裁协议法律适用，存在分割制和整体制两种方法。分割制主张仲裁协议的各个方面，如当事人缔约能力、仲裁协议的形式、效力、解释，分别适用不同国家法律。整体制主张除当事人缔约能力外，仲裁协议的各个方面作为整体，适用同一准据法。由于分割制比较繁琐，20世纪60年代以来，整体制得到了普遍适用。

因为不同国家法律对仲裁协议的规定不同，涉外仲裁协议所适用的法律会直接影响到涉外仲裁协议执行。在涉外民事诉讼中，诉讼程序和法律适用规则，适用法院地法；而涉外仲裁具有当事人自主性、缺乏程序强制性，并没有相关规定。涉外仲裁协议的准据法首先要解决协议的效力问题。如果涉外仲裁协议提交给法院，法官在审查协议效力时，会适用法院地冲突规范来解决协议的法律适用问题。如法院地是《承认及执行外国仲裁裁决公约》签订国，则法院会适用公约确定协议的法律适用。但如果仲裁协议提交给仲裁机构，仲裁庭在审查协议效力时，由于没有强制性法律，法律适用问题在理论上和实践上都没有唯一标准。《仲裁法》对于涉外仲裁协议的法律适用也没有强制规定。

---

① See First Options of Chicago, Inc. v. Kaplan, ET UX. And MK Investments, Inc. United States Supreme Court, 1995. 514 U.S. 938.

② See Howsam v. Dean Wtter Reynolds, Inc. United States Supreme Court, 2002. 537 U.S. 79.

③《最高人民法院关于涉外民商事案件诉讼管辖若干问题的规定》第一条："第一审涉外民商事案件由下列人民法院管辖：（一）国务院批准设立的经济技术开发区人民法院；（二）省会、自治区首府、直辖市所在地的中级人民法院；（三）经济特区、计划单列市中级人民法院；（四）最高人民法院指定的其他中级人民法院；（五）高级人民法院。"

④《最高人民法院关于人民法院处理与涉外仲裁及外国仲裁事项有关问题的通知》第一条："凡起诉到人民法院的涉外、涉港澳和涉台经济、海事海商纠纷案件，如果当事人在合同中订有仲裁条款或者事后达成仲裁协议，人民法院认为该仲裁条款或者仲裁协议无效、失效或者内容不明确无法执行的，在决定受理一方当事人起诉之前，必须报请本辖区所属高级人民法院进行审查；如果高级人民法院同意受理，应将其审查意见报最高人民法院。在最高人民法院未作答复前，可暂不予受理。"

仲裁员确定涉外仲裁协议的准据法主要有以下几种方法：

（一）依当事人的选择确定

意思自治是合同领域的重要原则，当事人在订立仲裁协议时当然可以约定该协议所适用的法律。当事人这一合意，无疑可以避免适用冲突规范的不便。《国际商会仲裁规则》《联合国国际商事仲裁示范法》等都鼓励这种做法。但是在实践中，当事人单独约定仲裁协议准据法的现象非常少见。所以当事人意思自治原则很难解决仲裁协议法律适用的难题。

（二）依仲裁庭认为合适的法律

当事人未明示仲裁协议的准据法时，一般由仲裁庭决定应适用的法律。仲裁庭作认定时，一般会分析主合同条款，结合合同及贸易惯例，遵循最密切联系原则。

1. 依当事人选择的规范主合同的法律

有观点认为，仲裁协议以主合同中的仲裁条款出现时，其作为主合同的一部分，可以适用主合同的准据法。国际商会国际仲裁院在 Seller（Korea）v. Buyer（Jordan）案中就首先考虑适用这一观点。[①] 在主合同中规定"本合同中所有条款的解释和认定均依照某国法律"时，主合同准据法可以当然适用于仲裁协议。但是根据仲裁条款的独立性（separability），仲裁协议的准据法没有必要与规范争议实体问题的主合同准据法保持一致，甚至可以不同于仲裁程序的准据法。因此在具体认定中，应审慎分辨当事人是否有意区分主合同准据法和仲裁协议准据法。

2. 依仲裁地或裁决地的法律

当事人未选择仲裁协议的准据法时，依仲裁地法或裁决地法是国际上的通行做法。根据《承认及执行外国仲裁裁决公约》第五条第一款第一项的规定，如果该仲裁协议依当事人选择的准据法无效，或在当事人没有明示选择准据法时，该仲裁协议依裁决地法无效，缔约国可以拒绝执行仲裁裁决。因此，为使仲裁裁决得到执行，仲裁庭一般会以仲裁地或裁决地的法律作为仲裁协议准据法。在国际商事仲裁中，裁决做出地和仲裁实施地不在同一地点时，一般适用裁决做出地法律。但如果裁决做出地因裁决尚未作出而无法确定时，一般推定仲裁实施地为裁决做出地，适用仲裁实施地法。英国的通常做法，瑞典《仲裁法》均体现了这一方法。

在认定仲裁协议效力时，我国1999年以前的司法实践主要适用法院地法，但此后改为适用仲裁地法。根据《仲裁法司法解释》第十六条的规定，对涉外仲裁协议的效力审查，适用当事人约定的法律；当事人没有约定适用的法律但约定了仲裁地的，适用仲裁地法；没有约定适用的法律也没有约定仲裁地或者仲裁地约定不明的，适用法院地法。

第四节　涉外仲裁程序与裁决

一、涉外仲裁程序的法律适用

涉外仲裁程序法律适用，需遵循两个原则：

---

① See Seller（Korea）v. Buyer（Jordan）, Interim Award in ICC Case No.6149 of 1990. 20 Yearbk. Comm. Arb'n 41（1995）.

1. 当事人协议选择法律适用原则

由于涉外仲裁的当事人自主性，当事人在一定限度内，可以约定涉外仲裁的程序法和仲裁规则。当然，当事人的约定必须符合仲裁地的强制性法律规范，在我国即《民事诉讼法》和《仲裁法》的相关内容。《中国国际经济贸易仲裁委员会仲裁规则》从 1998 年版开始，允许当事人自愿选择所适用的程序法。在其 2012、2014 年版中，均允许当事人约定选择仲裁机构以外的仲裁规则或对仲裁机构的仲裁规则进行修改。

2. 适用仲裁机构仲裁规则原则

在当事人没有约定时，一般遵照仲裁机构的程序规则。根据《中国国际经济贸易仲裁委员会仲裁规则（2014 版）》的规定，无约定时，应当适用我国涉外仲裁机构的仲裁规则进行仲裁。

二、涉外仲裁程序

在当事人没有有效约定的情况下，我国涉外仲裁程序制度是由《民事诉讼法》第二十六章关于涉外仲裁的规定，《仲裁法》第七章涉外仲裁的特别规定以及各受理涉外纠纷案件仲裁委员会的仲裁规则等相关规定构成。

（一）仲裁的申请和受理

申请人提出仲裁申请时应当提交由申请人及／或申请人授权的代理人签名及／或盖章的仲裁申请书。该仲裁申请书应写明申请人和被申请人的名称和住所，申请人所依据的仲裁协议、案情和争议要点以及申请人的请求及所依据的事实和理由。申请人在提交仲裁申请书时，要附具申请人请求所依据的事实的证明文件并预缴仲裁费。仲裁委员会对仲裁申请书及其附件进行审查后，认为手续完备的，应向双方发送仲裁通知，仲裁程序自发出仲裁通知之日起开始。

被申请人应按仲裁规则规定的时间，向仲裁委员会秘书局提交答辩书和有关证明文件。如有反请求，也应在规则规定时间内以书面形式提交仲裁委员会，并写明具体的反请求及其所依据的事实和理由，附具有关证明文件。被申请人未提交书面答辩或申请人对被申请人的反请求未提出书面答辩的，不影响仲裁程序进行。

对当事人提交的各种文书和证明材料，仲裁庭及/或仲裁委员会秘书局认为必要时，可以要求当事人提供相应中文译本或其他语义译本。当事人可以委托仲裁代理人办理有关仲裁事项，中国公民和外国公民均可以接受委托，担任仲裁代理人。接受委托的仲裁代理人，应向仲裁委员会提交授权委托书。当事人申请财产保全，仲裁委员会应当将当事人的申请提交被申请人住所地或财产所在地的中级人民法院作出裁定。当事人申请证据保全的，仲裁委员会应当将当事人的申请提交证据所在地的中级人民法院作出裁定。

（二）仲裁庭的组成

在中国国际经济贸易仲裁委员会进行涉外仲裁时，仲裁庭可以由 3 名仲裁员或者 1 名仲裁员组成。仲裁庭组成后，仲裁委员会应将仲裁庭的组成情况书面通知当事人。

由 3 名仲裁员组成仲裁庭的，应当由双方当事人各自于规定时间内，在仲裁委员会名册中选定 1 名仲裁员或委托仲裁委员会主任指定 1 名仲裁员。申请人或者被申请人未按照仲裁规则选定或委托仲裁委员会主任指定仲裁员的，则由仲裁委员会主任指定。第 3 名仲裁员由双方当事人共同选定或共同委托仲裁委员会主任指定。如果双方当事人在被申请人收到仲裁通知之日起规定的时间内未能共同选定或共同委托仲裁委员会主任指定第 3 名仲裁员，则该仲裁员由仲裁委员会主任指定。第 3 名仲裁员为首席仲裁员，与被选定或被指定的 2 名仲裁员组成仲裁庭，共同审理案件。

由 1 名仲裁员组成仲裁庭的，双方当事人可以在仲裁委员会仲裁员名册中共同选定或共同委托仲裁委员会主任指定 1 名仲裁员作独任仲裁员，成立仲裁庭，单独审理案件。如果双方当事人约定由独任仲裁员审理案件，但在规定时间内未能就独任仲裁员的人选达成一致意见，则该名仲裁员由仲裁委员会主任指定。

如果仲裁案件有两个或者两个以上申请人及/或被申请人时，申请人之间及/或被申请人之间应协商各自共同选定或者各自共同委托仲裁委员会主任指定一名仲裁员。若在仲裁规则规定的时间内未能选定或者委托指定，则该名仲裁员由仲裁委员会主任指定。

被选定或者被指定的仲裁员，与案件有个人利害关系的，应自行向仲裁委员会披露并请求回避，当事人也可以申请仲裁员回避，但要举证说明提出回避请求所依据的具体事实和理由。仲裁员是否回避，由仲裁委员会主任决定。在仲裁委员会主任就仲裁员是否回避作出决定前，被请求回避的仲裁员应继续履行职责。

仲裁员因回避或其他原因不能履行职责时，应按原程序重新选定或指定替代的仲裁员。替代仲裁员被选定或者指定后，由仲裁庭决定以前进行过的全部或部分审理是否重新进行。

（三）审理

涉外仲裁案件以不公开开庭审理为原则。如果双方当事人要求公开审理，由仲裁庭作出是否公开审理的决定。如果当事人申请或经当事人同意，仲裁庭认为不必开庭审理的，可以只依据书面文件进行审理并作出裁决。涉外仲裁一般以中文为正式语言。当事人应对其申请、答辩和反请求所依据的事实提出证据。仲裁庭认为必要时可自行调查事实，收集证据。仲裁庭也可以就案件中的专门问题向中国或外国专家或鉴定人咨询或者指定进行鉴定。当事人提出的证据由仲裁庭审定。专家报告和鉴定报告，由仲裁庭决定是否采纳。

仲裁庭开庭审理时，一方当事人不出席，仲裁庭可以缺席审理并作出缺席裁决。

开庭审理时仲裁庭可以作庭审笔录及/或录音。仲裁庭认为必要时，可以作出庭审要点，并要求当事人及/或其代理人、证人及/或其他有关人员在庭审要点上签字或盖章。

根据《中国国际经济贸易仲裁委员会仲裁规则》的规定，通常程序开庭审理的阶段一般包括：（1）开庭准备。秘书局于开庭前一定时间将开庭日期告知当事人，当事人可申请延期审理。（2）开庭开始。（3）庭审调查，包括：当事人陈述，证人作证，出示相关证据，宣读鉴定结论，宣读勘验笔录。（4）和解和调解。仲裁案件，如果当事人在仲裁庭之外达成和解，可以请求仲裁庭根据其和解协议的内容作出裁决书结案，也可以申请撤回仲裁申请。如果当事人在仲裁委员会之外通过调解达成和解协议的，可以凭当事人达成的仲裁协议和和解协议，请求仲裁委员会指定 1 名独任仲裁员，按和解协议的内容作出仲裁裁决。如果双方当事人有调解愿望，或一方当事人有调解愿望并经仲裁庭征得另一方当事人的同意，仲裁庭可以在仲裁程序进行过程中对其审理的案件进行调解。（5）评议和裁决。

三、涉外仲裁裁决

（一）涉外仲裁中实体争议的法律适用

涉外仲裁中适用的法律包括：仲裁协议适用的法律，仲裁程序适用的法律和仲裁实体争议适用的法律。仲裁协议的准据法和仲裁程序的准据法在上两节已经作了介绍。下面介绍仲裁实体争议的准据法，即仲裁中实体法的适用。

国际商事仲裁中实体法的适用包括以下情形：（1）依当事人意思自治确定实体法。1961年《欧洲国际商事仲裁公约》第7条第1款，《华盛顿公约》第42条第1款，《联合国国际商事仲裁示范法》第28条第1款，等等，都有此类规定。（2）依冲突规范确定实体法，此方法适用于当事人无约定时，包括：① 依仲裁地的冲突规范。② 依最密切联系国家的冲突规范。《瑞士联邦国际私法法规》第187条采纳了此种方法。③ 依仲裁员认为适当的冲突规范。《瑞士联邦国际私法法规》第187条采纳了此种方法。（3）依公平善意原则确定实体法，但一些仲裁规则规定只有当事人明示同意使用公平善意原则时，仲裁庭才能依此确定实体法。《联合国国际商事仲裁示范法》第28条第3款作了此规定。在所有情况下，都应分析合同条款，考虑行业惯例。

按照我国的仲裁实践，当事人未选择争议应适用的实体法时，适用仲裁地冲突规范确定应适用的法律，或直接适用与争议有最密切联系的实体法。涉及合同纠纷的，仲裁庭还应当依照有效的合同条款进行裁决。在任何情况下，均应参考国际惯例或相关行业惯例，考虑公平合理原则。

（二）涉外仲裁裁决规则

由3名仲裁员组成仲裁庭审理案件时，仲裁裁决依全体仲裁员或多数仲裁员的意见决定，少数仲裁员的意见可以作成记录附卷。仲裁庭不能形成多数意见时，仲裁裁决依首席仲裁员的意见作出。对涉外仲裁案件，仲裁庭应当根据事实，依照法律和合同规定，参考国际惯例，并遵循公平合理原则，独立公正地作出仲裁裁决。

仲裁裁决中应当写明仲裁请求、争议事实、裁决理由、裁决结果、仲裁费用的负担、裁决的日期和地点。当事人协议不愿写明争议事实和裁决理由的，以及按照双方当事人和解协议的内容作出裁决的，可以不写明争议事实和裁决理由。除非仲裁裁决依首席仲裁员意见或独任仲裁员意见作出，仲裁裁决应由多数仲裁员署名。持有不同意见的仲裁员可以在裁决书上署名，也可以不署名。仲裁庭未形成一致意见的，裁决书应说明意见作出方式。仲裁庭应在签署裁决书前将草案提交仲裁委员会，在不影响仲裁员独立裁决的情况下，仲裁委员会可以就裁决书的形式问题提请仲裁员注意。裁决书应加盖仲裁委员会印章。仲裁裁决是终局的，对双方当事人均有约束力。任何一方当事人不得向法院起诉，也不得向其他任何机构提出变更仲裁裁决的请求。仲裁裁决作出的日期即为其发生法律效力的日期。

仲裁庭认为必要或者当事人提出经仲裁庭同意，仲裁庭可就案件的任何问题作出中间裁决或部分裁决。任何一方当事人不履行中间裁决，不影响仲裁程序的继续进行和仲裁庭作出最终裁决。

四、不予执行涉外仲裁裁决

（一）条件

《民事诉讼法》第二百八十一条第一款规定，对中华人民共和国涉外仲裁机构作出的裁决，被申请人提出证据证明仲裁裁决有下列情形之一的，经人民法院组成合议庭审查核实，裁定不予执行：

（1）当事人在合同中没有订有仲裁条款或者事后没有达成书面仲裁协议的；

（2）被申请人没有得到指定仲裁员或者进行仲裁程序的通知，或者由于其他不属于被申请人负责的原因未能陈述意见的；

（3）仲裁庭的组成或者仲裁的程序与仲裁规则不符的；

（4）裁决的事项不属于仲裁协议的范围或者仲裁机构无权仲裁的。

人民法院认定执行该裁决违背社会公共利益的，裁定不予执行。

以上情形皆是从程序事项的角度作出规定，这与撤销国内裁决的事由明显不同。

（二）程序

撤销和不予执行涉外仲裁裁决的程序如下：（1）当事人申请。仲裁裁决作出后，仲裁当事人的任何一方都可以向仲裁委员会所在地的中级人民法院申请撤销仲裁裁决；在执行程序中，被申请人可以向人民法院申请不予执行仲裁裁决。（2）当事人提出证据。申请撤销仲裁裁决的当事人或申请不予执行仲裁裁决的被申请人须提出证明法定事由的证据。（3）人民法院组成合议庭审查核实。人民法院要依法组成合议庭审查核实当事人是否具有资格提出申请，当事人提出的证据是否能证明法定事由。（4）人民法院作出裁定。人民法院经过审查核实，如果认为不具备撤销或者不予执行仲裁裁决的条件或法定事由，则应裁定驳回当事人的申请；如果认为可以由仲裁庭重新仲裁的，应通知仲裁庭在一定期限内重新仲裁，并裁定中止撤销程序，仲裁庭拒绝重新仲裁，人民法院应当裁定恢复撤销程序；如果认为仲裁裁决应被撤销或不予执行，则应履行"报告制度"后作出裁定。①仲裁裁决被人民法院裁定不予执行的，当

---

① 2008 年《最高人民法院关于人民法院处理与涉外仲裁及外国仲裁事项有关问题的通知》："凡一方当事人向人民法院申请执行我国涉外仲裁机构裁决，或者向人民法院申请承认和执行外国仲裁机构的裁决，如果人民法院认为我国涉外仲裁机构裁决具有民事诉讼法第二百五十八条情形之一的，或者申请承认和执行的外国仲裁裁决不符合我国参加的国际公约的规定或者不符合互惠原则的，在裁定不予执行或者拒绝承认和执行之前，必须报请本辖区所属高级人民法院进行审查；如果高级人民法院同意不予执行或者拒绝承认和执行，应将其审查意见报最高人民法院。待最高人民法院答复后，方可裁定不予执行或者拒绝承认和执行。"

2008 年《最高人民法院关于人民法院撤销涉外仲裁裁决有关事项的通知》："凡一方当事人按照仲裁法的规定向人民法院申请撤销我国涉外仲裁裁决，如果人民法院经审查认为涉外仲裁裁决具有民事诉讼法第二百五十八条第一款规定的情形之一的，在裁定撤销裁决或通知仲裁庭重新仲裁之前，须报请本辖区所属高级人民法院进行审查。如果高级人民法院同意撤销裁决或通知仲裁庭重新仲裁，应将其审查意见报最高人民法院。待最高人民法院答复后，方可裁定撤销裁决或通知仲裁庭重新仲裁。""受理申请撤销裁决的人民法院如认为应予撤销裁决或通知仲裁庭重新仲裁的，应在受理申请后三十日内报其所属的高级人民法院，该高级人民法院如同意撤销裁决或通知仲裁庭重新仲裁，应在十五日内报最高人民法院，以严格执行仲裁法第六十条的规定。"

2021 年修正的《最高人民法院关于仲裁司法审查案件报核问题的有关规定》第二条规定："各中级人民法院或者专门人民法院办理涉外涉港澳台仲裁司法审查案件，经审查拟认定仲裁协议无效，不予执行或者撤销我国内地仲裁机构的仲裁裁决，不予认可和执行香港特别行政区、澳门特别行政区、台湾地区仲裁裁决，不予承认和执行外国仲裁裁决，应当向本辖区所属高级人民法院报核；高级人民法院经审查拟同意的，应当向最高人民法院报核。待最高人民法院审核后，方可依最高人民法院的审核意见作出裁定。"

事人可以根据双方达成的书面仲裁协议重新申请冲裁，也可以向人民法院起诉。

五、涉外仲裁裁决的承认与执行

（一）中国涉外仲裁裁决在外国的承认和执行

根据《民事诉讼法》第二百八十七条第二款和《仲裁法》第七十二条的规定，中国涉外仲裁机构作出的发生法律效力的仲裁裁决，当事人请求执行的，如果被执行人或者财产不在中国领域内，应当由当事人直接向有管辖权的外国法院申请承认和执行。由于中国已经加入《承认及执行外国仲裁裁决公约》，当事人可以依照公约规定或者依照中国缔结或参加的其他国际条约，直接向该外国法院申请承认和执行中国涉外仲裁机构作出的裁决。[①]我国涉外仲裁裁决在非《承认及执行外国仲裁裁决公约》缔约国的执行，依照双边条约或互惠原则处理。若我国与申请执行国无互惠关系，应通过外交途径，向对方国家的主管机关申请承认和执行。

（二）中国涉外仲裁在国内的执行

依据《民事诉讼法》和《仲裁法》的相关规定，一方当事人不履行中国涉外仲裁机构作出的仲裁裁决的，对方当事人可以向被申请人住所地或者财产所在地的中级人民法院申请执行。申请执行期限为二年。此外，一方当事人申请执行，另一方当事人申请撤销裁决，人民法院应当裁定中止执行，被执行人应提供财产担保。人民法院裁定撤销裁决的，应当裁定终结执行；撤销裁决的申请被裁定驳回的，人民法院应裁定恢复执行。

仲裁裁决在内地与香港特别行政区之间的协助执行主要依据《关于内地与香港特别行政区相互执行商事仲裁裁决的安排》。在香港，受理执行申请的法院为高等法院。申请人不能同时在两地有关法院提出申请。

仲裁裁决在内地与澳门特别行政区之间的协助执行主要依据《关于内地与澳门特别行政区相互认可和执行仲裁裁决的安排》。澳门特别行政区有权受理认可仲裁裁决申请的法院为中级法院，有权执行的法院为初级法院。申请人可以向一地法院提出认可和执行申请，也可以分别向两地法院提出申请。

（三）外国仲裁裁决在中国的承认和执行

根据《民事诉讼法》第二百九十条的规定，国外仲裁机构的裁决，需要中华人民共和国人民法院承认和执行的，应当由当事人直接向被执行人住所地或者其财产所在地的中级人民法院申请，人民法院应当依照中华人民共和国缔结或者参加的国际条约，或者按照互惠原则办理。

[①] 按照公约规定，缔约国相互承认仲裁裁决的约束力，并依执行地的程序规则进行执行。公约第 5 条规定了拒绝承认和执行外国仲裁裁决的条件。依据该条第 1 款，仲裁裁决有下列情况的，被请求执行地的主管机关可以依据被执行人的请求，拒绝承认和执行：（1）仲裁协议的当事人，依照应对其适用的法律，无行为能力，或该仲裁协议依双方约定的法律（无约定时，依裁决地法）无效；（2）被执行人未接到关于选定制裁员或仲裁程序的适当通知，或由于其他原因无法就案件进行陈述；（3）裁决所涉事项不是交付仲裁事项或超出交付仲裁事项以外的部分；（4）仲裁庭的组成或仲裁程序违背当事人协议（无协议时，违背仲裁地法）；（5）裁决还未生效，或裁决已被裁决地国主管机关（或其他机构依裁决地法）裁定撤销或停止执行。依据该条第 2 款，被请求承认和执行地的主管机关查明下列情况的，也可以拒绝承认和执行：（1）依该国法律，争议事项不能以仲裁方式解决；（2）承认或执行该裁决将与该国公共秩序相抵触。

鉴于《承认及执行外国仲裁裁决公约》缔约国众多，外国仲裁裁决在我国的承认与执行问题，我国法院一般会依照《承认及执行外国仲裁裁决公约》办理。但应遵守我国对该公约的两点保留：我国仅对在另一缔约国领土内作成的仲裁裁决的承认和执行适用该公约；我国仅对按照我国法律属于契约性和非契约性商事法律关系引起的争议适用该公约。

问题与思考

1. 如何理解涉外仲裁的概念？
2. 涉外仲裁程序主要有哪些环节？
3. 申请撤销涉外仲裁裁决应具备哪些理由？
4. 如何确定涉外仲裁中的程序法和实体法？

后　记

本书原名《中国律师公证与仲裁法学》，于 2012 年由西南交通大学出版社出版，一转眼已经十年了。十年来，我国社会不断发展，立法活动蓬勃展开。《民法典》颁布施行，三大诉讼法均有不同程度修改，学术研究成果也非常丰富。为了更好地为课程教学服务，我们对全书进行了较大幅度修订。

本书编写、修订过程中，我们虽然竭尽全力，但因水平有限，不当之处在所难免，恳请各位读者批评指正。

本书列入西华大学教材建设项目，属于西华大学法学专业省级一流专业建设项目的成果之一。在此，我们衷心感谢西华大学、西华大学法学与社会学学院、西南交通大学出版社有关领导和人员给予我们的大力帮助与支持；同时，也对全体参编人员表示衷心感谢！

编　者

2023 年 1 月